IFO-INSTITUT FÜR WIRTSCHAFTSFORSCHUNG

STRUKTUR UND WACHSTUM

REIHE ABSATZWIRTSCHAFT

Heft 11

IFO-INSTITUT FÜR WIRTSCHAFTSFORSCHUNG

Kooperation im Einzelhandel

Von

Erich Batzer · Erich Greipl · Uwe Täger

DUNCKER & HUMBLOT / BERLIN-MÜNCHEN

Gedruckt 1982 bei Druckerei Bruno Luck, Berlin 65
Printed in Germany

ISBN 3 428 05116 5

Vorwort

Die vorliegende im Auftrag des Bundesministers für Wirtschaft durchgeführte Studie hatte zum Ziel, eine umfassende empirische Informationsbasis über die Verbundgruppen des Einzelhandels zu schaffen. Sie befaßt sich daher einmal mit der Stellung und Entwicklung der Handelskooperationen im Markt, d.h. in den relevanten Branchen des Handels, und versucht zum anderen, die Verfassung und die Entwicklung der internen Strukturen der Verbundgruppen transparent zu machen. Organisationsformen und -prinzipien der Verbundgruppen und ihr Wandel stehen damit ebenso im Blickpunkt der Analyse wie die Warenbezugsstrukturen, die Intensität der Zusammenarbeit zwischen Verbundgruppenzentralen und Mitgliedsfirmen, die Akzeptanz des Leistungsangebots der Kooperationen durch die Mitgliedsfirmen, die strategischen Instrumente und die wettbewerbliche Relevanz der Kooperationen.

Ein solcher Einblick in die Verfassung und Entwicklung der Verbundgruppen konnte nur durch umfangreiche Primärerhebungen im Kreis der Gruppenzentralen und der Mitgliedsfirmen erreicht werden. Das wiederum wäre ohne die gewährte nachhaltige Unterstützung von seiten der Kooperationen nicht möglich gewesen.

Die Untersuchung gelangt u.a. zu dem Ergebnis, daß aus wirtschaftspolitischer Sicht, insbesondere unter dem Blickwinkel der Struktur- und Wettbewerbspolitik, die Arbeit der Verbundgruppen des Einzelhandels insgesamt als zielkonform und damit positiv zu werten ist. Ohne Neuorientierung in den Strukturen, Konzepten und Strategien bei den Verbundgruppen wäre das Ziel der Erhaltung einer großen Zahl kleiner und mittlerer Unternehmen des Handels kaum möglich gewesen.

Karl Heinrich Oppenländer

Präsident
des Ifo-Instituts für Wirtschaftsforschung, München

Inhaltsverzeichnis

Tabellenverzeichnis

I. Zur Untersuchung

1. Zielsetzung

Zur Erreichung wesentlicher struktur- und wettbewerbspolitischer Zielsetzungen im Bereich der Warendistribution wird der zwischenbetrieblichen Zusammenarbeit eine wichtige Rolle beigemessen. Sie soll dazu beitragen, Wettbewerbsnachteile kleiner und mittlerer Unternehmen gegenüber Großunternehmen zu reduzieren bzw. kompensieren.

Gerade vor dem Hintergrund der fortschreitenden Konzentration und rückläufigen Zahl der Unternehmen, der veränderten Kräfteverhältnisse zwischen Industrie und Handel, der Verschärfung der Wettbewerbsintensität auf zahlreichen Konsumgütermärkten, der zunehmenden Kapitalintensität und Kapitalverflechtungen stellt sich immer drängender die Frage nach der Stellung und Entwicklung der Kooperationen im Rahmen der Struktur- und Wettbewerbsentwicklung unserer Wirtschaft.

Die Zielsetzung dieser Untersuchung besteht generell in der Verbesserung der Informationsbasis über die Kooperationsformen im Einzelhandel und einer analytischen Verdeutlichung von Gegebenheiten und Trends. Dazu gehören zum einen die Darstellung der Marktbedeutung und Entwicklung der Kooperationsformen in ausgewählten Branchen des Einzelhandels, zum anderen die Durchdringung der Kooperationsform und -intensität zwischen Verbundgruppenzentralen und Mitgliedsfirmen, die Erfassung der Identifikationsstärke der kooperierten Unternehmen mit den Strategien und Konzepten der Gruppen sowie die Bewertung der wettbewerblichen Relevanz der Einbettung von Einzelhandelsunternehmen in Kooperationsgruppen.

2. Methodischer Ansatz und Informationsbasis

Die methodische Vorgehensweise bei der Untersuchung ist durch einen empirisch-analytischen Ansatz gekennzeichnet. Die für die Analyse und damit die Beantwortung von Struktur- und Wettbewerbsfragen erforderliche Informationsbasis wurde im wesentlichen durch eigene Primärerhebungen in Form der schriftlichen Unternehmerbefragung gelegt. Daneben wurden zahlreiche Intensivgespräche mit Verbundzentralen, kooperierten Unternehmen und Verbänden durchgeführt. Die Auswertung und Umsetzung der Analyseergebnisse erfolgt durch empirisch-induktives sowie logisch-deduktives Vorgehen.

Dank der tatkräftigen Unterstützung durch die Zentralen der Kooperationsgruppen sowie ihrer Verbände war es möglich, die Primärerhebungen im Einzelhandel auf eine sehr breite und repräsentative Basis zu stellen. Nur so konnte es gelingen, die wesentlichsten relevanten Branchen sowie die verschiedenen Arten von Verbundgruppen in den Erhebungen abzudecken.

In die schriftlichen Erhebungen wurden 50 Kooperationsgruppen des Nahrungsmittel- und Nicht-Nahrungsmittelhandels mit einem Adressatenkreis von ca. 24 000 Einzelhandelsunternehmen einbezogen. Die Antwortquote belief sich auf rd. 30 %. Die große Zahl der Antworten in den jeweiligen Branchen und deren Mischung nach Regionen, Unternehmensgrößen, Standortkategorien und Angebotstypen bildet die Gewähr dafür, daß die Ergebnisse als repräsentativ im statistisch-empirischen Sinne gelten können.

Die Frageprogramme der Erhebungen waren ganz überwiegend in Form der geschlossenen Fragestellung konzipiert. Nur dadurch ist es möglich, bei umfangreichen qualitativen Erhebungen eine hohe Antwortquote zu erzielen sowie eine maschinelle Aufbereitung und eine tabellarische Auswertung der Erhebungsergebnisse sicherzustellen.

II. Die Handelskooperation in der dynamischen Wirtschaft

1. Auftrag und Auftragserfüllung

Die historische Ausgangssituation der Verbundgruppen des Handels ist sehr unterschiedlich. So sind die Einkaufsgenossenschaften teilweise schon um die Jahrhundertwende mit einem ausgesprochenen Förderungsauftrag gegründet worden. Vorrangige Zielsetzung war hierbei die wirtschaftliche Existenz der Gründungs- und Mitgliedsfirmen – in erster Linie kleine und mittlere Einzelhandelsfirmen – zu sichern und zu fördern. Demgegenüber stand bei später aufgebauten Verbundgruppen wie den Freiwilligen Ketten und Gruppen primär nicht der Förderungsgedanke im Vordergrund. Leitidee war vielmehr, durch Aufbau eines Kontraktsystems zwischen selbständigen Groß- und Einzelhandelsunternehmen die Leistungsfähigkeit und Wettbewerbskraft zu stärken und damit sowohl auf der Großhandelsstufe als auch auf der Einzelhandelsebene Marktsicherung zu erreichen.

Wie immer aber auch die Ausgangssituation im einzelnen war, inzwischen stehen die Verbundgruppen verschiedenster Provenienz vor den gleichen Anforderungen des Marktes und den gleichen Zwängen bezüglich der Funktionserfüllung und Leistungserstellung und der hierzu erforderlichen Organisation und Steuerungsprinzipien. Hieran ändert die Tatsache nichts, daß die Entscheidungsträgerstruktur in den verschiedenen Kooperationsformen nach wie vor teilweise recht unterschiedlich ist.

Die Kooperationen des Handels – vor allem die klassischen Einkaufsgenossenschaften und -vereinigungen – werden auch heute noch teilweise hinsichtlich ihrer Funktionen und Zielgerechtigkeit unter dem Raster von Bedingungen und Gegebenheiten gesehen, wie sie zur Gründerzeit bestanden. Dies führt dann nicht selten zu der Schlußfolgerung, daß diese Zusammenschlußformen historische Positionen und ihren ursprünglichen Förderungsauftrag verlassen hätten und inzwischen Gebilde ganz anderer Art geworden wären.

Um hierzu eine realistische handelspolitische Perspektive zu gewinnen, darf jedoch an einigen wesentlichen Grundtatbeständen nicht vorübergegangen werden. Der Markteintritt der klassischen Handelsgenossenschaften erfolgte in einer ökonomischen Situation, die im Vergleich zu heute sowohl von weit weniger Dynamik bezüglich der allgemeinen sozio-ökonomischen Rahmenbedingungen gekennzeichnet war als auch einer weit geringeren Dynamik im Distributionsbereich selbst. Es ging ursprünglich „nur" darum, durch Zusammenarbeit vor allem im Einkauf einen gewissen Nachteilsausgleich für die Anschlußfirmen gegenüber kapitalstarken großen Handelsunternehmen und Großbetriebsformen des Handels zu erreichen. Die nach dem Zweiten Weltkrieg schon bald eintretende erhebliche Marktdynamik im Rahmen des Wiederaufbaus der deutschen Wirtschaft stellte auch die herkömmlichen Einkaufskooperationen vor wesentlich veränderte Gegebenheiten und Anforderungen, denen sie zunächst nur zögernd Rechnung trugen, sich dann aber zunehmend im Rahmen einer aktiven Marktstrategie anzupassen suchten.

Wurden damit die ursprünglichen Ziele aufgegeben, wurde der Förderungsgedanke und -auftrag der Gründerzeit über Bord geworfen? Diese Fragen lassen sich nur sinnvoll vor dem Hintergrund des dynamischen Wirtschaftsprozesses beantworten. Falls Einigkeit darüber besteht – was bei Verständnis wirtschaftlicher Zusammenhänge und der Bedingungen von Wirtschaftsabläufen gar nicht anders sein kann –, daß Auftrag und Zielsetzung von Kooperationsformen im dynamischen Sinne zu verstehen und zu beantworten sind, so stellen die festzustellenden Veränderungen in den Konzepten und Strategien der Kooperationen grundsätzlich keinen Bruch mit den ursprünglichen Zielsetzungen dar, sondern es handelt sich um an veränderte Marktbedingungen angepaßte Verhaltensweisen und Maßnahmen.

Die heutigen Kooperationsgruppen des Handels dürfen also nicht nur in ihrer historischen „Einbettung" in Marktstrukturen betrachtet werden. Eine Bewertung ihrer Stellung und Entwicklung in der modernen Warendistribution muß vielmehr die dynamische Gesamtentwicklung der Wirtschaft voll mit einbeziehen, d. h. daß die zentralen Vorgänge des Wirtschaftsprozesses wie das gesamtwirtschaftliche Wachstum, maßgebliche Strukturveränderungen und Wettbewerbswandlungen bezüglich der aus ihnen resultierenden Anforderungen an Bereiche und Unternehmen mit in Ansatz gebracht werden müssen.

Funktionserfüllung und Leistungseffizienz, Konzepte, Strategien und Maßnahmen der Verbundgruppen des Handels und die hier vor sich gehenden Wandlungen müssen in Relation zu diesen Umfeldveränderungen gesehen werden. Nur eine solche Optik stellt sicher, daß die Verbundgruppen nicht an einem historischen Auftrags- und Zielkatalog gemessen werden, was die Gefahr erheblicher Fehlbewertungen ihrer Entwicklung und falscher Schlußfolgerungen mit sich bringt, sondern an der Konformität ihrer Instrumente und Maßnahmen zu ihrem erklärten Grundauftrag in einer dynamischen Wirtschaft.

Die Verbundgruppen des Handels jeglicher Art, ob horizontale und teil-vertikale Kooperationen der Einzelhandelsstufe, ob horizontale und vertikale Gebilde der Großhandelsstufe oder integrative Gruppen, sind aus den Marktbedingungen heraus als Selbsthilfe- und betriebswirtschaftliche „Abwehrorganisationen" gegründet worden. Konzentrationsvorgänge auf der Hersteller- und Handelsstufe, Ausschalt- und Auslesevorgänge und in deren Folge Verschärfungen und Verhärtungen des Wettbewerbs sowie Verschlechterungen der Wettbewerbsposition für einen Großteil mittelständischer Groß- und Einzelhandelsunternehmen gaben den Anstoß.

Verbundgruppen sind somit zunächst Konstrukte des Selbstbehauptungswillens von kleinen und mittelgroßen Unternehmen, mit denen ein Nachteilsausgleich gegenüber Konzentrationsgebilden bzw. zentral geleiteten großen Unternehmen betrieben werden soll. Da sie in der Rolle des Anpassers an Wettbewerbsveränderungen im Markt angetreten sind, war ihre Strategie defensiv, ihre Positionierung im Wettbewerbsprozeß lag auch in den letzten 20 Jahren in der Verfolgungsphase.

Schon bald zeigte sich jedoch, daß mit bloßer Verteidigungsstrategie Marktpositionen auf lange Sicht kaum gehalten, geschweige denn verbessert werden konnten und auch der „Marktwert" für die Lieferantenstufe vielfach nur „zweitrangig" war. Natürlich konnte durch Zusammenfassung von Bestellmengen bei den Konditionen ein gewisser Nachteilsausgleich erzielt werden. Damit allein war es aber nicht möglich, Wettbewerbsvorteile von Konzernsystemen und Konzentrationsgebilden wettzumachen und für die Industrie ein marktprägender Partner zu sein.

Gerade in dieser Entwicklungsphase mußte die Problemerkenntnis reifen, mußten unter dem Anpassungsdruck unternehmerische Qualifikationen entwickelt werden, die von der reinen Abwehr im Markte zur Offensive und innovativen Marktgestaltung führten. Dabei wurde die Beratungs- und Servicefunktion, die die Verbundgruppen für ihre Mitgliedsfirmen erfüllten, zunehmend in ein echtes eigeninitiatives Marketingmanagement im Auftrag der Mitgliedsfirmen weiterentwickelt.

Sicherlich wäre es zu einseitig, den Bereich der Konsumgüterdistribution bezüglich der marktbeteiligten Gruppen nur in einer Zweiteilung zu sehen, nämlich Großbetriebs- und Konzentrationsformen einerseits und klein- und mittelbetrieblicher Handel sowie Verbundgruppen andererseits. Gerade das Aktivwerden des Konsumgütergroßhandels im horizontalen und vertikalen Kooperationsbereich und in einer Reihe von Branchen und Warenbereichen auch als Reaktion auf den meist schon viel früher vollzogenen Integrationsschritt von Einzelhandelskooperationen in die Großhandelsstufe hinein zeigt die vielschichtige und umfassende wettbewerbliche Konfrontation, bei der auch Verbundgruppen einer Branche untereinander in einem beachtlichen Wettbewerb stehen.

Die Verbundgruppenentwicklung hat angepaßt an bzw. erzwungen durch gesamtwirtschaftliche wie bereichs- und branchenbezogene spezifische Gegebenheiten mehrere Entwicklungsstadien durchlaufen. Der erreichte Stand ist nach Branchen und Gruppen noch sehr unterschiedlich. Generalisierend läßt sich feststellen, daß die Verbundgruppen nach der Defensivphase der Gründerjahre und einer inneren Konsolidierungsphase nun zunehmend in eine Offensivphase im Marktgeschehen eintreten. Die unternehmenspolitische Fortentwicklung wie auch die organisationspolitische Straffung schaffen die Voraussetzungen dafür, nicht mehr nur im Wettbewerb reagieren und sich anpassen zu müssen, sondern auch innovativ in einer wettbewerblichen Vorstoßphase aktiv zu werden.

Nahezu alle Verbundgruppen arbeiten mittlerweile mit Vorwärtsstrategien, wenngleich die Strategiekonzepte noch spürbar differieren.

2. Funktion in der heutigen Wettbewerbswirtschaft

Verfolgt man die verschiedenen Entwicklungsstufen der Kooperationen im Handel, so zeigt sich deutlich, daß angepaßt an die gesamtwirtschaftlichen und branchenbezogenen Rahmenbedingungen eine zwangsläufige Entwicklung von der Partialkooperation zur Gruppenkooperation, von der Funktions- zur Systemkooperation und insbesondere von der ausschließlich horizontalen zur Vertikal-Kooperation erfolgen mußte. In Zeiten weitgehend überschaubarer Märkte, zügiger Gesamtexpansion der Nachfrage und vergleichsweise schwächerer Wettbewerbsintensität war es möglich, mit Additionsvereinen, Einkaufsverbänden und gewissen „Funktionskonzentrationen" komparative Kosten- und Konditionsvorteile zu erreichen und Positionsverbesserungen im Wettbewerb zu erzielen. In den letzten Jahren haben aber die Konzentrationstendenzen sich auf allen Märkten verstärkt fortgesetzt. Die Reduzierung des gesamtwirtschaftlichen Wachstums zwang zu verstärkter Marktausschöpfung, der auf der einen Seite die Filial- und Großunternehmen mit einer Diversifizierung in ihren Angebotstypen, mit Firmenaufkäufen und verstärkten Systemaktivitäten, auf der anderen Seite die Kooperationsformen des Handels mit einer verstärkten organisatorischen Straffung, Verlagerung von Entscheidungsprozessen in die Gruppenzentralen und Differenzierung ihrer Angebotstypen hin bis zur Filialisierung zu entsprechen suchten.

Auch wenn festzustellen ist, daß sich die Verbundgruppen insgesamt noch auf dem Weg zu voll funktionsfähigen und konzeptionell klar profilierten Organisationen befinden und im einzelnen beachtliche Unterschiede im Entwicklungsstand aufweisen, haben sie bereits ein Stadium erreicht, in dem sie einen wesentlichen Marktfaktor darstellen. Sie erfüllen sowohl für die beteiligten Unternehmen als auch für die Lieferanten und Abnehmer wesentliche Funktionen und Leistungen.

Die Verbundgruppen haben – insbesondere seit Anfang der siebziger Jahre – in beträchtlichem Maße zur Festigung und Sicherung der Markt- und Wettbewerbsposition der Mitgliedsfirmen auf der Groß- sowie auf der Einzelhandelsstufe beigetragen. Dies ergibt sich aus den Ergebnissen umfangreicher Erhebungen im Kreis der kooperierten wie nichtkooperierten Firmen. So beurteilen nach Ermittlungen des Ifo-Instituts Mitgliedsfirmen von Verbundgruppen ihre Wettbewerbsposition im allgemeinen wesentlich günstiger als die Unternehmen vergleichbarer Größenordnung außerhalb der Gruppen. Die längerfristigen Entwicklungschancen werden von den kooperierten Firmen überwiegend positiv eingeschätzt. Die betriebswirtschaftlichen Ergebnisse sind grossenteils recht positiv und ermöglichen ein weiteres Unternehmenswachstum.

Es ist zweifelsohne eine beachtliche handelspolitische und volkswirtschaftliche Leistung der Verbundgruppen, daß sie die Erhaltung einer großen Zahl leistungs- und entwicklungsfähiger mittelständischer Unternehmen sichergestellt haben. Dies konnte aber nur gelingen durch die Entwicklung marktkonformer, differenzierter Kooperationsstrategien und die Ausrichtung des Angebots auf homogene Vertriebspartner sowie die Anpassung von Leistungsprogrammen, Konzepten und Organisationsformen an veränderte Marktgegebenheiten.

Nicht mehr marktgerechte bzw. nicht an die Marktveränderungen anpassungswillige und -fähige Betriebe konnten auch von den Gruppen nicht gehalten und erhalten werden. Ein großer Teil solcher Firmen ist wieder aus den Gruppen und vielfach auch aus dem Markt ausgeschieden. Ihre Selektion war eine notwendige Voraussetzung für die erforderliche Homogenisierung der Leistungsstruktur in den Verbundgruppen in einem Markt mit erheblicher Struktur- und Wettbewerbsdynamik. Die Anpassung der Mitgliederstrukturen und Leistungsprogramme an die veränderten Marktgegebenheiten ist eine wesentliche Voraussetzung zur Erfüllung des Grundauftrages der Verbundgruppen, der Existenz- und Wettbewerbssicherung. An dem einer Wettbewerbswirtschaft immanenten Selektionsprinzip nach Leistungsgesichtspunkten konnten auch die Verbundgruppen naturgemäß nicht vorbeigehen. Gerade aufgrund ihrer „Verfolgereigenschaft“ im Wettbewerb standen sie in den zurückliegenden Jahren sogar unter noch größerem Leistungs- und Anpassungsdruck und damit auch vor der Notwendigkeit der Konzentration ihrer Aktivitäten auf die entwicklungsfähigen und leistungswilligen Unternehmen. Der auch in den Verbundgruppen erfolgte Selektionsprozeß kann diesen Gruppen somit nicht als Abkehr von den Grundprinzipien des Verbundauftrages angelastet werden.

Aus wirtschaftspolitischer Sicht, insbesondere unter dem Blickwinkel der Struktur- und Wettbewerbspolitik, ist die Tätigkeit der Verbundgruppen als zielkonform und damit positiv zu werten. Ohne die vor sich gegangene Entwicklung wäre das erklärte Ziel der Erhaltung einer großen Zahl kleiner und mittelgroßer leistungsorientierter Unternehmen im Handel nicht zu realisieren gewesen. Der Konzentrationsprozeß in der Konsumgüterdistribution hätte mit ziemlicher Sicherheit ein noch wesentlich größeres Ausmaß erreicht. Die Vielfalt der Unternehmensstrukturen im Handel und damit der Marktbeziehungen in horizontaler und vertikaler Richtung wäre nicht mehr in dem Masse gegeben. Auch die Differenzierung des Warenangebots und die breite Abdeckung der Konsumentenbedarfe und -wünsche hätte ohne die Erhaltung einer großen Zahl von Fachhandelsgeschäften im Rahmen der Verbundgruppen nicht mehr in dem Maße, wie sie heute gegeben ist, aufrechterhalten werden können.

Gerade aus der Erkenntnis dieser Zusammenhänge hat der Gesetzgeber die Möglichkeiten für die Aktivitäten der Kooperationen erweitert. Umso überraschender mutet es auf diesem Hintergrund an, daß die Verbundgruppen in den letzten Jahren in den „Verdacht" wettbewerbsbeschränkender Auswirkungen ihrer Tätigkeit geraten sind; dies auch dann, wenn durchaus zu sehen ist, daß Verbundgruppen als Gegenkonzentrationsformen einen Bestandteil des Konzentrationsphänomens in unserer Wirtschaft und im Handel darstellen und an der Förderung der Konzentration beteiligt sind. Wie anders könnten sie sonst auch an komparative Konditionen und Leistungsvoraussetzungen zur Verbesserung der Wettbewerbsfähigkeit ihrer Mitglieder herankommen.

Wie für alle anderen marktbeteiligten Gruppen und Betriebsformen gilt freilich auch für die Verbundgruppen, daß Marktstärke hinsichtlich eines möglichen Mißbrauchs einer aufmerksamen Beobachtung unterliegen muß. Doch wäre es geradezu paradox, einerseits die Verbundgruppen als willkommene Konstrukte zur Gegenkonzentration und zur Erhaltung breiter mittelständischer Schichten von Handelsunternehmen anzusehen, ihnen aber andererseits die hierzu notwendige Größe und organisatorische Straffung sowie die Entwicklung eines bestimmten Gruppenprofils und eindeutiger gruppenspezifischer Marketingkonzepte zur Last zu legen.

Für die Industrie stellen die Verbundgruppen sowohl unter Funktionsgesichtspunkten als auch aus wettbewerblicher Sicht insgesamt ein wichtiges positives Marktelement im Distributionsbereich dar. Gerade durch ihre Integrationsvoraussetzungen über die Groß- und Einzelhandelsstufe hinweg, ihre Marketingleitfunktion und ihre Servicepalette sind die Verbundgruppen in der Lage, das Warenangebot – zugeschnitten auf die verschiedenen Betriebsformen und Angebotstypen auf der Einzelhandelsstufe – in marktgerechte Sortiments- und Leistungsbündel zu überführen. Im Bereich der physischen Funktionen gehören auch vereinzelt Verbundstrategien von Groß- und Einzelhandelsunternehmen zum Aufbau von Lieferdepots oder depotähnlichen Logistiksystemen innerhalb der Gruppe zu den wesentlichen Leistungen für die Lieferantenstufe. Mit einer Zusammenfassung der Nachfrage zu rationelleren und produktionsgerechten Auftragsmengen findet gleichzeitig eine bessere Auftragsbündelung nach homogenen Einheiten hinsichtlich Warenart und -genre statt. Die Kontinuität der Geschäftsbeziehungen wird durch Rahmenabkommen auf eine mit wesentlich mehr Plansicherheit versehene Basis gestellt. Die Aktivitäten der Verbundgruppen im Absatzmarkt und das differenzierte Ausschöpfen von Marktpotentialen bedeuten für die Industrie Werbe- und Verkaufseffekte, die ansonsten nicht oder nur mit erheblich größerem eigenen Aufwand möglich wären. Zentrale Finanzierungsabwicklung und Absicherung von Herstellerforderungen gegenüber Kooperationsmitgliedern durch die Zentralen bewirken für die Lieferantenstufe nicht nur eine Vereinfachung der Zahlungsmodalitäten und damit positive Auswirkungen für das eigene Finanz- und Rechnungswesen, sondern stellen bei der Potenz und Bonität der Gruppen einen erheblichen Sicherheitsfaktor dar.

3. Entwicklungsstufen der Kooperation

Betrachtet man die Verbundgruppen des Handels, wie sie sich heute präsentieren, im einzelnen, so zeigen sich erhebliche Unterschiede im Entwicklungsstand der Marketingkonzepte und -strategien sowie in den Leistungsprogrammen. Versucht man die Entwicklung der Verbundgruppen unter diesem Aspekt zu kategorisieren, so lassen sich im Bereich der Intra-System-Kooperation wie der Inter-System-Kooperation drei Stufen erkennen:

– Primär-Kooperation
– Sekundär-Kooperation
– Tertiär-Kooperation.

Unter Intra-System-Kooperation soll die zwischenbetriebliche Zusammenarbeit innerhalb der verschiedenen Kooperations- und Verbundgruppen des Handels verstanden werden, unter Inter-System-Kooperation die Zusammenarbeit einzelner Gruppen miteinander sowie mit Handelsgruppen außerhalb des Kooperationsbereichs, wie etwa Filialsystemen, Warenhauskonzernen sowie mit der Industriestufe.

Hinsichtlich des erreichten Entwicklungsstandes nach Breite und Intensität der ausgeübten Funktionen und der erbrachten Leistungen sowie des Reifegrades von Marketingkonzepten und -strategien sind die Verbundgruppen des Handels heute, wie auch die Erhebungsergebnisse zeigen, noch weitgehend in die Sekundär-Entwicklungsstufe der Kooperation einzuordnen. Die Stufe der Primär-Kooperation wurde von den Verbundgruppen der jüngeren Generation relativ rasch durchschritten. Kooperationen dieser Entwicklungsstufe konzentrieren sich in ihrer Tätigkeit weitgehend auf Basisfunktionen wie den gemeinsamen Einkauf über Vertragslieferanten und die Wahrnehmung allgemeiner Koordinierungsaufgaben. In der Sekundär-Kooperation wird demgegenüber ein weiteres Funktionsbündel mit vielfältigen Leistungen wahrgenommen. Die Orientierung der Aktivitäten ist nicht mehr dominant auf die Beschaffungseite ausgerichtet, sondern in hohem Maße auf die Absatzseite, was die Erbringung entsprechender Service- und Marketingleistungen einschließt. Während die Primär-Kooperation noch weitgehend horizontal in bezug auf das Kooperationsfeld ausgerichtet ist, sind in Kooperationen der Sekundär-Stufe in mehr oder weniger starkem Maße schon die Vertikal-Schau und die Umsetzung in vertikales Marketing zu beobachten. Auch hinsichtlich des Grades der Identifikation der Gruppenmitglieder mit ihrer Leistungsgemeinschaft und der Akzeptanz der zur Verwirklichung der Gruppenziele einzusetzenden Strategien und Instrumente durch die Mitglieder sowie insbesondere hinsichtliche der Funktionsteilung zwischen Systemkopf oder Systemzentrale und den Mitgliedern weisen die Verbundgruppen heute im allgemeinen erst ein mittleres Entwicklungsniveau auf; d. h. sie sind zwar über zwangsläufige Anfangsschwierigkeiten hinausgekommen, haben aber noch nicht den angestrebten Verwirklichungsgrad erreicht.

Ein Teil der Verbundgruppen ist erkennbar auf dem Wege in die höchste Entwicklungsstufe der Kooperation, die hier als Tertiär-Kooperation bezeichnet wird. Die Charakteristika dieser Stufe liegen nun nicht darin, daß sich die Verbundgruppen zu filial- sowie konzernähnlichen Systemen entwickeln und damit zu geschlossenen Wettbewerbseinheiten werden, sondern sie liegen in der vollen Ausschöpfung aller Möglichkeiten der Zusammenarbeit, der Marktschaffung und -durchdringung im Rahmen eines Marketingsystems unter Wahrung der arbeitsteiligen Funktions- und Leistungserbringung und der unternemerischen Eigenständigkeit im jeweiligen Funktionsbereich. Funktionsteilung innerhalb der Verbundgruppen heißt zwar, daß die beteiligten Unternehmen nicht mehr in dem umfassenden Sinne Funktions- und Entscheidungsträger sein können wie die nicht in Kooperationen eingebundenen Firmen und somit weniger Autonomie in diesem Sinne besitzen, doch ist dies nicht gleichzusetzen mit Unselbständigkeit im Handeln oder nur noch einem Selbständigkeitsgrad, der den Dispositions- und Entscheidungsmöglichkeiten von Filialen im Rahmen von Großorganisationen entspricht. Gerade die Funktionsteilung schafft die Basis für die Entwicklung und Stärkung der unternehmerisch-kreativen Tätigkeit, ohne die eine Verbundgruppe überhaupt nicht in die tertiäre Phase vorstoßen kann.

Würden Verbundgruppen mit ihren Gesamtaktivitäten in die Richtung von „Filialsystemen" entwickelt, so wären hiergegen unter verschiedensten Aspekten erhebliche Bedenken anzumelden. Die Kooperationen würden damit ihre Grundidee aufgeben, als vielschichtiger Unternehmensverbund „denaturieren" und sich der Stärken berauben, die in der kooperativen Verbindung selbständiger Unternehmen liegen. Es geht bei der Fortentwicklung der Verbundgruppen darum, die Marketingkreativität in gewisser Weise zu „institutionalisieren", die Identifikation der Mitgliedsunternehmen mit der Gruppe über die Weiterentwicklung und Abstimmung der Funktionen und Leistungen so zu verstärken, daß Leistungsreserven ausgeschöpft und neue Märkte und Nachfragepotentiale erschlossen werden können. Dies erfolgt unter ständiger Beachtung des Zusammenhanges, daß die Gruppe insgesamt nur so leistungsfähig sein kann, wie die Mitgliedsfirmen in den ihnen obliegenden Funktionsbereichen durch ihre Art der Funktionserfüllung und Leistungserbringung die Voraussetzungen hierfür schaffen und umgekehrt, wie das Leistungsangebot der Zentralen voll den Markt- und Gruppenerfordernissen entspricht und sie dazu in der Lage sind,

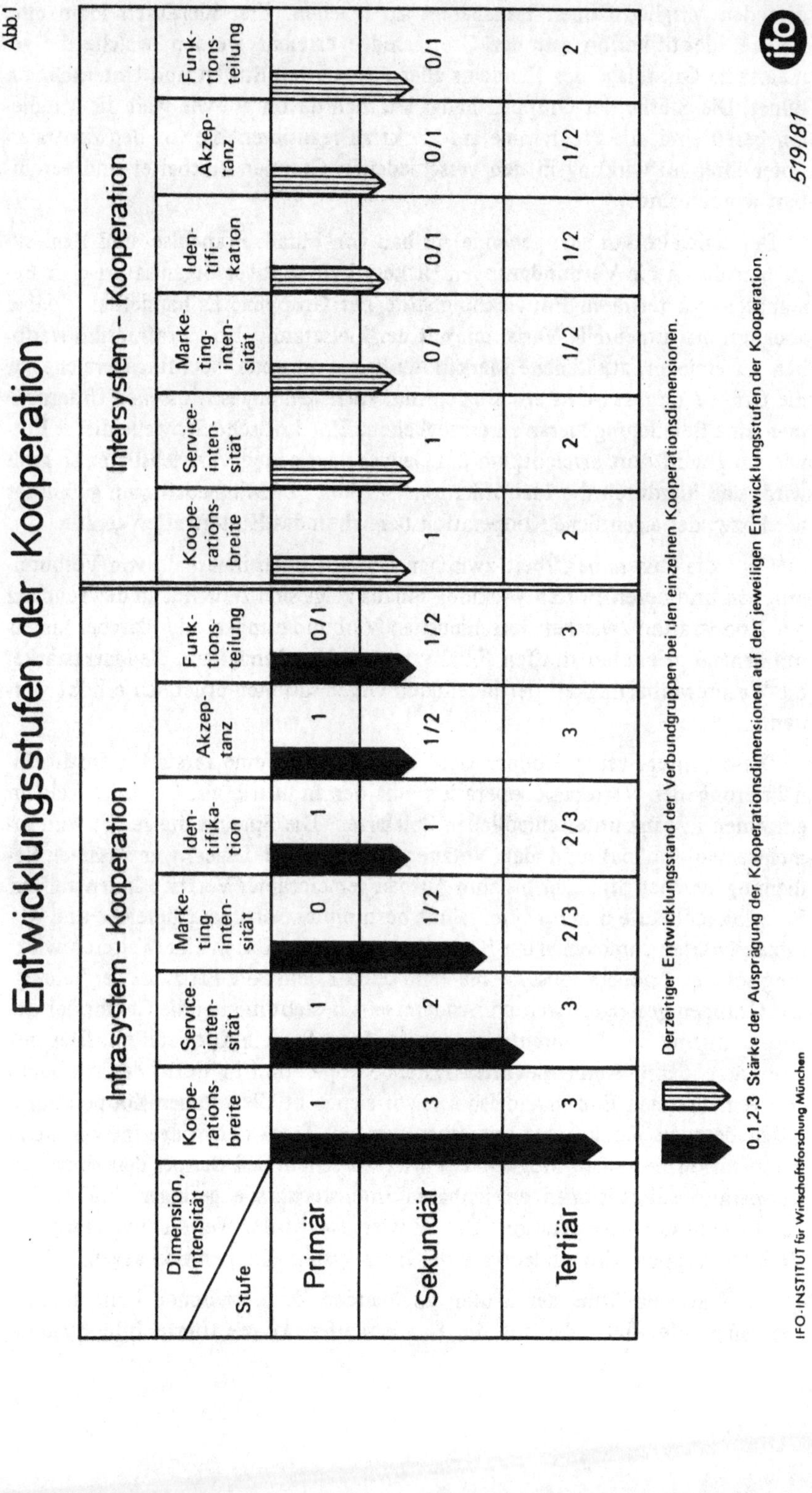

Dimension, Intensität / Stufe	Intrasystem - Kooperation: Kooperationsbreite	Serviceintensität	Marketingintensität	Identifikation	Akzeptanz	Funktionsteilung	Intersystem - Kooperation: Kooperationsbreite	Serviceintensität	Marketingintensität	Identifikation	Akzeptanz	Funktionsteilung
Primär	1	1	0	1	1	0/1						
Sekundär	3	2	1/2	1	1/2	1/2	1	1	0/1	0/1	0/1	0/1
Tertiär	3	3	2/3	2/3	3	3	2	2	1/2	1/2	1/2	2

dies den Mitgliedsfirmen transparent zu machen. Erst hierdurch kann eine höhere Identifikation mit der Gruppenidee erreicht werden, welche die gemeinsame Grundlage des Handelns aller integrierten Stufen und Unternehmen bildet. Die Stärke der Gruppen hängt letztlich davon ab, wie weit die Mitglieder bereit sind, die Programme am Markt zu realisieren, die von den Zentralen unter ihrer Mitwirkung in den verschiedenen Gremien erarbeitet und vereinbart worden sind.

Der teilweise vor sich gehende Aufbau von Filial-, Franchise- und Regiesystemen durch die Verbundgruppen ist kein konstitutiver organisatorischer Bestandteil der tertiären Entwicklungsstufe der Gruppen. Es handelt sich dabei aber um instrumentelle Varianten mit der Zielsetzung, Kooperationsinnovationen zu erzielen, zusätzliche Marktpotentiale und neue Nachfragebereiche für die Gruppe insgesamt zu erschließen und auch den angeschlossenen Unternehmen eine Beteiligung hieran zu ermöglichen. Eine kritische Schwelle dieser Entwicklung wird dort erreicht, wo das Gewicht der neuen Vertriebslinien so groß wird, daß hierdurch die Identifikationsfähigkeit der Mitgliedsfirmen gefährdet wird bzw. der eigentliche Kooperationsbereich in das Hintertreffen gerät.

Über die Zusammenarbeit zwischen Unternehmen innerhalb von Verbundgruppen und deren Fortentwicklung hinaus zeigt sich zunehmend die Tendenz der Kooperation zwischen verschiedenen Verbundgruppen oder darüber hinaus mit zentral geleiteten straffen Filialsystemen. Hierdurch kann die Marktstärke, die Wettbewerbsfähigkeit der beteiligten Organisationen erheblich erhöht werden.

Diese „Inter-System-Kooperation" zielt auch auf eine verstärkte Institutionalisierung der Vertikal-Kooperation mit der Industrie ab. Sie zeigt sich im einzelnen in ganz unterschiedlichen Spielarten. Die Spannweite reicht vom gemeinsamen Einkauf und der Nutzung gemeinsamer Lager, gemeinsamer Bedienung gleicher Strecken bis zum Aufbau gemeinsamer Vertriebslinien auf der Einzelhandelsstufe und zur Übernahme bestimmter Sortimentsbereiche und Absatzaktivitäten durch einen der Kooperationspartner. Durch eine Weiterentwicklung solcher Kooperationssysteme kann ohne Zweifel die Effizienz der beteiligten Gruppen gesteigert werden. Andererseits besteht hierbei die Gefahr der Beeinträchtigung der Weiterentwicklung der Intra-System-Kooperation. Dies insbesondere dann, wenn die Inter-System-Kooperation in Form des Aufbaues von gemeinsamen Einzelhandelslinien vor sich geht, die von den Kooperationsmitgliedern als Konkurrenz angesehen werden. Trotz der in der Inter-System-Kooperation liegenden Möglichkeiten ist zu sehen, daß die bei den einzelnen Kooperationsdimensionen erreichbaren Intensitätsgrade geringer sind als bei der Intra-System-Kooperation. Das Schwergewicht der Weiterentwicklung der Verbundgruppen wird eindeutig in der Intra-System-Kooperation liegen.

Im Kräfteverhältnis der Stufen zueinander, d. h. zwischen Handels- und Herstellerstufe, führt die auf die Handelsstufen konzentrierte Inter-System-

Kooperation zweifelsohne zu einer Kräfteverschiebung zugunsten des Handels. Die Industrie begegnet diesen Entwicklungen teilweise dadurch, daß sie in bestimmten Warenbereichen und mit ausgewählten Handelsgruppen ihrerseits verstärkt den Weg des Kontrakt-Marketing beschreitet. Durch eine solche Intensivierung der Zusammenarbeit mit bestimmten Gruppen des Handels ist einmal die Möglichkeit gegeben, das eigene Marketing verstärkt mit dem Handel zu koordinieren und andererseits einem zu starken Druck von seiten „konglomerierter“ Handelsgruppen auszuweichen.

4. Bewertung der Stellung und Entwicklung der Kooperationen im Marktstrukturprozeß

Um zu einer aus struktur- und wettbewerbspolitischer Sicht richtigen Standortbestimmung der Kooperationen des Handels zu gelangen, muß ihre Einbettung in die Gesamtstruktur und in den Wettbewerbsprozeß gesehen werden. Dies bedeutet einmal die Betrachtung der Positionierung der Kooperationen im Rahmen der Struktur- und Wettbewerbsveränderungen im Handel selbst, zum anderen die Stellung und Wirkung der Kooperationen im vertikalen Beziehungsgefüge Industrie/Handel.

Die Konsumgüterdistribution befindet sich nach wie vor in einem beachtlichen und nachhaltigen Umstrukturierungsprozeß. Dieser ist einmal wesentlich gekennzeichnet durch überdurchschnittliche Expansion von großen Handelsunternehmen, Filialsystemen sowie Großbetriebsformen. Zahlreiche kleine Firmen entsprechen sowohl von der Unternehmensgröße als auch von den Qualifikationsanforderungen her nicht mehr den Markterfordernissen und scheiden aus. Die Kooperationen konnten trotz aller Bemühungen um Straffung, Integration und Konzentration von Aktivitäten sowie Diversifizierung von Angebotstypen insgesamt ihre Position in den zurückliegenden Jahren nicht ausbauen. Sie mußten sogar teilweise Marktanteilsverluste hinnehmen. Deutliche Marktanteilsgewinne zeichnen sich auch für die kommenden Jahre generell für die Kooperationen nicht ab. Trotz der beachtlichen Erfolge, die die Kooperationsformen in ihrem Bemühen um Nachteilsausgleich, Wettbewerbssicherung und Anpassung ihrer Organisations- und Marketingkonzepte an die veränderten Marktbedingungen erringen konnten, zeigt diese Positionierung im Feld der Konsumgüterdistribution, wie schwierig es doch für sie ist, gegenüber straff geführten Konzentrations- und Integrationssystemen des Handels zu bestehen oder zu konstitutiv gleichwertigen Systemen zu gelangen.

Im Vertikalverhältnis zur Industrie haben die Kooperationen wesentlich an Markt- und Nachfragestärke gewonnen, da ihre Einkaufsvolumina auf der Großhandelsstufe zum Teil von beachtlicher Dimension sind. Die durch diese Kräftebündelung erreichte Verbesserung im Konditionengefüge hat aber ganz offensichtlich nicht dazu ausgereicht, um gegenüber den wichtigsten Mitwettbewerbergruppen im Handel in eine wettbewerbsüberlegene Position zu gelangen, die sich ja in Marktanteilszuwächsen niedergeschlagen hätte.

Betrachtet man Konzentration nicht nur in Form der Marktstrukturveränderung nach Unternehmenseinheiten, sondern auch als Veränderung der Organisation des Entscheidungsprozesses in der Wirtschaft, so wird deutlich, daß die Kooperationsgruppen des Handels in dieser „Konzentrationsmatrix" einen zunehmend gewichtigeren Platz einnehmen und unter diesem Aspekt zu bewerten sind. Sie stellen von ihrem Konstrukt und ihrer Zielsetzung her zwar „Gegenkraftgebilde zur Unternehmenskonzentration" dar, durch Funktionenteilung und -ausgliederung, durch Bündelung bestimmter Aktivitäten und Entscheidungen schaffen sie für eine Reihe von Marktbeteiligten, insbesondere im Vertikalverhältnis, aber „konzentrationsähnliche" Wirkungen. Die Kooperationen sind in diesem Betrachtungsfeld ebenso zu beobachten wie die Filial- und Konzernsysteme, wo es um Entstehen oder Ausweitung wirtschaftlicher Machtbereiche geht. Doch muß man sich bei wettbewerblicher Betrachtung stets auch der den Kooperationen wirtschaftspolitisch zugemessenen Funktionen – nämlich Nachteilsausgleich gegenüber den eigentlichen Konzentrationsgebilden – und der Relativität der Konzentrierungsstufe bewußt sein.

Bei Marktstrukturbetrachtungen wird nur eine weite, d. h. wettbewerbliche und alle Stufen einbeziehende Abgrenzung und Schau des relevanten Marktes den Gegebenheiten gerecht. Kooperationen des Handels bilden anerkanntermaßen Institute zur Erzielung des Nachteilsausgleichs für Klein- und Mittelunternehmen zur Gegenkraftbildung gegen Konzentrationsgebilde und damit ein Instrument, um weiter gefächerte Marktstrukturen zu erhalten. Daß hiervon für den Stufenwettbewerb Veränderungen der Kräfteverhältnisse und neue Machteffekte ausgehen können, ist unbestritten und muß daher einer aufmerksamen Beobachtung unterliegen. Auswüchsen von Machtphänomenen – wo immer sie auftreten – muß entgegengetreten werden. Das unausweichliche Entstehen wettbewerbspolitischer Zielkonflikte wird hierin deutlich.

Abb. 2

Marktanteile der Betriebsformen des Einzelhandels

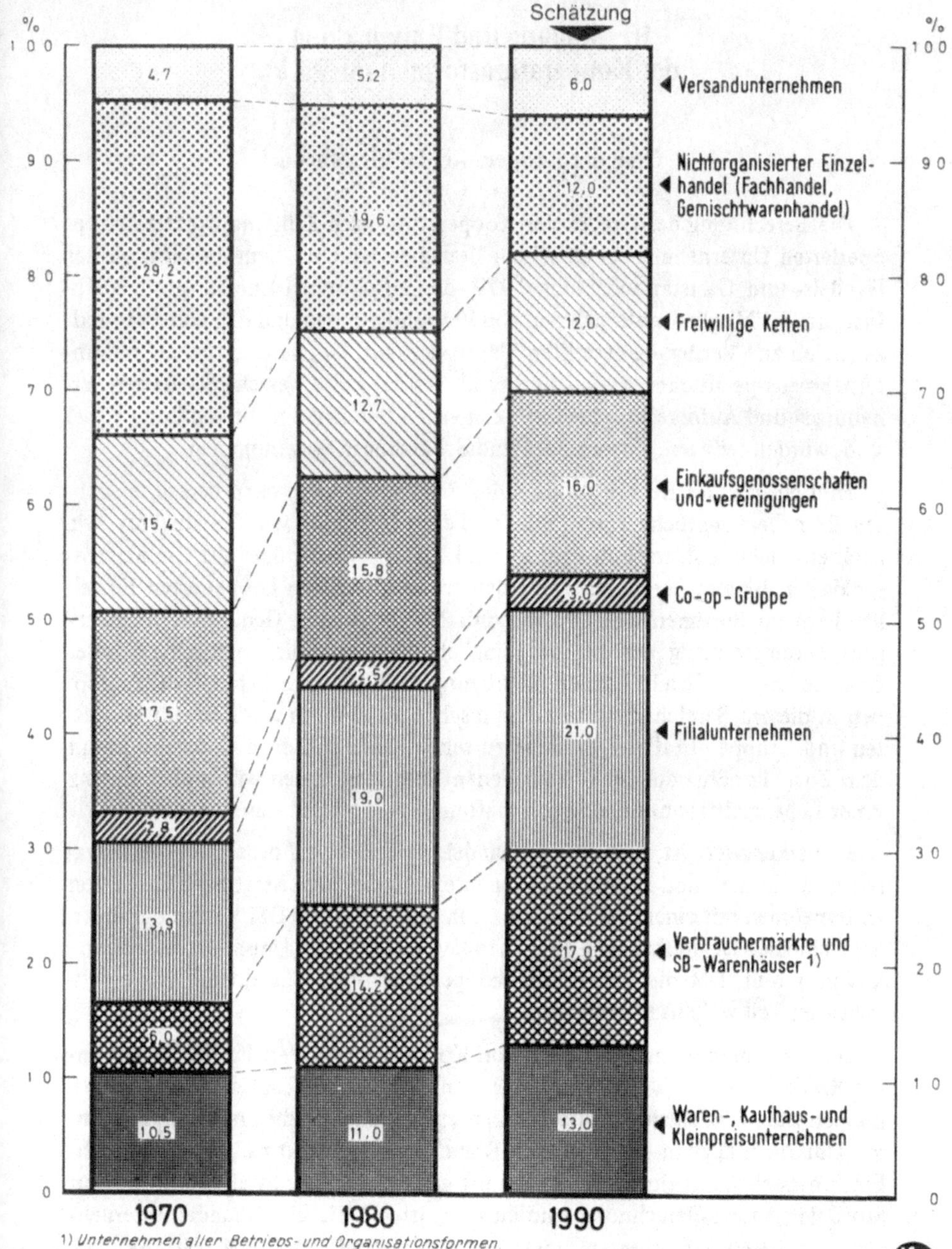

1) Unternehmen aller Betriebs- und Organisationsformen

IFO-INSTITUT für Wirtschaftsforschung München

351/81

III. Stellung und Entwicklung der Kooperationsformen im Markt

1. Grad der Kooperation im Einzelhandel

Die Berechnung des Grades der Kooperation nach Zahl und Umsatz der kooperierten Unternehmen in einzelnen Branchen baut auf dem Zahlenwerk der Handels- und Gaststättenzählung 1979, den empirischen Erhebungen des Ifo-Instituts bei Mitgliedsunternehmen von Verbundgruppen und den von Verbundzentralen zur Verfügung gestellten Unterlagen auf. Da diese amtlichen und unternehmensspezifischen Daten aufgrund der teilweise verschiedenartigen Erhebungs- und Aufbereitungsmethodik in vielen Bereichen nicht voll kompatibel sind, wurden teilweise Korrekturen und Schätzungen vorgenommen.

Hinsichtlich des Kooperationsgrades ergeben sich zwischen den untersuchten Branchen deutliche Unterschiede, die zu einem großen Teil struktur- wie auch entwicklungshistorisch bedingt sind. So ist etwa der über alle Umsatzgrössenklassen hinweg überdurchschnittlich große Anteil von kooperierten Einzelhändlern im Sortimentseinzelhandel mit Nahrungs- und Genußmitteln in engem Zusammenhang mit der ursprünglich kleinbetrieblichen Struktur dieser Branche, mit der traditionellen Betätigung genossenschaftlicher Handelsgruppen in diesem Bereich sowie mit dem raschen Vordringen von Freiwilligen Ketten und Gruppen in dieser Branche zu sehen. Ohne eine enge Kooperation mit dem Zustellgroßhandel der verschiedenen Verbundgruppen würde die Existenz vieler Lebensmitteleinzelhandelsgeschäfte in Frage gestellt sein.

Bemerkenswert ist, daß im Fachhandel mit Schuhen, Fotoartikeln, Spielwaren und Hausrat und anderen Branchen ein vergleichsweise großer Anteil von Unternehmen mit einem Jahresumsatz von unter 500 000 DM Verbundgruppen angeschlossen ist. In fast allen Branchen liegen aber ab der Umsatzgrößenschwelle von 1 Mill. DM die Anteile der kooperierten Fach-Einzelhandelsunternehmen zum Teil weitaus höher.

Die Berechnung und Schätzung von Kooperationsgraden für die untersuchten Branchen erfolgen in drei Stufen: Zunächst wurden Zahl und Umsätze der kooperierten Einzelhandelsunternehmen zur gesamten Zahl und zu den gesamten Umsätzen aller in der jeweiligen Branche schwerpunktmäßig tätigen Fach-Einzelhandelsunternehmen in Beziehung gesetzt. In einer zweiten und dritten Stufe der Anteils-Berechnung wurden dann jeweils die Einzelhandelsunternehmen mit einem Jahresumsatz von weniger als 50 000 DM bzw. 250 000 DM ausgeklammert. Wesentlicher Zweck dieses Vorgehens war es, Kooperationsgrade unter Berücksichtigung bestimmter Schwellenwerte der „Kooperationsfähigkeit" von Einzelhandelsfirmen zu erhalten und auf diese Weise ein realistisches Bild über Potentiale entsprechender Einzelhandelsunternehmen zu zeichnen.

Bei Einbeziehung aller Einzelhandelsunternehmen und der gesamten Umsätze ergeben sich für den Sortimentseinzelhandel mit Nahrungs- und Genußmitteln bezüglich der Zahl der kooperierten Unternehmen mit 61 % und für den Einzelhandel mit Sportartikeln bezüglich des Umsatzes mit 71 % die höchsten Kooperationsgrade. Im Fach-Einzelhandel mit Textilien und Bekleidung liegt dagegen der Kooperationsgrad bei der Zahl der Unternehmen mit 17 % und im Fotofachhandel beim Umsatz mit 35 % vergleichsweise niedrig.

Bei Außerachtlassung der Kleinstfirmen mit weniger als 50 000 DM Jahresumsatz steigt der zahlenbezogene Kooperationsgrad in fast allen Branchen um rd. 20 Prozentpunkte, der umsatzbezogene Kooperationsgrad dagegen erhöht sich nur geringfügig. Diesen ermittelten Kooperationsgraden nach dürfte vor allem im Textil- und Bekleidungs-, Hausrat- sowie Fotobereich noch ein erheblicher Teil der Einzelhandelsgeschäfte ohne Anbindung an eine Verbundgruppe sein. Im Einzelhandel mit Sportartikeln, Möbeln, Unterhaltungselektronik und Spielwaren dagegen werden über 80 % des relevanten Fachhandelsumsatzes von kooperierten Einzelhandelsunternehmen getätigt.

Läßt man bei dieser Betrachtung alle Unternehmen mit einem Jahresumsatz von weniger als 250 000 DM unberücksichtigt, so steigt der Grad der Kooperation hinsichtlich der Zahl der Unternehmen naturgemäß um ein Vielfaches stärker als hinsichtlich des Umsatzes. Sowohl von der Zahl als auch vom Umsatz her liegt der Kooperationsgrad im Einzelhandel mit Nahrungs- und Genußmitteln, mit Schuhen und mit Spielwaren über 80 %. In der Textil- und Bekleidungs-, Möbel- sowie Fotobranche ist die kooperative Zusammenarbeit zwischen den Fach-Einzelhandelsunternehmen auch bei dieser engeren und marktrelevanten Abgrenzung vergleichsweise nicht so stark ausgeprägt. In der Möbelbranche beträgt der Kooperationsgrad 50 %, gemessen an der Zahl der Unternehmen bzw. über 90 %, gemessen am Umsatz, wenn Möbelfachgeschäfte unter 500 000 DM Jahresumsatz außer Betracht gelassen werden.

Zusammenfassend kann festgestellt werden, daß insbesondere die mittelgroßen Unternehmen (mit einem Jahresumsatz von 500 000 DM und mehr) zum überwiegenden Teil einer Verbundgruppe angeschlossen sind, aber auch kleine Betriebe (zwischen 50 000 und 250 000 DM Jahresumsatz) in einem erheblichen Umfang die Mitgliedschaft von Verbundgruppen besitzen.

2. Marktanteile des kooperierten Fach-Einzelhandels in relevanten Branchen

In den letzten zwei Jahrzehnten hat sich ein großer Teil der Einzelhandelsunternehmen geschäftspolitisch neu orientiert, um der erheblichen Verschärfung des Wettbewerbs besser begegnen zu können. Insbesondere die großen Handelsunternehmen verfolgten hierbei häufig eine Politik der Angebotstypen-Diversifizierung und -Mischung, um je nach Standortlage und Ausrichtung auf bestimmte Konsumentenzielgruppen stärker am vorhandenen Marktvolumen partizipieren zu können. In einigen Fällen ging aber auch der Fach-Einzelhandel – als Einzelunternehmen oder im Rahmen von Verbundgruppen – den Weg einer gezielten Angebotstypendiversifizierung, häufiger allerdings den der Sortimentserweiterung über herkömmliche Branchengrenzen hinweg. Diese Entwicklungen erschweren in erheblichem Maße die Berechnungen und Schätzungen von Marktanteilen im Zeitablauf.

Im Rahmen dieser Untersuchung wurde versucht, die Umsätze der verschiedenen Betriebsformen auf den erfaßten Branchenmärkten für die vergangenen zehn Jahre abzuschätzen. Wegen der Sonderstellung der SB-Warenhäuser und Verbrauchermärkte als Betriebsform wie Angebotstyp wurden deren Umsätze – soweit möglich – in einem Aggregat zusammengefaßt.

Die Veränderungen in den Marktanteilen nach Betriebsformen in den einzelnen Branchen wurden zu Anfang der siebziger Jahre in starkem Maße durch das überproportionale Umsatzwachstum der Großfilialunternehmen und der Verbrauchermärkte/ SB-Warenhäuser geprägt. Deutliche Anteilsverluste mußte vor allem der mittelständische Fach-Einzelhandel in seiner Gesamtheit und zum Teil auch der sog. nicht-institutionelle Einzelhandel hinnehmen. Die traditionellen Warenhausunternehmen und der Versandhandel konnten in einzelnen Sortimentsbereichen ihre Position behaupten bzw. sogar ausbauen (z. B. bei Sportartikeln), in anderen Bereichen mußten sie Terrainverluste hinnehmen (wie z. B. bei Spielwaren). Der nicht-institutionelle Einzelhandel (Industrie, Großhandel, Handwerk) verlor besonders im Nicht-Nahrungsmittelhandel erheblich an Marktanteilen.

Im Bereich des Fachhandels mußte vornehmlich der Einzelhandel mit Schuhen, Sport- und Campingartikeln sowie mit Nahrungs- und Genußmitteln überdurchschnittlich hohe Anteilsverluste von 14 bis 9 Prozentpunkten hinnehmen. Für die Unterhaltungselektronik/Elektrogeräte-, Foto- und Spielwarenbranche ergaben sich Anteilsverluste von 1 bis 3 Prozentpunkten. Innerhalb des Fach-Einzelhandels konnte in 8 von den 10 untersuchten Branchen der kooperierte Fach-Einzelhandel seine Position behaupten, zum Teil sogar ausbauen. Diese Entwicklung hat verschiedene Ursachen. Zum einen wurden die Marktanteilsgewinne hervorgerufen durch ein zum Teil überdurchschnittliches Umsatzwachstum der kooperierten Einzelhandelsunternehmen, zum anderen waren sie dadurch bedingt, daß besonders viele kleine und mittlere Unternehmen außerhalb der Verbundgruppen aus dem Markt ausschieden. Die recht hohen Anteilsverluste des organisierten Schuh-Fachhandels haben ihre wesentliche Ursache darin, daß auch die großen Einkaufsgenossenschaften dieser Branche in den letzten zehn Jahren einen großen Teil ihrer kleinen Mitgliedsunternehmen verloren haben.

Maßgebend für die recht hohen Marktanteilsgewinne des kooperierten Fach-Einzelhandels in der Unterhaltungselektronik-, Sportartikel-, Spielwaren- und Möbelbranche war u.a. das Aufkommen neuer Typen von Verbundgruppen des Fach-Einzelhandels, die sich teilweise aus Großhandelsunternehmen heraus entwickelt und ihre ehemaligen Abnehmer als Mitgliedsunternehmen an der neuen Gruppe beteiligt bzw. an diese stärker „angebunden" haben. Diese zu Anfang der siebziger Jahre neu etablierten Verbundgruppen haben als Mitgliedsunternehmen besonders diejenigen Einzelhandelsunternehmen aufgenommen, die aufgrund des sog. Platzschutzes bis dahin keine Aufnahme bei den etablierten Verbundgruppen der Branche gefunden hatten. Darüber hinaus hat der Ausbau und die qualitative Verbesserung des Waren-, Service- und Marketingleistungsangebots durch die meisten Verbundgruppen bewirkt, daß die Gruppe der kooperierten Einzelhandelsunternehmen ihre Marktposition großteils behaupten, teilweise sogar ausbauen konnte.

3. Standortstruktur der kooperierten Einzelhandelsunternehmen

In den verschiedenen Verbundgruppen des Einzelhandels haben sich vornehmlich kleine bis mittelgroße Fach-Einzelhandelsunternehmen unterschiedlichster Standortkategorien zusammengeschlossen. Die Verteilung der kooperierten Einzelhandelsunternehmen auf die verschiedenen Gemeindegrößenklassen hängt zum Teil auch mit der historischen Entwicklung der Verbundgruppen zusammen. Der vornehmlich kleine und mittlere Lebensmittelsortimentshandel, der traditionell Mitglied in einer Handelsgruppe ist, hat zu fast 60 % seinen Standort in Gemeinden unter 5 000 Einwohner. Im Nicht-Nahrungsmittelhandel dagegen, also den stärker zentralitätsorientierten Branchen, befinden sich rd. 60 % der kooperierten Einzelhandelsunternehmen in Gemeinden mit Einwohnerzahlen zwischen 5 000 und 50 000, rd. ein Drittel hat sein Geschäft in Gemeinden mit über 50 000 Einwohnern.

Die hohe Konzentration des kooperierten Nahrungs- und Genußmitteleinzelhandels auf kleine Gemeindegrößen zeigt, daß dieser Unternehmensbereich gerade hier eine wichtige Versorgungsfunktion erfüllt. Wegen des vergleichsweise geringeren und weniger dynamischen Nachfragepotentials in diesen Orten sowie eines zunehmenden Wettbewerbs durch Groß-Angebotsformen aus hierarchisch höherrangigen Standorten ist die „wettbewerbliche Stützfunktion" der Kooperationsgruppen für ihre Mitgliedsfirmen um so wichtiger zu veranschlagen.

Die Verteilung der kooperierten Einzelhandelsunternehmen des Nicht-Nahrungsmittelhandels nach Gemeindegrößenklassen muß u.a. vor dem Hintergrund des bis vor wenigen Jahren mehr oder weniger streng praktizierten Platzschutzes gesehen werden. Um die unmittelbare wettbewerbliche Konfrontation unter den Mitgliedsunternehmen der eigenen Gruppe in einem Wettbewerbsraum möglichst zu vermeiden bzw. abzuschwächen, haben sich die Verbundgruppen das Recht vorbehalten, in einer Gemeinde („am Platz") jeweils nur eine bestimmte Zahl von Einzelhändlern – oft nur ein Einzelhandelsunternehmen – als Mitglieder aufzunehmen. Da das vorhandene Potential an kooperationsfähigen Fach-Einzelhandelsunternehmen in mittleren und mittelgroßen Zentren im Laufe der Zeit durch die verschiedenen Kooperationsgruppen fast ausgeschöpft worden ist, haben einzelne Verbundgruppen in den letzten zwei Jahrzehnten verstärkt auch Einzelhandelsunternehmen aus kleineren Gemeinden aufgenommen. Vor allem die Aufnahme dieser kleinen Unternehmen in den Gemeindegrößen unter 50 000 Einwohner hat für einige Gruppen strukturelle Probleme mit sich gebracht, insbesondere wurde die angestrebte Homogenität des Mitgliederkreises durchbrochen. Der hohe Anteil von rd. 70 % der in diesen Gemeinden ansässigen kooperierten Einzelhandelsunternehmen in der Textil- und Bekleidungs-, Schuh-, Unterhaltungselektronik/Elektrogeräte- und Spielwarenbranche ist u. a. auf die genannte Entwicklung zurückzuführen.

4. Angebotstypenstruktur der kooperierten Unternehmen

Das Gros der Verbundgruppen angeschlossenen Einzelhandelsunternehmen ist auf nur wenige Angebotsformen und -typen konzentriert. Bei den Mitgliedsunternehmen der meisten Verbundgruppen herrscht der Angebotstyp des traditionellen Fachgeschäftes vor. Bei einzelnen Gruppen haben sich jedoch auch modifizierte Angebotstypen herausgebildet.

Im Nahrungsmittel-Sortimentseinzelhandel dominiert das Ladengeschäft mit einer Verkaufsfläche unter 200 qm. Es wird jedoch nur noch in geringem Maße als Bedienungsgeschäft geführt, sondern als SB-Geschäft. Ein erheblicher Teil der kooperierten Lebensmittelgeschäfte hat bereits Supermarkt-Dimension. Der Verbrauchermarkt oder gar das noch größere SB-Warenhaus spielen als Angebotstyp für kooperierte Einzelhandelsunternehmen nur eine sehr untergeordnete Rolle. Diese Angebotstypen, die in den letzten Jahren einen wachsenden Marktanteil an der Distribution von Nahrungs- und Genußmitteln gewonnen haben, werden aber teilweise als eigenständige Vertriebslinien der Kooperationsgruppen bzw. Großhandelsunternehmen der Verbundgruppen (Regiebetriebe) geführt, um die Marktposition der Gruppe insgesamt zu verbessern.

Für die kooperierten Einzelhandelsunternehmen des Nicht-Lebensmittelhandels kommen als Angebotstypen hauptsächlich das herkömmliche Fachgeschäft mit einem breiten Sortiment sowie mittlerem Genre, daneben das exklusive Fachgeschäft, das Fachgeschäft mit einem herausragenden Angebotsschwerpunkt sowie das Kaufhaus in Frage. In fast allen Branchen sind gut zwei Drittel der Einzelhandelsunternehmen der Auffassung, daß sie mit ihrem Geschäftsbetrieb schwergewichtig den Angebotstyp des Fachgeschäftes mit mittlerem Genre verkörpern. Durchschnittlich ein Viertel aller befragten Unternehmen im Non-Food-Bereich versteht sich schwergewichtig als exklusives Spezial- bzw. Fachgeschäft.

Nach Branchen zeigen sich nicht unwesentliche Abweichungen. Im Einzelhandel mit Textilien und Bekleidung, Sportartikeln, Schuhen, Hausrat sowie Möbeln werden 18 bis 24 % der Firmen als exklusive Spezial- bzw. Fachgeschäfte geführt, im Einzelhandel mit Gütern der Unterhaltungselektronik sowie Elektrogeräten, Fotoartikeln und Spielwaren ist dieser Angebotstyp mit rd. 40 % noch erheblich häufiger vertreten. Die überdurchschnittliche Verbreitung des exklusiven Spezial- bzw. Fachgeschäftes bei Mitgliedsunternehmen der Elektro-, Foto- und Spielwaren-Verbundgruppen deutet darauf hin, daß in diesen Branchen der hohe Beratungsbedarf und die Erklärungsbedürftigkeit des Produktangebots ein wesentliches Gewicht für eine stärkere Profilierung des Fachgeschäftes in einem höheren Genre besitzen.

Bei den Mitgliedsunternehmen der Schuh-Verbundgruppen spielt das Fachgeschäft mit einem Angebotsschwerpunkt eine beachtliche Rolle. Über ein Drittel der kooperierten Schuheinzelhandelsunternehmen besitzt in seinem Warensortiment Schwerpunkte, um einzelne Zielgruppen von Konsumenten besser ansprechen zu können. Desgleichen hat ein kleiner Teil der Mitgliedsunternehmen der Möbel- und Spielwaren-Verbundgruppen im Warenangebot eine Schwerpunktbildung vorgenommen, um damit die Leistungsfähigkeit für bestimmte Warengruppen nachhaltiger demonstrieren zu können. Die von einzelnen Verbundgruppen forcierte Politik der Angebotstypendifferenzierung, die sich besonders in der Neugestaltung der Warensortimente niederschlägt, soll die kooperierten Einzelhandelsunternehmen zugeschnitten auf ihre jeweilige Markt- und Konkurrenzsituation reaktionsfähig und leistungsstark machen.

5. Wettbewerbsposition und Langfristperspektiven der kooperierten Unternehmen

Der Beitritt zu einer Verbundgruppe resultiert bei fast allen Einzelhandelsunternehmen aus dem Motiv heraus, die Wettbewerbsposition und die langfristigen Existenzchancen zu verbessern. Dabei wird das Leistungsvermögen und die Wettbewerbsfähigkeit der Mitgliedsunternehmen anerkanntermaßen von den Verbundgruppen nicht nur durch günstige Warenbeschaffung gefördert, sondern in zunehmendem Maße auch durch das Angebot von Marketing- und Serviceleistungen. Die Verbundgruppen können jedoch nur in begrenztem Masse Einfluß auf die Inanspruchnahme der Marketing- und Serviceleistungen ausüben. Im allgemeinen werden die Mitglieder auf bestimmte Schwachstellen hingewiesen, soweit sie aus den regelmäßigen Beschaffungsbeziehungen und dem Kommunikations- und Informationsfluß zwischen Verbundzentrale und Mitgliedsunternehmen ersichtlich werden.

Von den kooperierten Unternehmen beurteilen im Nahrungs- und Genußmittelhandel rd. 30 % und im Nicht-Nahrungsmittelhandel rd. 40 % ihre derzeitige Wettbewerbssituation als gut, vereinzelt auch als sehr gut. In fast allen Branchen sieht rd. die Hälfte der Unternehmen die Wettbewerbslage als befriedigend an. Im Nahrungs- und Genußmittel-Sortimentshandel wird die Wettbewerbssituation jedoch auch von einem nicht unerheblichen Teil der Firmen, nämlich von 14 %, als schlecht beurteilt. Im Nicht-Nahrungsmittelhandel ist dieser Anteil im Durchschnitt nur halb so groß. Die graduell ungünstigere Einschätzung der Wettbewerbsposition durch die kooperierten Einzelhandelsunternehmen im Nahrungs- und Genußmittelhandel gegenüber dem Nicht-Nahrungsmittelhandel ist vor allem darauf zurückzuführen, daß vornehmlich die kleinen Sortimentseinzelhändler einem starken Wettbewerbsdruck ausgesetzt sind. Die ebenfalls vergleichsweise ungünstigere Beurteilung der derzeitigen Wettbewerbsstellung durch die kooperierten Einzelhandelsunternehmen in der Elektrogeräte- und Fotobranche dürfte ihre Ursache ebenfalls in einem teilweise sehr preisaggressiven Wettbewerb mit entsprechenden Auswirkungen auf Spannen und Betriebsergebnisse haben.

Die längerfristigen Aussichten werden insgesamt ähnlich beurteilt wie die gegenwärtige Wettbewerbslage. Der überwiegende Teil der Firmen beurteilt die längerfristigen Geschäftsaussichten und Existenzchancen als befriedigend, teilweise auch als gut. Angesichts der sich eher noch verschärfenden wettbewerblichen Konfrontation rechnet rd. ein Viertel der kooperierten Unternehmen im Einzelhandel mit Nahrungs- und Genußmitteln aber mit einer Verschlechterung der längerfristigen Geschäftsaussichten. Das signalisiert auch für den Kooperationsbereich noch eine weitere Reduzierung der Zahl der Marktteilnehmer. In den Nicht-Nahrungsmittelbranchen rechnen dagegen im Durchschnitt nur rd. 7 % der den Verbundgruppen angeschlossenen Einzelhandelsunternehmen für die nächsten Jahre mit einer für sie ungünstigeren Wettbewerbsentwicklung.

Zusammenfassend kann festgestellt werden, daß die überwiegende Mehrzahl der kooperierten Einzelhandelsunternehmen sowohl ihre derzeitige Wettbewerbssituation als auch ihre längerfristigen Existenzchancen mehr oder weniger positiv beurteilt. Diese doch recht günstige Einschätzung der künftigen Wettbewerbsstellung dürfte maßgebend der engen Zusammenarbeit in den Verbundgruppen zuzuschreiben sein. In diesem Leistungsverbund wird die Wettbewerbskraft der Anschlußfirmen in erheblichem Maße gestärkt.

Tab. 1

Grad der Kooperation nach Zahl und Umsatz des Fach-Einzelhandels[1)]

im Jahre 1979

Branche	Kooperierte Einzelhandels-unternehmen		Grad der Kooperation gemessen am					
			gesamten Fachhandel der Branche		Fachhandel der Branche ab 50.000 DM Jahresumsatz		Fachhandel der Branche ab 250.000 DM Jahresumsatz	
	Zahl	Umsatz	Zahl in %	Umsatz in %	Zahl in %	Umsatz in %	Zahl in %	Umsatz in %
Nahrungs- und Genußmittel	41.000	53.000	61	66	65	78	92	91
Textilien und Bekleidung	8.500	19.500	17	46	20	49	37	52
Sportartikel	1.250	1.500	35	71	44	78	78	92
Schuhe	4.500	4.300	43	60	49	71	90	84
Hausrat/Glas, Porzellan/ Eisenwaren	4.000	11.000	29	49	35	49	61	54
Möbel	2.200	13.000	24	79	27	86	40	91
Unterhaltungselektronik/ Elektrogeräte	3.600	6.100	35	75	38	85	60	90
Fotoartikel	650	1.000	26	35	28	47	49	48
Spielwaren	950	1.050	39	37	48	88	87	99

1) Bereinigt um Großfilialunternehmen.

Quelle: Berechnungen und Schätzungen des Ifo-Instituts nach Unterlagen des Statistischen Bundesamtes, von Fachverbänden, Verbundgruppen und Firmen.

Tab. 2

Marktanteile der Betriebsformen des Einzelhandels in ausgewählten Branchen

Umsatzanteile in %

Branchen / Betriebsform	Nahrungs- und Genußmittel (Sortimentshand.) 1970	1980	Textilien und Bekleidung (einschl. Heimtextilien) 1970	1980	Sport- und Campingartikel 1970	1980	Schuhe und Schuhwaren 1970	1980	Hausrat/Glas, Porzellan/ Eisenwaren 1970	1980	Möbel 1970	1980	Güter der Unterhaltungselektronik 1970	1980	Elektro-Klein- und-Großgeräte 1970	1980	Fotoartikel 1970	1980	Spielwaren 1970	1980
Fach-Einzelhandel	44,0	35,1	57,9	53,7	75[1]	66[1]	60,0	45,5	67,0[1]	60,5[1]	67,0	62,5	69,5[1]	68,5[1]	40[1]	39[1]	54[1]	52[1]	37,0[1]	34,2[1]
- Kooperierter Handel	39,0	33,1	25,5	27,5	33	46	52,0	40,0	33,0	40,0	47,0	55,0	29,5	54,5	14	19	17	24	20	30,0
- Nichtorganisierter Handel	5,0	2,0	32,4	26,2	42	20	8,0	5,5	34,0	20,5	20,0	7,5	40,0	14,0	26	20	37	28	17	4,2
Großfilialunternehmen	18,6	21,9	9,5	15,0			13,5[2]	26,5[2]			2	9			-	-	.[3]	.[3]		
Warenhäuser	3,3	4,1	20,2	16,5	13	16	9,0	7,5	9,0	11,0	4	9	7,5	8,5	6	8	13	14	31,8	29,8
Versandhandel	0,3	0,1	6,7	7,6	4	6	5,5	7,0	5,0	3,0	6	3	8,5	10,0	17	15	12	20	8,2	8,1
Verbrauchermärkte/ SB-Warenhäuser	7,5	12,8	3,5	4,2	2	4	2,0	5,0	10,5	18,0	1	4	6,0	7,0	4	6	2	6	7,4	13,9
Nicht-institutioneller Einzelhandel	26,3	26,0	-	-	-	-	5,0	4,0	8,5	7,5	20	12,5	8,5	6,0	28	18	4	4	-	-
Branchenfremder Fach-Einzelhandel	-	-	2,2	3,0	6	8	5,0	4,5							5	14	15	5	15,6	14,0
Insgesamt	100	100	100	100	100	100	100	100	100	100	100	100	100	100	100	100	100	100	100	100

1) Einschließlich Großfilialunternehmen.
2) Einschließlich Herstellerfilialsysteme.
3) Unter Versandhandel ausgewiesen.

Quelle: Berechnungen und Schätzungen des Ifo-Instituts nach Unterlagen des Statistischen Bundesamtes sowie von Verbundgruppen, Fachverbänden und Firmen.

Tab. 3

Standortstruktur der kooperierten Einzelhandelsunternehmen

Gemeindegrößenklasse	Das Geschäft bzw. das Schwergewicht der Einzelhandelstätigkeit liegt bei ... % der Unternehmen in folgender Gemeindegrößenklasse (Zahl der Einwohner)					
Branche	unter 5.000	5.000 b.u. 10.000	10.000 b.u. 20.000	20.000 b.u. 50.000	50.000 b.u. 100.000	100.000 b.u. 500.000	500.000 und mehr
Nahrungs- und Genußmittel	59	11	7	8	6	4	5
Textilien und Bekleidung	10	17	19	25	13	11	5
Sportartikel	2	13	16	25	18	17	9
Schuhe	10	18	21	20	12	11	8
Hausrat/Glas, Porzellan/ Eisenwaren	10	20	21	21	9	12	7
Möbel	5	12	19	24	14	17	9
Unterhaltungs-elektronik/ Elektrogeräte	5	10	23	29	16	11	6
Fotoartikel	4	7	18	24	19	15	13
Spielwaren	5	13	21	30	13	12	6
Nicht-Nahrungsmittel insges.	8	15	20	24	13	13	7

Quelle: Erhebungen des Ifo-Instituts 1980/81.

Tab. 4

Angebotstypen der kooperierten Einzelhandelsunternehmen
in der Nahrungs- und Genußmittelbranche

Art der Verbundgruppe	... % der Einzelhandelsunternehmen praktizieren schwergewichtig folgenden Angebotstyp						
	Lebensmittelgeschäft unter 200 m^2 VKFL	Lebensmittelgeschäft von 200 - 400 m^2 VKFL	Supermarkt über 400m^2 VKFL	Bäckerei mit Lebensmittelgeschäft	Fleischerei mit Lebensmittelgeschäft	Verbrauchermarkt/ SB-Warenhaus	Sonstiger Angebotstyp
Genossenschaftlich organisierte Handelsgruppe	67	10	4	12	4	2	1
Freiwillige Handelsgruppe	58	18	5	8	7	3	1
Nahrungs- und Genußmittel insgesamt	65	12	4	11	5	2	1

Quelle: Erhebungen des Ifo-Instituts 1980/81.

Tab. 5

Angebotstypen der kooperierten Einzelhandelsunternehmen in den Non-Food-Branchen

Branche	... % der Einzelhandelsunternehmen praktizieren schwergewichtig folgenden Angebotstyp				
	Kauf-/ Warenhaus	exklusives Spezial- bzw. Fachgeschäft	Fachgeschäft mit mittlerem bis niedrigem Genre	Fachgeschäft mit Angebotsschwerpunkt	Sonstiger Angebotstyp
Textilien und Bekleidung	3	18	78	-	1
Sportartikel	2	24	74	-	-
Schuhe	1	24	39	36	-
Hausrat/Glas, Porzellan/ Eisenwaren	2	18	79	-	1
Möbel	1	21	74	4	-
Unterhaltungselektronik/ Elektrogeräte	-	43	57	-	-
Fotoartikel	1	36	62	-	1
Spielwaren	26	39	26	8	1

Quelle: Erhebungen des Ifo-Instituts 1980/81.

Tab. 6

Wettbewerbsposition der kooperierten Einzelhandelsunternehmen nach Branchen

Branche	... % der kooperierten Einzelhandelsunternehmen beurteilen ihre derzeitige Wettbewerbsposition als				
	sehr gut	gut	befriedigend	schlecht	sehr schlecht
Nahrungs- und Genußmittel	3	29	54	12	2
Textilien und Bekleidung	2	39	52	7	-
Sportartikel	3	43	48	6	-
Schuhe	4	43	49	4	-
Hausrat/Glas, Porzellan/ Eisenwaren	2	35	56	7	-
Möbel	4	37	53	6	-
Unterhaltungselektronik/ Elektrogeräte	2	29	55	12	2
Fotoartikel	5	28	49	17	1
Spielwaren	4	39	50	7	-
Nicht-Nahrungsmittel insges.	3	38	52	7	-

Quelle: Erhebungen des Ifo-Instituts 1980/81.

Tab. 7

Wettbewerbsperspektiven der kooperierten Einzelhandelsunternehmen
nach Branchen

Branche	... % der kooperierten Einzelhandelsunternehmen beurteilen ihre längerfristigen Geschäftsaussichten und Existenzchancen als				
	sehr gut	gut	befriedigend	schlecht	sehr schlecht
Nahrungs- und Genußmittel	3	25	49	20	3
Textilien und Bekleidung	2	35	54	9	–
Sportartikel	1	45	49	4	1
Schuhe	2	38	54	6	–
Hausrat/Glas, Porzellan/ Eisenwaren	1	34	56	8	1
Möbel	2	40	52	5	1
Unterhaltungselektronik/ Elektrogeräte	1	28	60	9	2
Fotoartikel	6	30	52	11	1
Spielwaren	2	37	51	9	1
Nicht-Nahrungsmittel insgesamt	2	35	55	7	1

Quelle: Erhebungen des Ifo-Instituts 1980/81.

IV. Die interne Verfassung der Kooperationen

1. Mitgliederstruktur

Der in Verbundgruppen organisierte Einzelhandel weist hinsichtlich der Unternehmensgrößen eine breite Streuung auf. Das Spektrum reicht vom ausgesprochenen Kleinbetrieb mit weniger als 100 000 DM Jahresumsatz bis zu Firmen mit mehr als 10 Mill. DM Jahresumsatz. Das Gros der Einzelhandelsfirmen konzentriert sich allerdings auf die mittleren Größenklassen. So gehören im Durchschnitt aller Kooperationen rd. 45 % der Firmen zum Größenbereich 500 000 DM bis 2 Mill. DM Jahresumsatz. Relativ stark besetzt sind auch die Größenklassen 250 000 bis 500 000 DM sowie 2 bis 5 Mill. DM. Zieht man einmal eine Grenze bei 1 Mill. DM Jahresumsatz – diese Grenze entspricht in etwa dem durchschnittlichen Jahresumsatz pro Unternehmen im institutionellen Einzelhandel – so zeigt sich nach den Ergebnissen der Ifo-Erhebungen, daß über die Hälfte (54 %) der kooperierten Firmen unterhalb dieser Größenschwelle liegt. Die Verteilung der kooperierten Firmen über alle Größenklassen hinweg entspricht interessanterweise in etwa einer statistischen Normalverteilung.

Erwartungsgemäß weicht die Größenstruktur des in Verbundgruppen organisierten Einzelhandels nicht unerheblich von der des gesamten Einzelhandels ab. Firmen der untersten Größenklasse sind bei den Verbundgruppen nicht in dem Maße vertreten wie im nicht-kooperierten Bereich. Der Anteil relativ grosser Einzelhandelsgeschäfte ist bei den Verbundgruppen dagegen wesentlich höher als im gesamten Einzelhandel. Die Abweichungen in den Verteilungsbildern resultieren einmal daraus, daß im gesamten Einzelhandel noch viele Firmen bei der in der amtlichen Statistik gegebenen Abgrenzung erfaßt werden, ohne daß sie im eigentlichen Sinne als funktionsechte bzw. voll vergleichbare Erwerbsbetriebe angesehen werden können. Zum anderen ist die Diskrepanz in den Grössenstrukturen aber ein Ergebnis der im Kooperationsbereich in beachtlichem Umfang vollzogenen Anpassung an die veränderten Markterfordernisse und -gegebenheiten. Im Zuge des Strebens nach Stärkung der Wettbewerbsfähigkeit des gesamten Kooperationsbereichs können naturgemäß langfristig nur solche Firmen in den Kooperationsgemeinschaften und im Markte verbleiben, die bezüglich Umsätzen, Erträgen und unternehmerischer Qualifikation den wettbewerblichen Anforderungen gerecht werden.

Ohne die Größenverteilung der Einzelhandelsfirmen in den Kooperationen zur Norm erheben zu wollen, drängt sich doch der Eindruck auf, daß die hier vorzufindende Größenverteilung insgesamt den betriebswirtschaftlichen und marktspezifischen Erfordernissen eher entspricht als die Größenstruktur im gesamten Einzelhandel. Dies indiziert auch ganz deutlich, daß im Einzelhandel insgesamt und hier gerade in den untersten Größenklassen noch ein weiterer Ausleseprozeß zu erwarten ist.

Dieses Abweichen in der Größenklassenverteilung zwischen Einzelhandel insgesamt und kooperiertem Bereich zeigt sich durch alle Branchen, wenn auch in unterschiedlicher Stärke. Im Nahrungsmittelhandel ist auch im Kooperationsbereich der Anteil sehr kleiner Geschäfte noch beachtlich hoch, freilich nur halb so groß wie im Einzelhandel insgesamt. Dabei ist allerdings zu berücksichtigen, daß „Hospitanten" und nur sporadisch im Warenbezug an Kooperationsgruppen „angelehnte" Einzelhandelsunternehmen nicht dem Kooperationsbereich im engeren Sinne zugerechnet wurden. Würden auch diese Betriebe voll bei einer Strukturierung im kooperierten Bereich erfaßt, so wäre der Anteil der unteren Größenklasse hier noch deutlich höher als ausgewiesen. Im Textil- und Bekleidungshandel, Sportartikelhandel, Möbelhandel und im Bereich Unterhaltungselektronik sind sehr kleine Firmen in den Verbundgruppen nur in geringem Umfang vertreten (Firmen unter 250 000 DM Jahresumsatz).

Betrachtet man die Größe der Verkaufsflächen nach Unternehmen, so wird die Streubreite der Betriebe und hierbei ein starkes Gewicht kleiner Verkaufseinheiten im Kooperationsbereich ganz deutlich. So weist rd. die Hälfte der in Verbundgruppen des Lebensmittelhandels zusammengeschlossenen Firmen nach wie vor Verkaufsflächen von weniger als 100 qm auf. Nur knapp ein Zehntel der Firmen hat Verkaufsflächen von mehr als 500 qm. In einer von Haus aus sehr kleinbetrieblich strukturierten Branche wie dem Fotoeinzelhandel ist der Anteil der kleinflächigen Geschäfte auch im Kooperationsbereich relativ groß. Ähnliches gilt, wenn auch abgeschwächt, für den Schuhhandel. Demgegenüber ist der Anteil großflächiger Betriebe in einer flächenextensiven Branche wie dem Möbelhandel weit überdurchschnittlich.

2. Organisationsprinzipien und -strukturen der Verbundgruppen

2.1. Zu Stand und Entwicklung

In den letzten dreißig Jahren haben viele Verbundgruppen des mittelständischen Einzelhandels die rechtliche Unternehmensform ihrer Zentralen und damit auch Organisationsstrukturen verändert. Damit suchte man sich auf die Markterfordernisse besser einzustellen, ohne traditionelle kooperative Leitmotive über Bord zu werfen. Besonders in den fast ausschließlich genossenschaftlich organisierten Verbundgruppen des Nahrungsmittelhandels haben sich nach 1970 nachhaltige Umstrukturierungen vollzogen. So wurde der EDEKA- und

REWE-Verbund in seinem dreistufigen Aufbau – Verbundzentrale, genossenschaftlich strukturierte Großhandelsstufe und Mitgliedsunternehmen – im Rahmen der Neuorganisation teilweise mit neuen Gesellschaftsformen versehen. Die örtlichen regionalen Mitgliedergenossenschaften blieben erhalten, um auf diese Weise die gesellschaftsrechtliche Anbindung der Einzelhandelsunternehmen an den Handelsverbund zu wahren.

Im Nicht-Nahrungsmittelhandel spielten die genossenschaftlichen Organisationsstrukturen und -prinzipien in den Verbundgruppen nie die Rolle wie im Nahrungsmittelhandel. Die Rechtsform der Genossenschaft wird vor allem noch von einigen ‚großen' Verbundgruppen beibehalten, bei denen die Zahl der Mitgliedsunternehmen relativ groß ist und die Vielfalt der Mitgliederinteressen auf einer geeigneten „Plattform" zusammengeführt werden muß. Einige Verbundgruppen besitzen die Gesellschaftsform der AG oder GmbH, wobei teilweise eine maßgebliche Beteiligung an den Gesellschafter- bzw. Kapitalanteilen bei der Geschäftsführung bzw. den Gründern der Verbundgruppe liegen.

In den letzten zwanzig Jahren wurde eine große Zahl von Verbundgruppen in Form der GmbH & Co KG gegründet, in der die Einzelhandelsunternehmen als Kommanditisten und die Gründer der Verbundzentrale, aber auch teilweise wiederum die Geschäftsführer der Zentrale als Komplementäre fungieren. In den Rechtsformen der Verbundgruppen haben sich gerade in den letzten Jahren sehr differenzierte „Verfeinerungen" ergeben, mit denen auch den gewandelten Beziehungen zwischen Mitgliedsunternehmen und Verbundzentrale Rechnung getragen wird. Die in früheren Jahren wichtige Frage der Haftung des Mitgliedsunternehmens für die Verbundzentrale hat an Bedeutung verloren bzw. existiert praktisch nicht mehr. Im Vordergrund der Ausgestaltung der Rechtsbeziehungen zwischen Verbundzentrale und Mitgliedsunternehmen stehen vielmehr Fragen der Rückvergütung, der Bezugskonzentration sowie der Mitarbeit in Ausschüssen der Gruppe.

Während in früheren Zeiten mehr ideelle förderwirtschaftliche Prinzipien die Arbeitsweise und die Organisationsstrukturen von Einzelhandelszusammenschlüssen bestimmt haben, werden die Organisationsstrukturen und -prinzipien der Verbundgruppen heute stärker von den wettbewerblichen Erfordernissen der Märkte und den wirtschaftlichen Interessen der Mitgliedsunternehmen geprägt. Dies resultiert vor allem daraus, daß die mittleren bzw. mittelgroßen Anschlußhäuser von Verbundgruppen bei der Beurteilung des individuellen Nutzens einer Anbindung an eine bestimmte Verbundgruppe eindeutig wirtschaftliche Überlegungen in den Vordergrund stellen. So hat auch eine nicht unwesentliche Anzahl von Einzelhandelsunternehmen – insbesondere in der Textil- und Bekleidungs- sowie Möbelbranche – die Verbundgruppe gewechselt, weil sie sich von einem Anschluß an eine andere Gruppe einen größeren Nutzen erhoffte. Andererseits haben in den letzten Jahren auch Verbundgruppen Mitgliedsunternehmen einen Austritt bzw. einen Wechsel in eine andere Gruppe empfohlen, wenn deren Interessen und Anforderungen mit den Organisationsprinzipien und Leistungsprofilen der Gruppe nicht in Übereinstimmung gebracht werden konnten.

Grundsätzlich zeigt sich in allen Arten von Verbundgruppen ein organisatorischer Straffungsprozeß, der begleitet ist von einer marketingadäquaten Funktionsteilung zwischen den verschiedenen Mitgliedern und Institutionen eines Kooperationssystems. Damit wird die dezentrale Entscheidungsstruktur nicht außer Kraft gesetzt, aus Gründen der Ökonomisierung und Wettbewerbsstärkung werden aber Zusammenführungen von Entscheidungen soweit als möglich forciert.

2.2. Zur Vertretung von kooperierten Unternehmen in Gremien und Ausschüssen von Verbundgruppen

Den Ergebnissen der Erhebungen im *Nicht-Nahrungsmittelhandel* nach ist knapp ein Drittel der kooperierten Einzelhandelsunternehmen in Gremien, Ausschüssen, Kommissionen, Beiräten und ähnlichen Kommunikations- und Entscheidungsinstitutionen ihrer Verbundgruppen vertreten. Der relativ hohe Grad der Mitarbeit in einigen Verbundgruppen kann auf die satzungsmäßige Aufforderung an die Mitglieder zurückgeführt werden, daß die Mitgliedsunternehmen besonders in den ERFA-Gruppen mitzuarbeiten haben, um vergleichenden Aufschluß über ihre wirtschaftliche Betriebsführung zu erhalten.

In der Sportartikel-, Möbel- und Unterhaltungselektronikbranche sind überdurchschnittlich viele kooperierte Einzelhändler in Gremien und Ausschüssen der Verbundgruppen tätig, in der Schuh-, Hausrat- und Spielwarenbranche dagegen liegt der Anteil der in Gremien mitarbeitenden Unternehmen auf einem relativ niedrigen Niveau. Tendenziell lassen die Ergebnisse den Schluß zu, daß mit steigender Größe der Verbundgruppen die Zahl von Mitgliedsunternehmen, die in Gremien ihrer Verbundgruppe mitarbeiten, relativ zurückgeht. Dies dürfte einmal darauf zurückzuführen sein, daß in größeren Gruppen eine gewisse, die persönliche Kommunikation hemmende Anonymität des einzelnen Mitgliedsunternehmens gegenüber der Verbundzentrale vorhanden ist, und zum anderen bei vielen Firmen die Meinung besteht, daß das fachliche Know-how einer großen Verbundzentrale so dominant ist, daß eine entsprechende Mitarbeit von seiten der Mitgliedsunternehmen nur akzessorischen Charakter hat.

Die meisten Anschlußhäuser arbeiten in den ERFA-Gruppen ihrer Verbundgruppe mit, die zu einem großen Teil für eine bestimmte Region oder auch für bestimmte Typen von Mitgliedsunternehmen von der Zentrale organisiert und fachlich betreut werden. Für viele Mitgliedsunternehmen stellt die Mitarbeit in den regionalen ERFA-Gruppen die einzige Gelegenheit dar, mit der Zentrale einen direkten, persönlichen Kontakt zu bekommen und mit Mitgliedsunternehmen derselben Verbundgruppe Informationen über die Waren- und Dienstleistungen der Zentrale auszutauschen. Gut ein Drittel der in den verschiedenen Ausschüssen und Gremien mitarbeitenden Unternehmen sind Mitglieder von Warenkommissionen, die in Zusammenarbeit mit den jeweiligen Einkäufern der Zentrale die Musterung für die kommende Saison vornehmen und die Waren bzw. Lieferanten auswählen, die das Sortiment der Gruppe prägen sollen. In einigen Fällen schlagen die Verbundzentralen besonders fachkompetente Einzelhändler unter ihren Mitgliedsunternehmen zur Wahl für die Warenkommissionen vor, die in einem festgelegten Turnus wieder ausscheiden. In ihren Vorschlägen für die Wahl der Mitglieder der Warenkommission legen die Zentralen großen Wert auf die Ausgewogenheit in der Zusammensetzung dieser Kommission, um regionale und größenbezogene Eigenheiten in den Warenmusterungen zu berücksichtigen. Nur ein relativ kleiner Anteil der Unternehmen ist naturgemäß in den Aufsichtsräten bzw. Beiräten der Gruppen und in ihren Werbeausschüssen vertreten, wobei die letzteren in ihren Mitwirkungs- bzw. Entscheidungsbefugnissen über die langfristige Marketingstrategie der Verbundgruppe künftig eine bedeutende Rolle spielen werden.

Betrachtet man den Grad der Zufriedenheit der Mitgliedsunternehmen von Verbundgruppen unter der Fragestellung, ob ihre Interessen in den Gremien bzw. Ausschüssen der Verbundzentrale hinreichend berücksichtigt werden, so zeigt sich, daß gut über die Hälfte der Unternehmen der Auffassung sind, daß ihre Interessen durch die Verbundgruppe hinreichend vertreten werden, gut ein Drittel ist der Meinung, daß dies nur teils/teils der Fall ist und knapp ein Zehntel verneint die Frage. Mit Abstand am höchsten ist der Zufriedenheitsgrad mit 75 % im kooperierten Einzelhandel mit Gütern der Unterhaltungselektronik und Elektrogeräten, in den übrigen Branchen differieren die Anteilswerte zwischen 50 und 60 %. Äußerungen über eine nicht ausreichende Vertretung kommen vergleichsweise häufiger aus den Mitgliederkreisen von Fotoartikel- und Sportartikel-Verbundgruppen, doch liegt auch hier der Anteil nur bei rd. 10 %.

Von den Unternehmen, die mit ihrer Interessenvertretung in der Verbundgruppe unzufrieden sind, wurden am häufigsten Werbeaktivitäten, die Lieferantenauswahl und die Neuaufnahme von Mitgliedern beklagt.

Im *Nahrungsmittelhandel* liegt der Anteil der Unternehmen, die mit der Berücksichtigung ihrer Interessen durch ihre Handelsgruppe zufrieden sind, mit durchschnittlich 64 % etwas höher als im Nicht-Nahrungsmittelhandel (56 %). Die Einzelhandelsunternehmen in genossenschaftlich organisierten Handelsgruppen äußerten sich dabei noch etwas positiver als die Mitgliedsunternehmen von Freiwilligen Handelsgruppen. Dieser – geringfügige – Niveauunterschied kann auf das unterschiedliche Strukturgefüge in diesen beiden Kooperationsformen zurückgeführt werden. In den Freiwilligen Handelsketten ist die Identifikation des Einzelhändlers mit seiner Gruppe und die Anbindung an sein Großhandelsunternehmen doch nicht so stark wie in den Einkaufsgenossenschaften und Handelsgruppen. Die bei den Großhandlungen der Freiwilligen Ketten vorhandenen Zusammenschlüsse bzw. Vereinigungen der kooperierenden Einzelhandelsunternehmen können aufgrund des ganz anderen Rechts- und Eigentumskonstruktes keinen grundlegenden Einfluß auf die Führungs- bzw. Strategieentscheidungen ihrer Großhandelszentralen ausüben. In den genossenschaftlich strukturierten Handelsgruppen hingegen ist die rechtliche Anbindung der Einzelhändler über ihre Zugehörigkeit zu den regionalen Genossenschaften ein verstärkendes Element für Identifikation und Integration.

Soweit kooperierte Einzelhändler ihre Geschäftsinteressen in den Gremien oder Ausschüssen ihrer Gruppen und Ketten nicht hinreichend berücksichtigt sehen, beklagt man vor allem die Sonderangebotspolitik der Zentralen, daneben Sortimentsumfang bzw. -auswahl und die Werbung.

3. Warenbezugsstruktur

Der gemeinsame Warenbezug bzw. die Konzentration des Einkaufs der Mitgliedsfirmen auf die Kooperationen stellt nach wie vor die zentrale Basis für die Verbesserung und Stärkung ihrer Wettbewerbsposition dar. Nur durch starke Zusammenfassung der Warenbezüge lassen sich Konditionen erreichen, mit denen die kooperierten Einzelhandelsfirmen unter Preis- und Kostenaspekten in Wettbewerb mit Verkaufsstätten von Großunternehmen und Großfilialsystemen des Handels treten und bestehen können. Der hohe Bezugsgrad der Einzelhandelsfirmen über die Kooperationsgruppen zeigt, daß das Ziel der Kräftezusammenfassung im Warenbereich bereits in hohem Maße erreicht ist und daß es gelungen ist, das Warenangebot der Zentralen bzw. über die Zentralen in gute Übereinstimmung zu bringen mit dem Warenbedarf der Anschlußfirmen.

Im Durchschnitt der erfaßten Verbundgruppen disponieren die Anschlußfirmen etwa drei Viertel ihrer wertmäßigen Warenbezüge im Rahmen der Kooperationen. Hierbei handelt es sich sowohl um das Eigen- oder Lagergeschäft der Kooperationszentralen als auch um Käufe der Anschlußhäuser von Vertragslieferanten bzw. im Streckengeschäft. Für diesen Teil des Geschäftes vereinbart die Kooperationszentrale wesentliche Rahmenbedingungen des Bezugs und spricht Empfehlungen an die Mitgliedsfirmen aus. Die Abrechnung der Käufe erfolgt über Zentralregulierung und in der Regel unter Übernahme des Delkredere.

Die Strukturierung der Warenbezüge ist einmal nach Branchen und hier wieder nach einzelnen Verbundgruppen zum Teil recht unterschiedlich. So werden nach den Ergebnissen der Ifo-Erhebungen im Durchschnitt der Kooperationen des Nahrungsmittelhandels 46 % der Warenbezüge direkt beim Einkaufsverband plaziert, 28 % erfolgen über Streckenlieferanten. Ein beachtlicher Teil der Warenkäufe (26 %) wird noch bei Fremdlieferanten getätigt. Dies ist naturgemäß teilweise produktbedingt (Frischware), hängt aber auch zusammen mit einer nicht gegebenen vollen Kongruenz zwischen Einzelhandelssortimenten und Angebotsprogrammen der jeweiligen Großhandelszentrale.

Nach den Erhebungsergebnissen ist der Anteil der Bezüge von Fremdlieferanten nach wie vor in den Warenbereichen Textilien und Bekleidung sowie Fotoartikel mit jeweils über einem Drittel besonders hoch. Am niedrigsten ist der entsprechende Anteil im Spielwarenbereich. Ein besonders hoher Anteil an Bezügen über Vertragslieferanten findet sich in den Bereichen Unterhaltungselektronik/Elektrogeräte sowie bei Möbeln.

Die Bündelung der Warenbezüge über die Kooperationsgruppen hat in den vergangenen Jahren spürbar zugenommen. Das gilt für alle kooperationsrelevanten Branchen wie Verbundgruppen. Im Nicht-Lebensmittelbereich war der Trend zur verstärkten Bezugskonzentration noch deutlicher ausgeprägt als im Lebensmittelbereich. Dies erklärt sich recht einfach daraus, daß im Nahrungsmittelbereich bereits zu einem schon erheblich früheren Zeitpunkt eine überdurchschnittlich hohe Einkaufskonzentration erreicht worden war. Die weitere Bezugskonzentration in den letzten Jahren stand im Lebensmittelhandel vor allem im Zeichen einer Forcierung des Direktbezugs bei den Großhandelszentralen der Kooperationsformen, in den kooperationsrelevanten Branchen des Nicht-Lebensmittelbereichs nahmen hingegen Direktbezug und Bezug von Vertragslieferanten meist in etwa gleichem Maße zu.

Überdurchschnittlich stark gestiegen ist der Warenbezug im Rahmen der Kooperationen offensichtlich in den Fachzweigen Fotoartikel, Spielwaren, Unterhaltungselektronik/Elektrogeräte sowie Sportartikel. Mit der Ausweitung des Wareneinkaufs über die Kooperationsgruppen nahm der direkte Warenbezug von Fremdlieferanten generell ab. Besonders stark zurückgegangen ist der Fremdbezug im Bereich Unterhaltungselektronik/Elektrogeräte. Hier ist es den einschlägigen Verbundgruppen offensichtlich gelungen, interessante Produzenten und Lieferanten weitgehend in Vertragslieferabkommen einzubinden und bezüglich des Warenangebots eine starke Übereinstimmung mit den Sortimenten der Anschlußfirmen zu erreichen. Im Sportartikelhandel war die Verstärkung des Einkaufs über die Kooperationen kaum mit einem absoluten Rückgang des Bezugs über Fremdlieferanten verbunden. Die Erklärung hierfür liegt wohl darin, daß die kooperierten Firmen in erheblichem Maße Sortimentsunterschiede aufweisen und bestimmte Artikel und Artikelgruppen gesondert, d. h. außerhalb der Verbundgruppen, beziehen müssen. Gleichzeitig hat aber im Rahmen der Sortimentserweiterung und -vertiefung und der Aktivierung des Leistungsangebots der Gruppenzentralen der Direkt- und Zentralregulierungseinkauf zugenommen.

4. Intensität der Zusammenarbeit in den Kooperationsgruppen

4.1. Zum Leistungsangebot der Kooperationsgruppen

Die Leistungen der Verbundgruppen lassen sich unter Berücksichtigung der Entstehung bzw. des Ausbaus des Angebots und der Funktions- und Leistungsart in drei Gruppen unterteilen. Sowohl im Lebensmittel- wie im Nicht-Lebensmittelbereich geht es zunächst um die verschiedenen Warenfunktionen, d. h. die Art der Einkaufstätigkeit, die den Kooperationsmitgliedern angeboten wird, die Bündelung und Strukturierung des Angebots zu „organischen" Sortimenten sowie die Abwicklung des Warengeschäfts. Die Leistungen der Verbundgruppen, die im Rahmen eines Servicepakets angeboten werden, beziehen sich – trotz deutlicher Unterschiede zwischen den Gruppen – fast durchweg auf Information, Beratung sowie Funktionsausgliederung im betriebswirtschaftlichen Bereich der Mitgliedsfirmen. Bei den Marketingfunktionen und -leistungen geht es um marktbezogene Aktivitäten, mit denen die Unternehmen in ihrem qualitativen Niveau sowie in ihrer Leistungspräsentation besser auf die Markterfordersse eingestellt werden sollen. Die Erhebungsergebnisse und ihre Analyse zeigen, daß die Bewußtseinsbildung bei den Kooperationsmitgliedern über das Leistungsangebot ihrer Gruppen bereits weit fortgeschritten ist und die Leistungen insgesamt in recht beachtlichem Maße in Anspruch genommen werden. Andererseits darf aber auch nicht übersehen werden, daß es auf bestimmten Leistungsfeldern noch erheblich an der angestrebten Ausschöpfung der gebotenen Möglichkeiten fehlt.

4.2. Grad der Inanspruchnahme des Leistungsbündels

Die Erhebungsergebnisse weisen eindeutig auf die bestehende und offensichtlich noch gestiegene Dominanz der Inanspruchnahme der Warenfunktionen im Gesamtbündel der Kooperationsleistungen hin. Über alle einschlägigen Bereiche und Branchen hinweg wird das Bündel der Warenfunktionen überwiegend regelmäßig oder doch sehr häufig in Anspruch genommen. Freilich gibt es auch einen nicht unbeachtlichen Teil von Firmen, die die angebotenen Leistungen im Rahmen der Warenfunktionen nur selten in Anspruch nehmen. Soweit Meldungen abgegeben und vermerkt wurden, nach denen keinen Inanspruchnahme entsprechender Leistungen erfolgt, beinhaltet diese Aussage einmal, daß das Funktionsbündel in seiner Gesamtheit kaum genutzt wird, wohl aber einzelne Leistungen in Anspruch genommen werden, zum anderen, daß es bei einzelnen Kooperationen den sog. „Hospitantenstatus" gibt, bei dem die Firmen mit einer noch sehr geringen Gruppenidentifikation von dem angebotenen Leistungsbündel fast kaum Gebrauch machen.

Insgesamt ist die Inanspruchnahme der Warenfunktionen der Verbundgruppen im Spielwarenhandel sowie im Bereich Unterhaltungselektronik/Elektrogeräte am stärksten ausgeprägt. Unter dem Durchschnitt des Nicht-Lebensmittelhandels liegt die Inanspruchnahme der Warenleistungen durch Mitgliedsunternehmen der Kooperationen bei Textilien und Bekleidung, im Hausratbereich sowie im Fotoartikelhandel.

Im Vergleich zu den Warenfunktionen spielt die Inanspruchnahme von Servicefunktionen eine weit geringere Rolle, wobei dies gleichermaßen für den Nahrungsmittelbereich wie den Nicht-Lebensmittelbereich gilt, für letzteren allerdings in besonderem Maße. Die Gründe für die insgesamt vergleichsweise geringe Nutzung des Serviceangebots sind vielfältig. Sie liegen etwa darin, daß entsprechende Leistungen traditionsgemäß bereits von anderer Stelle angeboten und angenommen werden und hier Kooperationen mehr Ergänzungsfunktionen in dieser Hinsicht ausüben. Das gilt etwa für die Vermittlung von Rechtsberatung, Steuerberatung und Versicherungsdiensten. Bestimmte Leistungen werden jedoch auch in ihrer Bedeutung nicht voll erkannt oder mehr oder weniger bewußt vernachlässigt. Soweit dies der Fall ist, kommt den Kooperationen noch eine erhebliche Aufklärungs- und Entwicklungsarbeit zu.

Im Vergleich zu den Serviceleistungen ist die Inanspruchnahme der von den Kooperationen angebotenen Marketingleistungen stärker ausgeprägt. Der Grad der Inanspruchnahme ist hierbei im Lebensmittelbereich wie im Nicht-Lebensmittelbereich in etwa gleich hoch. Er weist auch innerhalb des Nicht-Lebensmittelhandels nach Branchen und Kooperationen keine allzu großen Unterschiede auf. Die intensive Inanspruchnahme gerade der Marketingleistungen spricht für den schon recht fortgeschrittenen Entwicklungsstand vieler Kooperationen. Dies darf allerdings den Blick nicht dafür trüben, daß im Lebensmittelhandel wie im Nicht-Lebensmittelbereich im Durchschnitt rd. 30 % der Firmen die angebotenen und gerade für die Markt- und Wettbewerbsfähigkeit mitentscheidenden Funktionen und Leistungen dieser Art nur selten oder gar nicht nutzen. Hierin kommt zum Ausdruck, daß noch in erheblichem Maße die Einsicht in die Notwendigkeit gerade dieses Instrumentariums bei einer großen Anzahl von Mitgliedsfirmen gefördert werden muß. Im Zuge der weiteren Entwicklung der Verbundgruppen müssen auf diesem Gebiet somit noch Akzeptanz und Identifikation der Mitgliedsfirmen mit der Verbundgruppe und den gemeinsam erarbeiteten Marketingkonzeptionen gestärkt werden.

Bei den Kooperationen des Nahrungs- und Genußmittelhandels werden die von den Kooperationsgruppen gebotenen Einkaufsmöglichkeiten in hohem Masse genutzt. In diesem Zusammenhang hat auch das Angebot von Eigenmarken bzw. Handelsmarken der Gruppen große Bedeutung. Weniger Gewicht kommt demgegenüber der Nutzung von Zusatzsortimenten sowie Importprogrammen zu. Im Nicht-Lebensmittelhandel liegen die Verhältnisse bezüglich der Inanspruchnahme der Warenleistungen ähnlich wie im Lebensmittelbereich. Hier kommt der Zentralregulierung allerdings eine ganz wesentliche Bedeutung zu. Die Inanspruchnahme der Serviceleistungen der Kooperationen differiert sowohl im Lebensmittelhandel als auch im Nicht-Lebensmittelhandel zum Teil erheblich. In beiden Warenbereichen werden Kalkulationshilfen und Preisempfehlungen, Instrumente also, mit denen die Firmen zu einer markt- und wettbewerbsgerechten, aber auch arbeitssparenden Preiskalkulation und -auszeichnung befähigt werden, relativ gut angenommen. Auch der Betriebsvergleich wird als Informationsinstrument in recht beachtlichem Maße akzeptiert und genutzt. Die Inanspruchnahme von Darlehen für Ladenbau und -neugründung hingegen erfolgt insgesamt nur in bescheidenem Maße.

Bei den Marketingfunktionen stehen branchen-, waren- und sortimentsbezogene Informationsleistungen, Verkaufsförderungs- und Akquisitionsinstrumente sowie gruppeneigene Waren- und Musterbörsen in ihrer Nutzungswertigkeit im Vordergrund. Demgegenüber spielen Standort- und Ladenberatung sowie Schulung und Fortbildung keine besonders große Rolle.

Betrachtet man die Inanspruchnahme der in den einzelnen Funktionsbereichen angebotenen Leistungen der Kooperationen nach Branchen des Nicht-Lebensmittelbereichs, so ist zunächst eine doch weitgehende Ähnlichkeit in den „Nutzungsprofilen" festzustellen. Das gilt besonders für die Warenfunktionen, wenn man von gewissen branchenbedingten Unterschieden in Einkauf und Warenlogistik absieht. Bei den Marketingfunktionen ist der Grad der Inanspruchnahme nach Branchen bei einzelnen Leistungsarten größer, jedoch auch nicht gravierend. Eine wesentlich größere Streubreite weist die Inanspruchnahme bezüglich der Serviceleistungen auf. Das gilt etwa für die Vermittlung von Steuerberatungen, Versicherungsdiensten, die Beteiligung an Betriebsvergleichen, die Inanspruchnahme von Gründungs- und Ladenbaudarlehen wie auch die Nutzung der zentralen Buchhaltung.

4.3. Entwicklung der Zusammenarbeit in den letzten Jahren

Beschränkt man sich bei der Betrachtung der Zusammenarbeit zwischen Kooperationsmitgliedern und den Verbundgruppenzentralen nicht nur auf den Warenbezug und dessen Höhe, sondern nimmt das gesamte Funktions- und Leistungsbündel als Betrachtungsgröße, so zeigt sich über alle Kooperationsgruppen und einschlägigen Branchen hinweg eine eindeutige Verstärkungstendenz während der letzten fünf Jahre. Dies kommt in den hohen positiven Salden der Firmenmeldungen über eine verstärkte, nicht veränderte oder reduzierte Zusammenarbeit zum Ausdruck. Im Nahrungsmittelhandel hat trotz des bereits erreichtem hohen Kooperationsentwicklungsstandes immerhin noch die Hälfte der Firmen die Zusammenarbeit mit der Gruppe in den letzten fünf Jahren verstärkt. Diesem hohen Firmenanteil stand nur ein kleiner Anteil von Firmen gegenüber, die eine Reduzierung der Kooperationsintensität vorgenommen haben. In den Branchen und Kooperationsgruppen des Nicht-Lebensmittelhandels haben über vier Fünftel der Unternehmen die Kooperation verstärkt. Besonders war dies in den Fachzweigen Foto-, Sportartikel, Unterhaltungselektronik/Elektrogeräte, im Hausratbereich sowie bei Spielwaren der Fall. Im Textil- und Bekleidungshandel lag zwar auch eine beachtliche Kooperationsverstärkung vor, doch war diese wegen des bereits erreichten hohen Entwicklungsstandes nicht mehr so ausgeprägt wie in den anderen Nicht-Lebensmittelsektoren.

Die Befragungsergebnisse über die Gründe der verstärkten Zusammenarbeit machen deutlich, daß sowohl im Lebensmittelbereich als auch in den Branchen des Nicht-Lebensmittelsektors die Warenfunktionen und Leistungen für die Intensivierung von ganz entscheidender Bedeutung waren. Die Attraktivität der Kooperationen und ihre Leistungsfähigkeit wird also nach wie vor in ganz wesentlichem Maße von Art und Struktur des Warenangebots sowie vom Bezugspreisniveau her bestimmt. Service- und Marketingfunktionen sowie -leistungen werden in ihrer Bedeutung für die eigene Leistungs- und Wettbewerbsfähigkeit im Gruppenverbund offensichtlich noch nicht voll erkannt und mit dem ihnen zukommenden Stellenwert versehen. Dies ist erneut ein deutlicher Hinweis auf das noch durchaus vorhandene Entwicklungspotential der Verbundgruppen und die Notwendigkeit einer verstärkten Ausschöpfung der gegebenen „Reserven".

4.4. Geplante Inanspruchnahme des Leistungsangebots in den kommenden Jahren

Die Aktivitäten der Kooperationsformen jedweder Art sind darauf gerichtet, ihr Leistungsprofil marktentsprechend und angepaßt an die Erfordernisse des jeweiligen Kooperationsmitgliedes zu gestalten und zu präsentieren, um eine hohe Akzeptanz im Mitgliederkreis zu erreichen. Die bereits eingeleitete und unter Wettbewerbsgesichtspunkten erforderliche Weiterentwicklung in eine dritte Entwicklungsstufe macht insbesondere deutlich, daß in der sinnvollen Funktionsteilung sowie Ausschöpfung des Leistungsangebots der Gruppe durch die Mitgliedsfirmen noch beachtliche Möglichkeiten ruhen. Werden die Einzelhandelsunternehmen das angebotene Leistungsbündel künftig intensiver in Anspruch nehmen?

Die Erhebungsergebnisse zeigen, daß im Nahrungsmittelbereich, in erster Linie aber in den Branchen des Nicht-Nahrungsmittelbereichs in beachtlichem Umfang eine Intensivierung der Kooperation in Form der verstärkten Inanspruchnahme des offerierten Leistungsbündels geplant ist. In erster Linie trifft dies auf die Warenfunktionen sowie die Marketingfunktionen zu, die ohnehin schon ein vergleichsweise beachtliches Wertigkeitsniveau aufweisen. Doch auch die Servicefunktionen werden – und dies vor allem in den Non-Food-Branchen – von einem zunehmenden Anteil von Firmen künftig regelmäßiger als bisher in Anspruch genommen werden. Branchen, in denen durchweg auf weit überdurchschnittlicher Breite eine verstärkte Ausschöpfung des verfügbaren Leistungspotentials vorgesehen ist, sind Unterhaltungselektronik/Elektrogeräte sowie Fotoartikel, daneben Möbel und Sportartikel. In allen Funktionsbereichen zeigt sich aber auch, daß ein kleiner Teil von Firmen auch an eine Verringerung der Inanspruchnahme der Kooperationsleistungen denkt, dies vor allem im Bereich der Warenfunktionen. Die Gründe hierfür sind überwiegend firmenspezifischer Art. Teilweise versucht man damit – größen- wie sortimentsbedingt – sich eine stärkere „Individualnote" zu geben, teilweise sind aber auch offensichtlich vorhandene Diskrepanzen in den Leistungserwartungen der Einzelhändler und der Leistungserbringung der Kooperationen dafür ausschlaggebend.

Im Nahrungsmittelhandel ist bei den Warenfunktionen vor allem eine noch stärkere Nutzung der gruppeneigenen Handels- bzw. Eigenmarkenprogramme vorgesehen. Der Direktbezug über den Großhandel der Gruppe wird insgesamt noch ausgebaut werden, was für die Kernsortimente, aber auch die Zusatz- und Ergänzungssortimente gilt. In der Palette der Service-Funktionen wollen die Einzelhandelsfirmen aus den Einkaufsgenossenschaften, Gruppen und Ketten den Betriebsvergleich auf größerer Breite nutzen und in verstärktem Maße die Betriebsberatungen ihrer Kooperationsgruppe in Anspruch nehmen. Dies korrespondiert auch mit der zunehmenden Bewußtseinsbildung, daß gerade angesichts der erheblichen Wettbewerbsintensität und der beachtlichen Sortimentsbreite und -tiefe die kurzfristige Erfolgsrechnung ein wichtiges betriebswirtschaftliches Steuerungsinstrument darstellt und entsprechende Leistungsangebote der Kooperationsgruppen zunehmend angenommen werden. Daß Kalkulationshilfen und Preisempfehlungen eine ganz zentrale Serviceleistung für Mitgliedsunternehmen darstellen, denen die Einzelhändler auch in den nächsten Jahren eine erhebliche Bedeutung beimessen, wird durch die Erhebungen bestätigt. Den Planangaben der Firmen nach wird diese Leistung künftig fast durchweg regelmäßig in Anspruch genommen werden. In der handelspolitischen Diskussion hat in den letzten Jahren gerade auch die Gewährung von Unternehmensgründungs- und Ladenbaudarlehen durch die Kooperationsgruppen breiten Raum eingenommen, wobei hierin häufig ein Instrument zur unangemessen starken Bezugsbindung der Kooperationsmitglieder gesehen wurde. Schon die Darstellung des Ist-Zustandes der Leistungsinanspruchnahme hat gezeigt, daß von diesem Angebot der Kooperationen nur in vergleichsweise geringem Umfang Gebrauch gemacht wird. Die Planangaben für die nächsten Jahre lassen keinen nennenswerten Bedeutungsanstieg erwarten.

Die Marketingintensität der Kooperationsgruppen des Nahrungsmittelhandels wird in den kommenden Jahren – und hier vor allem bei den Freiwilligen

Ketten und Gruppen – weiter steigen. Die von den Kooperationszentralen entwickelten Akquisitionsinstrumente werden verstärkt genutzt und in die unternehmens- bzw. betriebsspezifischen Leistungs- und Präsentationskonzepte integriert. Das erhöhte Marketingverständnis der Einzelhandelsunternehmen kommt aber besonders darin zum Ausdruck, daß man auf erheblich größerer Breite als bisher Aus- und Fortbildungs- sowie Schulungsprogramme der Kooperationsgruppen nachfrägt und in Anspruch nehmen will, um sich und seine Mitarbeiter so auf dem „wettbewerbsgerechten" Qualifikationsstandard zu halten.

Analysen und Erhebungen im Gesamtbereich des Einzelhandels zeigen, daß trotz einer merklichen Dämpfung der Flächenexpansion Standortakquisitions- und -sicherungsmaßnahmen in der wettbewerblichen Auseinandersetzung nach wie vor einen beachtlichen Stellenwert haben werden. Gerade in wettbewerblichen Brennpunkten sowie bei kapitalintensiven Standortsicherungen im Nahrungsmittelhandel sind die finanziellen Möglichkeiten sowie die Risikofreudigkeit einzelner Kooperationsmitglieder vielfach überfordert, so daß die Kooperationsgruppe bzw. die Großhandelszentrale die Objektakquisition oder -errichtung durchführte und von Beginn an oder nach einer gewissen Anlaufphase eine Vermietung der Ladenfläche an ein Kooperationsmitglied vornahm. Auch in den kommenden Jahren wird diese Standortstrategie von den Kooperationsgruppen gefahren werden. Im Vergleich zu anderen marketingpolitischen Leistungen wird dieses Segment zwar weiterhin deutlich nachrangig bleiben. Ein zunehmender Anteil von Firmen will jedoch Ladenflächen über die Kooperationsgruppen anmieten.

Greift man nochmals die gerade im Lebensmittelhandel häufig aufgestellte These auf, daß die Kooperationsmitglieder, die Ladenbau- bzw. Gründungsdarlehen von ihrer Gruppe in Anspruch nehmen oder Ladenflächen von der Kooperationsgruppe anmieten, in beachtlichem und weit überdurchschnittlichem Umfang in ihrem Warenbezug an die Gruppe gebunden sind, und versucht, darauf über eine „Filterauswertung" bei den Bezugsquoten eine Antwort zu finden, so zeigt sich ein überraschendes Ergebnis: Die Bezugsquote der „Darlehensnehmer" und „Anmieter von Ladenflächen der Gruppe" ist weitgehend identisch mit der im Durchschnitt der Kooperationsgruppen, die, wie die Erhebungsergebnisse und Intensivgespräche mit Firmen zeigen, leistungs- und nicht „bindungsbedingt" ist. Dieses Ergebnis spricht zwar nicht gegen die Existenz von schuldrechtlichen Verträgen mit Bezugsquotenbestimmungen zwischen Kooperationszentralen und Einzelhandelsfirmen. Die These allerdings, daß Kooperationsmitglieder in unangemessene Bezugsverpflichtungen eingebunden werden, läßt sich mit den Erhebungsergebnissen nicht stützen.

In den Kooperationsgruppen des Nicht-Lebensmittelbereichs zeigen sich nach Branchen wie nach Unternehmen teilweise deutliche Unterschiede in den Planabsichten bezüglich der künftigen Inanspruchnahme der Leistungen der Kooperationsgruppen. Dies hängt im wesentlichen zusammen mit den Unterschieden im bisherigen Entwicklungsstadium der Kooperationen, aber auch mit Veränderungen in den Leistungskonzepten sowie Profilstrategien der verschiedenen Kooperationsgruppen. Grundsätzlich läßt sich über alle drei Funktionsbereiche hinweg feststellen, daß gerade bei den Leistungen, die bereits bisher schon auf überdurchschnittlicher Breite und in überdurchschnittlicher Intensität in Anspruch genommen werden, auch künftig eine besondere Intensivierung geplant ist. Dies indiziert einmal einen hohen Zufriedenheitsgrad mit der Leistungserbringung, zum anderen die verstärkte Einsicht in die Möglichkeiten und Notwendigkeiten der Auschöpfung von kooperativen Leistungsreserven.

Die Bündelung des Wareneinkaufs über die Kooperationsgruppen wird danach – sei es in Form des Lagergeschäfts, des Global- und Stammprogramms wie auch des Vertragslieferantenbezugs – noch zunehmen. Dies gilt auch für die stark „mode- und egointensiven" Produktbereiche Bekleidung und Schuhe, wenn auch in vergleichsweise geringerem Umfang. Importprogramme und Ergänzungssortimente werden insgesamt stärker in die Sortimente einbezogen werden, wobei die erhöhte Akzeptanz der Sortimentsberatung und -empfehlung durch die Gruppe mit die Voraussetzungen schaffen. Ein warenbezogener Leistungsparameter der Kooperationen von zunehmender Bedeutung scheint auch die Eigen- bzw. Gemeinschaftsmarke zu sein. Rund die Hälfte der kooperierten Einzelhandelsunternehmen will diese gruppenspezifische Profilierungsmöglichkeit in den kommenden Jahren in verstärktem Maße nutzen. In weit überdurchschnittlichem Umfang gilt dies für die Sektoren Unterhaltungselektronik/Elektrogeräte sowie Fotoartikel, wo dieses Instrument bereits bisher sehr erfolgreich eingesetzt wurde.

Aus den Plänen hinsichtlich der Nutzung des Leistungsfächers im Bereich der Servicefunktionen ragt ganz eindeutig die Betriebsberatung hervor. Zwischen 30 % (Textilien und Bekleidung) und 54 % (Fotoartikel) der Unternehmen wollen in verstärktem Maße auf das Experten-Know-how der Kooperationsgruppen zurückgreifen, um in Leistungsstruktur, Organisation sowie Leistungserstellung eine solide betriebswirtschaftliche Basis zu schaffen. Dabei wird auch die durchweg erhöhte Bereitschaft zur Beteiligung am gruppeninternen Betriebsvergleich zur Erhöhung der Informationstransparenz beitragen. Ähnlich wie im Nahrungsmittelhandel will man auch im Non-Food-Bereich den Informationswert der kurzfristigen Erfolgsrechnung für die Sortiments-, Aktions- und Preispolitik in größerem Umfang und gezielter nutzen. Kalkulationshilfen und Preisempfehlungen der Gruppe werden in einigen Bereichen deutlich zunehmendes Gewicht erhalten. Von vergleichsweise geringerer Bedeutung werden sie weiterhin im Textil- und Bekleidungsbereich bleiben.

Die Gewährung von Gründungs- und Ladenbaudarlehen stellte in den letzten Jahren den Leistungsbereich dar, der insgesamt die niedrigste Nutzungwertigkeit besaß. In den nächsten Jahren will zwar ein zunehmender Anteil von Firmen – gerade angesichts eines beachtlichen Modernisierungs- und Erweiterungsbedarfs sowie überproportional steigender Preise bei Bauten und Ausstattungsinvestitionen – sich dieser Finanzierungsmöglichkeit bedienen, doch wird der Intensitätsgrad der Inanspruchnahme weiterhin vergleichsweise gering bleiben. Dies gilt in besonderem Maße für den Textil- und Bekleidungshandel.

Auch die Inanspruchnahme der Vermittlungsdienste der Kooperationen für Rechts- und Steuerberatung sowie Versicherungen wird den Aussagen der Firmen nach zunehmen, wobei aber doch nach Gruppen und Branchen ein recht breiter Streubereich vorliegt. Ähnliches gilt für die zentrale Buchhaltung.

Die von den Kooperationsgruppen angebotenen Marketingfunktionen zielen auf alle drei handelsspezifischen Produktionsfaktoren „Mensch, Raum, Ware" und versuchen, den Einzelhandelsunternehmer in seiner betriebsspezifischen Leistungskonzipierung, -erstellung und -profilierung zu unterstützen. Ein wesentliches Indiz dafür, daß die Kooperationsgruppen des Nicht-Nahrungsmittelbereichs ihren Eintritt in die teritäre Entwicklungsstufe der Verbundgruppen richtig angelegt und eingeleitet haben, ist darin zu sehen, daß zwischen rd. 40 % und 60 % der Unternehmen aus den verschiedenen Branchen und Kooperationen die Aus- und Fortbildungs- sowie Schulungsprogramme ihrer Gruppen für Unternehmer wie Mitarbeiter in verstärktem Umfang nutzen wollen. Alle Unterstützungsmaßnahmen der Kooperationen haben nur dann Aussicht auf dauerhaften Erfolg, wenn vom Problembewußtsein, insbesondere aber von der Qualifikation zur Umsetzung von Konzepten und Maßnahmen her die Voraussetzungen im Einzelhandel geschaffen sind.

Die kooperierten Einzelhandelsunternehmen wollen sich in verstärktem Masse auch des Informationsbündels der Gruppen in bezug auf Branche, Ware, Mode sowie der Verkaufsförderungsaktionen und Sonderangebote bedienen. Gerade darin sieht man in zunehmendem Maße die Vorteile und Möglichkeiten einer auf Funktionsteilung basierenden Marketingkooperation.

Die Erwartungshaltung der Firmen an die sortimentspolitische Leit- und Empfehlungs- sowie Informationsfunktion der Gruppen sowie die hohe Akzeptanz dieses Leistungssegments kommt darin zum Ausdruck, daß im Durchschnitt etwa ein Drittel der Kooperationsmitglieder Verbandsmessen, Börsen, Einkaufstage sowie Mode- und Musterschauen noch häufiger und intensiver als schon bisher nutzen will.

Auch bei konstitutiven Elementen der Wettbewerbsfähigkeit wie Standort und Objektgestaltung planen die Firmen in einigen Branchen und Gruppen auf beachtlicher Breite eine verstärkte Einschaltung der Standortberatung und von Ladenbauexperten ihrer Gruppe, im Vergleich zu anderen Diensten wird die Inanspruchnahme dieser Leistung aber weiterhin unterdurchschnittlich sein. Gerade hier dürfte sich für die Gruppen in den nächsten Jahren noch ein weites Feld der „Aufklärungs-“ und Umsetztätigkeit auftun, zumal Standortumwertungen, veränderte Einkaufsverhaltensweisen der Konsumenten sowie modifizierte Leistungsprofile „Standortverschleiß“ hervorrufen mit der Anpassungskonsequenz bis zum Standortwechsel oder der Standortspaltung.

Insgesamt vermitteln die Planabsichten der Unternehmen des Food- wie des Non-Food-Bereichs den Eindruck, daß man sich der Notwendigkeit wie Möglichkeiten der kooperativen Funktionsteilung und Leistungsintegration in verstärktem Maße bewußt wird und Potential ausschöpfen will, um Wettbewerbsstärkung und Existenzsicherung erreichen zu können.

5. Einstellung der kooperierten Unternehmen zu Leistungsangebot, strategischen Instrumenten und wettbewerblicher Relevanz der Kooperationsgruppen

5.1. Das Wertungsbild des Leistungsprofils

Die Effizienz und Wettbewerbsfähigkeit kooperativer Systeme ist abhängig von einem Bündel von Bestimmungsgrößen im Bereich der Organisation und des Management, der Art und Qualität der Kommunikation zwischen den verschiedenen Systemstufen und -gliedern sowie insbesondere der Leistungsfähigkeit der Kooperationsgruppe und ihres Großhandels. Abgesehen vom Vorliegen dieser objektiven Gegebenheiten ist ganz wesentlich aber, in welchem Umfang die Leistungen der Gruppe auf der Einzelhandelsstufe transparent gemacht werden und die Leistungsangebote mit der Erwartungshaltung der Mitgliedsunternehmen übereinstimmen. Dadurch wird die Identifikation der Einzelhändler mit ihrer Gruppe, die Akzeptanz von Maßnahmen, die Inanspruchnahme von Leistungen sowie die Umsetzintensität und -geschwindigkeit von Gruppenkonzepten geprägt.

Nach Branchen liegen bei den Wertungsbildern der einzelnen Funktionen teilweise Abweichungen vor, die tatsächlich auf ein unterschiedliches Intensitätsniveau der Leistungserbringung von seiten einzelner Kooperationsgruppen schließen lassen. Auch nach Unternehmensgrößenklassen zeigen sich gewisse Unterschiede, wobei aber keine größenbezogene Signifikanz gegeben ist, was eher auf firmenspezifische sowie sortiments-, standort- und wettbewerbspositionsbedingte Abhängigkeiten der Wertung schließen läßt.

Trotz aller grundsätzlich und in Teilbereichen bestehenden Möglichkeiten zur Verbesserung der Leistungsangebote der Kooperationsgruppen darf das gegenseitige Beziehungssystem zwischen Leistungsangebot und Leistungsnachfrage nicht übersehen werden. Durch das kritische Überprüfen und „Hinterfragen“ des Preis/Leistungsverhältnisses haben die Einzelhandelsunternehmen zweifelsohne zur Erhöhung der Marketing- und Serviceintensität der Gruppen beigetragen. Das Qualitätsniveau, die Preiswürdigkeit sowie die Vielfalt der angebotenen Funktionen hängen aber ganz wesentlich davon ab, in welcher Stärke eine Bündelung der Waren- und Dienstnachfrage bei der Gruppe erfolgt und diese damit in ökonomisch adäquate Größenordnungen gebracht wird.

Die insgesamt positive Beurteilung des Leistungsangebots durch die kooperierten Einzelhandelsunternehmen stützt damit die These, daß die hohe und verstärkte Inanspruchnahme von Leistungen der Kooperationsformen nicht aus einem „Mangel" an anderweitigen Möglichkeiten zur Abdeckung der Waren- und Dienstnachfrage resultiert oder aus einem faktischen „Kontrahierungszwang" bei Zugehörigkeit zu einer Gruppe, sondern auf einem relativ hohen Zufriedenheitsgrad mit dem Leistungsniveau der Kooperationsgruppen basiert und damit leistungsbedingt ist.

5.2. Einstellung zu Einzelhandelsaktivitäten der Großhandelszentrale bzw. Gruppe

Der Aufbau eigener Einzelhandelsgeschäfte durch die Großhandelszentralen von Handelsgruppen und Einkaufsverbänden wurde in den letzten Jahren verstärkt Gegenstand gruppeninterner sowie wettbewerbspolitischer Diskussion. Gerade im Nahrungsmittelbereich gewann diese Variante der Gruppenstrategie um so mehr an Bedeutung, als sich die Umschichtungen in den Standortstrukturen und Angebotstypen insbesondere in Form der Kern-Randwanderung von Kaufkraftströmen innerhalb der Städte und des Vordringens von SB-Warenhäusern und Verbrauchermärkten sowie Fachdiscountgeschäften noch eher beschleunigen. Die Filialsysteme befanden sich hier sowohl in bezug auf die Entscheidungssysteme als auch die Investitionsfähigkeit in zeitlichem und konstitutivem Vorteil gegenüber dem mittelständischen Fachhandel. Die Kooperationsgruppen gewannen anhand ihrer Standortanalysen und darauf aufbauender „Netzpläne" relativ rasch die Überzeugung, daß angesichts des vor sich gehenden Konzentrationsprozesses bei einzelnen Betriebstypen weitere Anteilsverluste hinzunehmen sind, wenn man nicht selbst mit entsprechenden Angebotstypen noch verfügbare Standorte für sich besetzt. Der Aufbau von Regiebetrieben durch den Großhandel bzw. die Gruppe erschien damit als unausweichliche Alternative angesichts der gegebenen Markttrends und Wettbewerbsstrukturen.

Die Analyse der kooperativen Beziehungssysteme hat deutlich gemacht, daß trotz eines beachtlichen und gestiegenen quantitativ meßbaren Kooperationsgrades noch ein beachtlicher Entwicklungsbedarf bei „Identifikation" und „Akzeptanz" der kooperierten Einzelhandelsunternehmen – gemessen an den Zielen, Möglichkeiten und Erfordernissen der Gruppen – gegeben ist. Zweifelsohne indiziert eine hohe und steigende Inanspruchnahme des Leistungsangebots der Kooperationsgruppen auch eine grundsätzlich positive Einstellung dazu, gibt aber noch keine dezidierte Vorstellung über das tatsächliche Wertungsbild, über die Deckung von Erwartungs- und Leistungsprofil. Darüber können nur konkrete Bewertungen durch die Firmen informieren.

Aus dem breiten Leistungsfächer der Kooperationsgruppen wurde beispielhaft ein Bündel unterschiedlicher Funktionen ausgewählt, wozu die Firmen ihre Beurteilung abzugeben hatten. Durch Kontrollfragen und über Testgespräche wurde sichergestellt, daß das Bewertungsbild nicht durch überzogene und völlig unrealistische Anforderungen verzerrt wird.

Im Nahrungsmittel- wie im Nicht-Nahrungsmittelhandel bewerten die Unternehmen die einzelnen Leistungsangebote ihrer Kooperationsgruppen überwiegend ausgesprochen positiv, d. h. mit „gut" oder sogar „sehr gut". Im Nahrungsmittelhandel beträgt der Anteil dieser Positiv-Wertungen rd. 70 %, im Durchschnitt des Nicht-Lebensmittelhandels rd. 60 %. Das Werturteil „mangelhaft" findet sich nur in geringer Häufigkeit (unter 5 % der Meldungen), immerhin aber ein Anlaß zur Überprüfung der Leistungsprofile auf „neualgische" Punkte sowie auf Ausgewogenheit ihres Einsatzes. Auch wenn ein Teil dieser Negativurteile aus punktuellen Enttäuschungseffekten, personenbezogenen Friktionen sowie überzogenen Anforderungen an die Kooperationsgruppe resultiert, ist unübersehbar, daß gewisse Spielräume für Leistungsverbesserungen bzw. für die Erhöhung der Leistungstransparenz bestehen. Dies zeigt sich auch darin, daß bei bestimmten Leistungskomponenten doch ein nicht unerheblicher Teil der Firmen nur das Prädikat „befriedigend" oder gar nur „ausreichend" gab. Führt man die Gesamtheit der Firmenmeldungen über Meßziffern zu einem Mittelwert der Meßwerte zusammen, so ergibt sich als Leistungsbewertung im Durchschnitt aller Kooperationsgruppen und Branchen „gut bis befriedigend".

Konzentriert man sich in der Betrachtung auf Extremwerte, so zeigt sich im Nahrungs- und Genußmittelhandel, daß Lieferbereitschaft und Lieferrhythmus des jeweiligen Verbundgroßhandels, Sonderangebotsaktionen wie Verkaufsförderung und Werbung durch die Gruppe überdurchschnittlich häufig als positiv bewertet werden. Leistungen mit stärkerem Entwicklungsbedarf sind dagegen den Firmenaussagen nach die betriebswirtschaftliche Beratung sowie das Bezugspreisniveau der Gruppen.

Im Durchschnitt des Nicht-Lebensmittelhandels werden vor allem die Zusammensetzung des Kreises der Vertragslieferanten, daneben das Bezugspreisniveau bei Global-/Stammprogramm und beim Lagergeschäft sowie im Vertragslieferantengeschäft als recht positiv bewertet. Etwas zurückhaltender in der Beurteilung ist man dagegen bezüglich der betriebswirtschaftlichen Beratung, Sortiments- und Preisempfehlungen sowie Verkaufsförderungs- und Sonderaktionen der Gruppen.

In dieser Vertriebstypendiversifizierung wurde häufig – insbesondere in bezug auf die genossenschaftlichen Gruppen – ein Indiz dafür gesehen, daß man sich vom Konzept der kooperativen Funktionsteilung und der Mitgliederförderung wegbewegt hin in Richtung eines Filialsystems. In welchem Umfang wird nun diese Strategie von den Mitglieds- und Anschlußfirmen der Kooperationen auf der Einzelhandelsstufe getragen? Ist eine Akzeptanz auf tragfähiger Basis vorhanden oder führt diese strategische Variante eher zur Verringerung der Identifikation der Mitgliedsfirmen mit der Gruppe?

Daß derartige Aktivitäten je nach Stärke des mutmaßlichen oder erwarteten Einflusses auf das einzelne Unternehmen sowie je nach der Informationstransparenz in der einzelnen Gruppe zu unterschiedlichen Wertungsbildern führen, ist natürlich. Im Rahmen der handelspolitischen Beurteilung geht es aber um die Erfassung von Trends und Schwerpunkten. Die Erhebungsergebnisse vermitteln den Eindruck, daß die Strategie des Aufbaus von Regiebetrieben im Nahrungs- und Genußmittelhandel von den kooperierten Einzelhändlern ganz überwiegend getragen wird. Das gilt für den genossenschaftlichen Organisationsbereich in noch größerem Umfang als für den Bereich der Freiwilligen Ketten. Für einen beachtlichen Teil der Firmen ist mit dem Aufbau insbesondere von Großangebotstypen natürlich eine Überlappung von Marktfeldern und damit eine Konkurrenz um Konsumentenkaufkraft verbunden. Die Einzelhandelsunternehmen sehen zu über 80 % aber trotzdem in dieser Strategie ein Instrument zur Stärkung der gesamten Kooperationsgruppe, wobei die Akzeptanz in den unteren und mittleren Größenklassen noch höher ist als bei den größeren Unternehmen. Ungeachtet dieser breiten Anerkennung aus gruppenpolitischen Gründen meldet aber im Durchschnitt des Nahrungsmittelhandels doch rd. ein Drittel der Firmen gewisse Bedenken gegen die Regie- oder Eigenunternehmen des Großhandels auf der Einzelhandelsstufe an; man sieht darin die Gefahr, daß die kooperations- und förderwirtschaftlichen Grundziele der Gruppe verlassen werden.

Kontrollgespräche mit Firmen, die derartige Bedenken anmelden, haben aber gezeigt, daß es hierbei stets um die Frage der „Gewichtigkeit" geht. Dort, wo die Regietätigkeit des Großhandels zu starkes Gewicht oder gar Dominanz gegenüber der Einzelhandelsaktivität der Kooperationsmitglieder bekommen sollte, befürchtet man, aus der „echten" Kooperation in eine „Appendix"-Funktion und -position abgedrängt zu werden. Soweit Möglichkeiten der Übertragung von Regiebetrieben in die Betreibung durch Kooperationsmitglieder oder Beteiligungsformen gegeben sind, bestehen diese Bedenken in erheblich geringerem Umfang.

Ein erheblich anderes Bild der Firmeneinstellungen zu Regieaktivitäten der Kooperationsgruppen zeigt sich in den Branchen des Nicht-Lebensmittelhandels. Man sieht darin auf beachtlicher Breite (rd. 75 % der Firmen) eine direkte Konkurrenz für die eigenen Einzelhandelsaktivitäten, wobei es sich vielfach nicht nur um eine Überlappung, sondern Deckung der möglichen Marktgebiete handeln könnte. Nur gut ein Zehntel der befragten Unternehmen sieht in einer derartigen Diversifizierung ein Mittel zur Stärkung der gesamten Kooperationsgruppe, das Gros verneint diese Frage eindeutig. Das gilt am ausgeprägtesten für die Branchen Hausrat/Glas, Porzellan/Eisenwaren, Schuhe sowie Textilien und Bekleidung. Da man keine zwingende Notwendigkeit zu derartigen Aktivitäten der Gruppenzentralen sieht und bei anstehenden Diversifizierungs-, Differenzierungs- sowie Standortsicherungserfordernissen auch glaubt, diese Maßnahmen selbst durchführen zu können – sicherlich unter Nutzung des Potentials der Kooperationszentrale –, wertet man einen entsprechenden Filialisierungsvorgang ganz überwiegend als bedenkliche Entwicklung für die erklärten Ziele der Kooperationsgruppe: Zwischen rd. 70 % und 90 % der kooperierten Einzelhändler der untersuchten Branchen vertreten diese Einstellung. Nur etwa ein Zehntel der Firmen hingegen sieht in einer derartigen Strategie keine Zielentfremdung. Im Gegensatz zum Nahrungsmittelhandel ist hier die Ablehnungshaltung viel grundsätzlicher und hängt nicht so sehr von Ausmaß und Gewicht einer tatsächlichen oder möglichen Einzelhandelsaktivität der Kooperationsgruppe ab.

5.3. Einstellung zur Eigenmarkenpolitik der Kooperationsgruppe

Die Eigen- bzw. Handelsmarke hat in den zurückliegenden Jahren im Rahmen der Gruppen- und Betriebsformenprofilierung zweifelsohne erheblich an Gewicht gewonnen. Die Handelsmarke war zeitweise expansiver als die Herstellermarke und dürfte bereits gut 26 % des gesamten institutionellen Einzelhandelsumsatzes abdecken. In der handelspolitischen Diskussion der Kooperationsgruppen wurde gerade bezüglich des Einsatzes dieses Instruments häufig ein wettbewerblicher „Beschränkungseffekt“ für die Einzelhändler vermutet. Die Hypothese lautete, daß der einer Kooperationsgruppe angehörende Einzelhändler in seiner eigenen sortimentspolitischen Bewegungsfreiheit eingeschränkt werde. Die hierzu ermittelten Erhebungsergebnisse stützen diese These allerdings nicht. Sie dokumentieren vielmehr, daß sich die Nahrungsmitteleinzelhändler durch die Markenpolitik der Gruppe in ihrer eigenen Sortiments- und Verkaufspolitik ganz überwiegend (zu rd. 76 %) bestärkt und unterstützt fühlen. Von einer Einschränkung spricht nur ein Anteil von rd. 5 %. Dabei handelt es sich in erster Linie um Kleinstunternehmen mit sehr engen Sortimenten. Die Identifikation mit der Handelsmarkenpolitik der Kooperationsgruppe ist entsprechend der starken Akzeptanz sehr hoch: Rund drei Viertel der kooperierten Einzelhandelsunternehmen sehen hierin ein wichtiges Wettbewerbsinstrument für ihr Geschäft. Nur knapp ein Zehntel der befragten Firmen hingegen sieht diese Wettbewerbsrelevanz als nicht gegeben an.

Auch im Nicht-Lebensmittelhandel wird die Handelsmarkenpolitik der Gruppen von ihren Kooperationsmitgliedern ganz überwiegend als positiv bewertet.

Dabei ist aber – stärker als im Nahrungsmittelbereich – zu unterscheiden zwischen der Funktion der Gemeinschaftsmarke als Identifikationszeichen und Imageemblem für das einzelne einer Gruppe angeschlossene Geschäft sowie der Präsentation von Waren als Gemeinschaftsmarken und deren sortimentspolitischer Attraktivität.

Die Funktion der Gemeinschaftsmarke als Identifikations- und Imageemblem wird in allen untersuchten Branchen – wenn auch mit Abstufungen – vom Gros der kooperierten Einzelhandelsunternehmen als wichtig im Wettbewerb bezeichnet. Relativ stark ausgeprägt ist dies im kooperierten Einzelhandel mit Unterhaltungselektronik und Elektrogeräten. Vergleichsweise „zurückhaltend" ist man dagegen bei der Abgabe dieser Wertung im Möbelhandel. Nach Branchen zeigt sich hierbei teilweise ein unterschiedlicher Größenklassenbezug. Während bei Textilien und Bekleidung, Unterhaltungselektronik/Elektrogeräten sowie bei Sportartikeln die Akzeptanz bei größeren Unternehmen noch stärker ausgeprägt ist als bei den kleineren Betrieben, bezeichnen im Schuhhandel, bei Hausrat sowie Spielwaren die kleineren Unternehmen in überdurchschnittlichem Umfang die Markierung als wichtiges Wettbewerbsinstrument.

Auch hinsichtlich der Entwicklung und Profilierung von Handelsmarken und Exklusivmodellen zur produktbezogenen Leistungsdemonstration und sortimentspolitischen Abhebung der Mitgliedsfirmen einer Gruppe von der Konkurrenz zeigen die kooperierten Einzelhändler eine hohe Akzeptanz. Die Firmen sehen sich in ihrer eigenen Sortimentspolitik durch die Gruppenaktivitäten zu 80 bis 90 % nicht eingeschränkt, sondern wettbewerblich unterstützt. In den wenigen Fällen, in denen von echter Beschränkung gesprochen wurde, waren deutliche Unterschiede in den Kernsortimenten der Gruppen sowie der Sortimentskonzeption des Einzelhändlers, nicht aber „echte" Sortimentsdiktate für diese Wertung ausschlaggebend. Eine vergleichsweise stark differenzierte Einstellung zur Handelsmarke wird lediglich im Möbelhandel, im Schuhandel sowie im Fotohandel eingenommen. Hier sieht man die Wettbewerbsbedeutung dieses Instruments nicht auf so großer Breite gegeben an wie in den anderen Branchen bzw. fühlt sich häufiger – teilweise jedenfalls – in seinem eigenen Sortimentskonzept beeinträchtigt.

Trotz aller Einschränkungen, die der Operationalität und Wettbewerbsrelevanz der Handelsmarke gegenüber aus firmenspezifischen Gründen auch gemacht werden, ist doch aufgrund der Erhebungsergebnisse eindeutig festzuhalten, daß das Gros der Firmen von diesem Instrument wettbewerblich profitiert.

5.4. Die Wettbewerbsrelevanz der Kooperationszugehörigkeit

Unter dem Eindruck eines starken Ausleseprozesses im Handel insgesamt wie auch innerhalb der Kooperationsgruppen wurde vielfach die These vertreten, daß die Kooperationen ihren Auftrag der Erhaltung der Existenzfähigkeit von Mitgliedsunternehmen nicht hinreichend erfüllt haben. Die Einbindung in Kooperationsgruppen wird vielfach nur als „historisch“ gewachsenes engeres Warenbezugsverhältnis bezeichnet, wobei „Gewöhnungseffekte“ im wesentlichen den Ausschlag geben würden, nicht aber eine voll abgestürzte Überzeugung von der Notwendigkeit und Effizienz der Zugehörigkeit zu einer Kooperationsgruppe und die Identifikation mit der Gruppe.

Gerade bei Bewertung der Anpassungserfordernisse und -möglichkeiten im Einzelhandel aber zeigt sich, daß viele Unternehmen ohne die Einbindung in die Kooperationsgruppe, ohne eine gewisse Funktionsteilung mit einer schlagkräftigen Verbundgruppenzentrale nicht entwicklungs- und lebensfähig geblieben wären. Diese Bewußtseinsbildung und Standortorientierung ist im Bereich der kooperierten Unternehmen mittlerweile auf voller Breite gegeben. Auch wenn die Akzeptanz der kooperativen Leistungen sowie Konzepte und die Identifikation mit der Gruppe als differenzierte Leistungsgemeinschaft noch nicht ihren optimalen Entwicklungsstand erreicht haben, so aber doch die Erkenntnis um die Wettbewerbsrelevanz der Kooperationszugehörigkeit.

Im Lebensmittel- und im Nicht-Lebensmittelhandel bezeichnen im Durchschnitt knapp 90 % der kooperierten Einzelhändler ihre Zugehörigkeit zu einer Kooperationsgruppe als von entscheidender Bedeutung für ihre Wettbewerbsfähigkeit und längerfristige Existenzsicherung. Rund ein Zehntel mißt der Kooperation keine so entscheidende Wettbewerbsrelevanz zu, nur rd. 1 % bezeichnet sie von untergeordneter Bedeutung für die Wettbewerbsfähigkeit und längerfristige Existenzsicherung. Meldungen über eine geringe oder untergeordnete Wettbewerbsrelevanz kamen in erster Linie von mittleren und größeren Unternehmen. Daneben scheinen dafür aber auch Sortimentsspezialisierungen sowie Standortgegebenheiten ausschlaggebend zu sein.

Das in diesen Aussagen und Wertungen zum Ausdruck gebrachte Votum für die Kooperation unterstreicht in eindrucksvoller Weise deren Bedeutung für die Erreichung wesentlicher struktur- und wettbewerbspolitischer Zielsetzungen, nämlich die Erhaltung einer großen Zahl und breiten Mischung von leistungswilligen und -fähigen Unternehmen aller Größenklassen.

Tab. 8

Unternehmensgrößenstruktur im kooperierten Einzelhandel nach Branchen

Unternehmensgrößenklasse (Umsatz in DM) / Branche	... % der Unternehmen im kooperierten Einzelhandel sowie im Einzelhandel insgesamt gehören zu folgenden Unternehmensgrößenklassen											
	unter 250.000		250.000 b.u. 500.000		500.000 b. u. 1 Mill.		1 Mill. b.u. 2 Mill.		2 Mill. b.u. 5 Mill.		5 Mill. und mehr	
	koop. EH	EH insges.	koop. EH	EH insges.	koop. EH	EH insges.	koop. EH	EH insges.	koop. EH	EH insges.	koop. EH	EH insges.
Nahrungs- und Genußmittel	23,6	45,5	26,0	26,8	24,7	16,6	13,2	6,6	8,1	3,0	4,4	1,4
Textilien und Bekleidung	2,1	50,9	11,7	20,2	26,3	14,4	25,1	7,9	19,5	4,3	15,3	2,3
Sportartikel	1,5	48,0	12,6	19,0	26,7	16,6	31,1	10,2	18,5	5,1	9,6	1,1
Schuhe	5,5	51,2	28,4	21,4	33,1	15,7	18,8	6,9	9,8	3,2	4,4	1,6
Hausrat/Glas, Porzellan/ Eisenwaren	4,2	54,8	16,6	18,6	28,1	14,0	23,4	7,5	18,0	4,0	9,7	1,1
Möbel	1,8	34,6	1,8	15,2	8,7	16,4	21,9	15,1	39,7	12,4	26,1	6,3
Unterhaltungs- elektronik/ Elektrogeräte	-	36,7	1,7	23,9	17,3	21,7	40,3	11,0	30,2	4,9	10,5	2,0
Fotoartikel	14,1	43,0	39,2	23,0	29,1	17,9	12,1	8,6	4,5	4,4	1,0	3,1
Spielwaren	5,2	51,7	19,8	21,3	26,4	15,2	24,9	7,4	16,8	3,6	6,9	0,8
Einzelhandel insgesamt	11,3	48,1	18,3	21,3	24,6	15,8	20,2	8,5	15,8	4,1	9,8	2,3

Quelle: Statistisches Bundesamt sowie Erhebungen des Ifo-Instituts 1980/81.

Tab. 9

Verkaufsflächenstruktur im kooperierten Einzelhandel

Verkaufsflächen in qm / Branche	... % der Unternehmen gehören mit ihren Gesamtverkaufsflächen[1)] in folgende Größenklasse					
	unter 100	100 bis unter 200	200 bis unter 500	500 bis unter 1000	1000 bis unter 2500	2500 und mehr
Nahrungs- und Genußmittel	49	28	15	6	1	1
Textilien und Bekleidung	4	22	37	19	12	6
Sportartikel	7	28	38	19	3	6
Schuhe	24	37	28	7	3	1
Hausrat/Glas,Porzellan/ Eisenwaren	4	22	39	20	11	4
Möbel	-	1	3	12	41	43
Unterhaltungselektronik/ Elektrogeräte	7	32	40	17	3	1
Fotoartikel	45	32	16	6	1	-
Spielwaren	10	23	41	14	11	1

1) Die Flächenangaben beziehen sich auf die Gesamtzahl der von einem Unternehmen betriebenen Ladeneinheiten, nicht nur auf einzelne Betriebsstätten.

Quelle: Erhebungen des Ifo-Instituts 1980/81.

Tab. 10

Vertretung der Unternehmen in Gremien und Ausschüssen der Verbundgruppen des Nicht-Nahrungsmittelhandels

Branche	... % der Unternehmen sind in Gremien bzw. Ausschüssen ihres Einkaufsverbandes vertreten		... % der 'mitarbeitenden' Unternehmen sind in folgenden Gremien bzw. Ausschüssen ihres Einkaufsverbandes vertreten[1]				
	ja	nein	Aufsichtsrat/ Beirat	Warenkommission	ERFA-Gruppen	Werbeausschuß	Sonstige Ausschüsse
Textilien und Bekleidung	34	66	13	34	73	13	5
Sportartikel	46	54	23	40	75	13	18
Schuhe	14	86	26	54	23	22	17
Hausrat/Glas, Porzellan/ Eisenwaren	19	81	21	28	49	10	18
Möbel	46	54	20	34	79	25	4
Unterhaltungselektronik/ Elektrogeräte	48	52	5	12	95	4	4
Fotoartikel	37	63	25	23	75	20	9
Spielwaren	30	70	18	71	30	9	6
Nicht-Nahrungsmittel insges.	30	70	17	35	67	15	3

1) Mehrfachmeldungen waren möglich.

Quelle: Erhebungen des Ifo-Instituts 1980/81.

Tab. 11

Berücksichtigung von Geschäftsinteressen der Unternehmen in den Verbundgruppen des Nicht-Nahrungsmittelhandels im Urteil der Unternehmen

Branche	... % der Unternehmen sind der Auffassung, daß in den Gremien bzw. Ausschüssen ihres Einkaufsverbandes ihre Geschäftsinteressen hinreichend berücksichtigt werden			Falls nein bzw. teils/teils, sind ... % der Unternehmen der Auffassung, daß ihre Geschäftsinteressen in folgenden Bereichen nicht genügend berücksichtigt werden[1]				
	ja	teils/teils	nein	Artikelauswahl/Sortimentsbildung	Lieferantenauswahl	Werbeaktivitäten	Neuaufnahme von Mitgliedern	Sonstige Entscheidungen
Textilien und Bekleidung	53	40	7	63	31	38	21	19
Sportartikel	51	40	9	78	33	30	28	8
Schuhe	54	39	7	76	17	25	14	19
Hausrat/Glas, Porzellan/ Eisenwaren	58	35	7	58	22	29	32	21
Möbel	55	38	7	72	36	29	17	19
Unterhaltungselektronik/ Elektrogeräte	75	21	4	40	43	39	29	22
Fotoartikel	50	39	11	79	34	39	14	26
Spielwaren	52	43	5	59	15	25	25	37
Nicht-Nahrungsmittel insges.	56	37	7	66	27	31	22	21

1) Mehrfachmeldungen waren möglich.

Quelle: Erhebungen des Ifo-Instituts 1980/81.

Tab. 12

Berücksichtigung von Geschäftsinteressen der Unternehmen in den Verbundgruppen des Einzelhandels mit Nahrungs- und Genußmitteln

im Urteil der Unternehmen

Branche bzw. Typ der Verbundgruppe	... % der Unternehmen sind der Auffassung, daß ihre Geschäftsinteressen in ihrer Handelsgruppe hinreichend berücksichtigt werden		
	ja	teils/teils	nein
Nahrungs- und Genußmittel insgesamt	64	29	7
davon:			
Genossenschaftlich organisierte Handelsgruppe	66	27	7
Freiwillige Handelskette	58	33	9

Branche bzw. Typ der Verbundgruppe	Falls nein bzw. teils/teils, sehen in folgenden Bereichen ... % der Unternehmen ihre Geschäftsinteressen nicht bzw. nur teilweise berücksichtigt[1]			
	Werbung	Sonderangebotspolitik	Sortimentsumfang und -auswahl	Sonstige Entscheidungen
Nahrungs- und Genußmittel insgesamt	18	45	27	45
davon:				
Genossenschaftlich organisierte Handelsgruppe	15	43	25	49
Freiwillige Handelskette	24	47	30	36

1) Mehrfachmeldungen waren möglich.

Quelle: Erhebungen des Ifo-Instituts 1980/81.

Tab. 13

Struktur der Warenbezüge der kooperierten Einzelhandelsunternehmen nach Lieferantengruppen

Lieferantengruppe / Branche	Nach den Firmenangaben werden im Durchschnitt ... % der Wareneinkäufe bei den folgenden Lieferantengruppen getätigt		
	Direkt vom Einkaufsverband	Über Vertragslieferanten/Streckenlieferanten	Von Fremdlieferanten (Hersteller und Großhandel)
Nahrungs- und Genußmittel	46	28	26
Textilien und Bekleidung	28	36	36
Sportartikel	30	42	28
Schuhe[1)]	38	41	21
Hausrat/Glas, Porzellan/ Eisenwaren	31	44	25
Möbel	18	56	26
Unterhaltungselektronik/ Elektrogeräte	19	64	17
Fotoartikel	28	38	34
Spielwaren	37	49	14

1) Direkt vom Einkaufsverband = Globalprogramm + Bezüge vom Großhandel des Einkaufsverbands.

Quelle: Erhebungen des Ifo-Instituts 1980/81.

Tab. 14

Entwicklung der Struktur des Wareneinkaufs der Mitgliedsfirmen von Kooperationsgruppen in den letzten 5 Jahren nach Branchen

Branche	Bei ... % der Unternehmen lagen beim Wareneinkauf in den letzten 5 Jahren folgende Entwicklungen vor					Mittelwert der Meßwerte+)
	stark zugenommen	etwas zugenommen	nicht verändert	etwas abgenommen	stark abgenommen	
Nahrungs- und Genußmittel						
von der Handelsgruppe/ -kette direkt	23	42	21	12	2	+ 0,72
von Streckenlieferanten	9	35	41	13	2	+ 0,36
von Fremdlieferanten	5	17	37	22	19	- 0,33
Textilien und Bekleidung						
vom Einkaufsverband direkt	31	43	17	8	1	+ 0,95
von Vertragslieferanten	29	46	19	5	1	+ 0,97
von Fremdlieferanten	5	25	25	28	17	- 0,27
Sportartikel						
vom Einkaufsverband direkt	45	43	7	4	1	+ 1,27
von Vertragslieferanten	45	43	8	4	-	+ 1,29
von Fremdlieferanten	13	28	17	27	15	- 0,03
Schuhe						
vom Einkaufsverband direkt	31	43	20	5	1	+ 0,98
von Vertragslieferanten	19	41	29	10	1	+ 0,67
von Fremdlieferanten	5	14	29	28	24	- 0,52
Hausrat/Glas, Porzellan/ Eisenwaren						
vom Einkaufsverband direkt	44	43	9	4	-	+ 1,27
von Vertragslieferanten	38	45	13	4	-	+ 1,17
von Fremdlieferanten	8	21	21	25	25	- 0,38
Möbel						
vom Einkaufsverband direkt	38	40	18	4	-	+ 1,12
von Vertragslieferanten	48	38	11	2	1	+ 1,30
von Fremdlieferanten	6	22	21	30	21	- 0,38
Unterhaltungselektronik/ Elektrogeräte						
vom Einkaufsverband direkt	45	41	10	3	1	+ 1,26
von Vertragslieferanten	52	36	9	3	-	+ 1,37
von Fremdlieferanten	3	6	13	23	55	- 1,21
Fotoartikel						
vom Einkaufsverband direkt	51	41	4	3	1	+ 1,38
von Vertragslieferanten	54	36	6	4	-	+ 1,40
von Fremdlieferanten	10	20	16	21	33	- 0,47
Spielwaren						
vom Einkaufsverband direkt	48	38	11	3	-	+ 1,31
von Vertragslieferanten	41	46	11	2	-	+ 1,26
von Fremdlieferanten	8	20	25	20	27	- 0,38
Nicht-Nahrungsmittel insges.						
vom Einkaufsverband direkt	38	42	14	5	1	+ 1,11
von Vertragslieferanten	35	43	17	5	-	+ 1,08
von Fremdlieferanten	6	20	23	26	25	- 0,44

+) Meßziffern: stark zugenommen = +2, etwas zugenommen = +1, nicht verändert = 0, etwas abgenommen = -1, stark abgenommen = -2.

Quelle: Erhebungen des Ifo-Instituts 1980/81.

Tab. 15

Grad der Inanspruchnahme des Leistungsangebots der Kooperationsgruppen nach Branchen

Branche	... % der Unternehmen nehmen die von den Kooperationsgruppen angebotenen Leistungen folgendermaßen in Anspruch														
	Warenfunktionen					Servicefunktionen					Marketingfunktionen				
	regelmäßig	häufig	selten	überhaupt nicht	Mittelwert der Meßwerte *)	regelmäßig	häufig	selten	überhaupt nicht	Mittelwert der Meßwerte *)	regelmäßig	häufig	selten	überhaupt nicht	Mittelwert der Meßwerte *)
Nahrungs- und Genußmittel	69	13	11	7	3,7	37	6	13	44	2,0	59	10	14	17	3,1
Textilien und Bekleidung	60	18	17	5	3,6	25	7	22	46	1,4	41	23	24	12	2,9
Sportartikel	64	23	11	2	3,9	32	9	13	46	1,5	52	23	16	9	3,3
Schuhe	72	13	11	4	3,9	35	6	21	38	2,0	59	14	18	9	3,4
Hausrat/Glas, Porzellan/ Eisenwaren	63	19	14	4	3,7	15	9	27	49	1,1	52	21	17	10	3,1
Möbel	67	18	11	4	3,9	37	8	19	36	1,9	53	18	19	10	3,1
Unterhaltungs- elektronik/ Elektrogeräte	71	19	9	1	4,2	28	15	24	33	1,7	59	21	16	4	3,6
Fotoartikel	63	19	15	3	3,7	35	8	13	44	1,5	53	19	16	12	3,5
Spielwaren	77	15	7	1	4,3	28	6	13	53	1,6	59	18	16	7	3,5
Nicht-Nahrungsmittel insges.	66	17	13	4	3,9	28	8	22	42	1,7	52	19	19	10	3,2

+) Meßziffern: regelmäßig = 5, häufig = 3, selten = 1, überhaupt nicht = 0.

Quelle: Erhebungen des Ifo-Instituts 1980/81.

Tab. 16

Grad der Inanspruchnahme des Leistungsangebots der Kooperationsgruppen im Nahrungs- und Genußmittelhandel

Warenfunktionen	Mittelwert der Meßwerte +)	Servicefunktionen	Mittelwert der Meßwerte +)	Marketingfunktionen	Mittelwert der Meßwerte +)
Einkauf per Ordersatz	4,9	Rechtsberatung (Vermittlung)	0,7	Sortiments-/Wareninformation und -beratung	4,2
Streckenlieferanten/Zentralregulierung	4,2	Steuerberatung (Vermittlung)	1,9	Saisonspezifische Wareninformation	3,9
Zusatzsortimente	2,8	Versicherungsdienst (Vermittlung)	1,3	Standortberatung und -prüfung	1,2
Eigenmarken/Handelsmarken	4,5	Betriebsvergleich	3,2	Objektbezogene Ladengestaltung	1,6
Importe	2,1	Betriebsberatung	1,6	Vermietung von Ladenfläche	0,8
		Kalkulationshilfen/Preisempfehlungen	4,4	Aus- und Fortbildung, Schulung	2,0
		Darlehensgewährung, Gründungsdarlehen	0,9	Bereitstellung von Werbemitteln	4,5
				Warenbörsen	4,0
		Kurzfristige Erfolgsrechnung	2,4	Verkaufsförderung/Werbung	4,2
		Buchhaltung	1,4	Sonderaktionen, Sonderangebote	4,7

+) Meßziffern: regelmäßig = 5, häufig = 3, selten = 1, überhaupt nicht = 0.

Quelle: Erhebungen des Ifo-Instituts 1980/81.

Tab. 17

Grad der Inanspruchnahme des Leistungsangebots der Kooperationsgruppen im Nicht-Nahrungsmittelhandel

Warenfunktionen	Mittelwert der Meßwerte +)	Servicefunktionen	Mittelwert der Meßwerte +)	Marketingfunktionen	Mittelwert der Meßwerte +)
Lagereinkauf (Eigengeschäft)	4,4	Rechtsberatung (Vermittlung)	1,1	Brancheninformationen	4,0
Vor-Order/ Vor-Dispositions-Einkauf	4,0	Steuerberatung (Vermittlung)	0,9	Spezielle Waren-/Trend-Modeinformation	4,1
Einkauf über Vertragslieferanten	4,5	Versicherungsdienst (Vermittlung)	1,7	Standortberatung und -prüfung	1,1
Zentralregulierung	4,8	Betriebsvergleich	3,3	Objektbezogene Ladengestaltung/Bauberatung	1,4
Global/Stammprogramm, Kernsortiment	3,9	Betriebsberatung	1,7	Aus- und Fortbildung, Schulung	2,5
Sortimentsempfehlung/-beratung	2,6	Kalkulationshilfen/ Preisempfehlungen	3,2	Bereitstellung von Werbemitteln	3,8
Handels/Eigen/ Genossenschaftsmarken	3,7	Gründungs- u.Ladenbaudarlehen	0,6	Musterungs-, Waren-, Bestellkataloge	4,3
Ergänzungssortim.	2,9	Kurzfristige Erfolgsrechnung	2,1	Verbandsmessen, Börsen, Einkaufstage, Mode- und Musterschauen	4,4
Importprogramm	3,7	Buchhaltung	1,1	Verkaufshilfen, Verkaufsförderung	3,4
				Sonderaktionen, Sonderangebote	3,5

+) Meßziffern: regelmäßig = 5, häufig = 3, selten = 1, überhaupt nicht = 0.

Quelle: Erhebungen des Ifo-Instituts 1980/81.

Tab. 18a

Grad der Inanspruchnahme[+)] der Warenfunktionen der Kooperationsgruppen im Nicht-Nahrungsmittelhandel nach Branchen

Funktion / Branche	Lagereinkauf (Eigengeschäft)	Vor-Order/ Vor-Dispositions-Einkauf	Einkauf über Vertragslieferanten	Zentralregulierung	Global/Stammprogramm Kernsortiment	Sortimentsempfehlung/ -beratung	Handels-/Eigen-/ Genossenschaftsmarken	Ergänzungssortimente	Importe
Textilien und Bekleidung	3,8	4,5	4,4	4,7	3,2	2,0	3,9	2,4	3,8
Sportartikel	4,3	4,5	4,4	4,9	3,8	2,9	3,8	2,9	3,6
Schuhe	3,6		4,5	5,0	4,7	3,0	4,0	2,6	4,3
Hausrat/Glas, Porzellan/ Eisenwaren	4,7	3,4	4,5	4,8	4,2	2,3	3,4	2,7	3,4
Möbel		4,4	4,5	4,6	4,3	2,9	4,1	3,2	3,0
Unterhaltungselektronik/ Elektrogeräte	4,3	4,2	4,7	4,9	4,1	3,5	4,4	3,4	3,1
Fotoartikel	4,0	3,0	4,5	4,8	4,5	2,8	4,3	3,1	2,4
Spielwaren	4,7	.	4,8	4,9	4,5	3,6	4,1	3,5	4,3

+). Meßziffern: regelmäßig = 5, häufig = 3, selten = 1, überhaupt nicht = 0.

Quelle: Erhebungen des Ifo-Instituts 1980/81.

Tab. 18b

Grad der Inanspruchnahme+) der Servicefunktionen der Kooperationsgruppen im Nicht-Nahrungsmittelhandel nach Branchen

Funktion / Branche	Rechtsberatung (Vermittlung)	Steuerberatung (Vermittlung)	Versicherungsdienst (Vermittlung)	Betriebsvergleich	Betriebsberatung	Kalkulationshilfen/Preisempfehlungen	Gründungs- und Ladenbaudarlehen	Kurzfristige Erfolgsrechnung	Buchhaltung
Textilien und Bekleidung	1,0	0,6	1,8	3,5	1,5	2,3	0,3	2,3	0,8
Sportartikel	0,8	0,5	0,6	3,0	1,9	3,9	0,3	2,6	1,0
Schuhe	1,2	1,5	2,0	4,1	2,2	3,4	0,7	2,7	1,0
Hausrat/Glas, Porzellan/ Eisenwaren	1,1	0,6	0,7	2,0	1,4	2,8	0,8	0,9	0,7
Möbel	1,4	1,2	1,9	3,3	1,5	3,9	0,3	1,8	1,8
Unterhaltungselektronik/ Elektrogeräte	1,3	0,9	1,9	3,0	1,7	3,8	0,6	1,5	1,9
Fotoartikel	0,7	0,4	1,3	3,5	2,0	3,9	3,3	2,3	0,4
Spielwaren	0,7	0,6	0,4	3,2	1,3	4,1	0,6	1,3	1,2

+) Meßziffern: regelmäßig = 5, häufig = 3, selten = 1, überhaupt nicht = 0.

Quelle: Erhebungen des Ifo-Instituts 1980/81.

Tab. 18c

Grad der Inanspruchnahme+) der Marketingfunktionen der Kooperationsgruppen im Nicht-Nahrungsmittelhandel nach Branchen

Funktion / Branche	Branchen-informationen	Spezielle Waren-/Trend-/Modeinformation	Standortberatung und -prüfung	Objektbezogene Ladengestaltung/Bauberatung	Aus- und Fortbildung, Schulung	Bereitstellung von Werbemitteln	Musterungs-, Waren-, Bestellkataloge	Verbandsmessen, Börsen, Einkaufstage, Mode- und Musterschauen	Verkaufshilfen, Verkaufsförderung	Sonderaktionen, Sonderangebote
Textilien und Bekleidung	3,7	4,1	0,9	1,2	2,2	3,3	3,5	3,7	2,9	3,4
Sportartikel	4,3	4,0	1,4	1,2	2,9	3,9	4,4	4,0	3,3	3,3
Schuhe	4,2	4,5	1,3	1,3	2,7	4,4	4,8	4,7	3,5	2,4
Hausrat/Glas, Porzellan/ Eisenwaren	4,0	3,7	0,6	1,3	2,1	3,3	4,4	4,6	3,2	4,0
Möbel	3,5	3,3	0,9	1,3	2,5	3,7	4,3	4,6	3,8	3,3
Unterhaltungs-elektronik/ Elektrogeräte	4,6	4,5	1,4	2,2	2,8	4,0	4,4	4,1	4,0	4,1
Fotoartikel	3,6	3,2	1,1	1,4	2,6	4,4	3,9	3,5	3,8	3,9
Spielwaren	4,3	4,3	1,3	1,7	2,8	4,4	4,4	4,5	3,8	3,8

+) Meßziffern: regelmäßig = 5, häufig = 3, selten = 1, überhaupt nicht = 0.

Quelle: Erhebungen des Ifo-Instituts 1980/81.

Tab. 19

Entwicklung der Zusammenarbeit der Einzelhandelsunternehmen mit ihrer Kooperationsgruppe in den letzten 5 Jahren

nach Branchen

Branche	Bei ... % der Unternehmen hat die Zusammenarbeit mit ihrer Kooperationsgruppe in den letzten 5 Jahren			
	zugenommen	sich nicht verändert	abgenommen	Entwicklungs-salden
Nahrungs- und Genußmittel	50	43	7	+ 43
Textilien und Bekleidung	76	21	3	+ 73
Sportartikel	90	8	2	+ 88
Schuhe	76	22	2	+ 74
Hausrat/Glas, Porzellan/ Eisenwaren	89	9	2	+ 87
Möbel	81	16	3	+ 78
Unterhaltungselektronik/ Elektrogeräte	90	9	1	+ 89
Fotoartikel	92	6	2	+ 88
Spielwaren	86	12	2	+ 84
Nicht-Nahrungsmittel insges.	83	15	2	+ 81

Quelle: Erhebungen des Ifo-Instituts 1980/81.

Tab. 20

Gründe für eine Intensivierung der Zusammenarbeit mit den Kooperationsgruppen im Nahrungs- und Genußmittelhandel nach Branchen

Branche/ Kooperationsgruppe	Bei ... % der Unternehmen[a] waren folgende Gründe ausschlaggebend										
	Attraktivität des Warenangebots	Preis-niveau	Umfang und Art der Lager-haltung	Liefer-bereit-schaft/ Liefer-rhythmus	Sortiments- und Verkaufs-beratung	Schulung	Betriebs-beratung	Waren- und Einkaufs-infor-mation	Aufbau und Pflege des Frischwaren-sortiments	Wegfall anderer Bezugs-möglich-keiten	Sonstige
Nahrungs- und Genußmittelhandel insgesamt	82	62	29	58	44	23	19	41	50	14	6
Einkaufsgenossen-schaften/ Handelsgruppen	78	56	21	51	36	20	15	36	43	12	7
Freiwillige Ketten und Gruppen	88	76	45	75	61	29	28	52	67	18	2

a) Mehrfachmeldungen möglich.

Quelle: Erhebungen des Ifo-Instituts 1980/81.

Tab. 21

Gründe für eine Intensivierung der Zusammenarbeit mit den Kooperationsgruppen im Nicht-Nahrungsmittelhandel

nach Branchen

Gründe / Branche	Bei ... % der Unternehmen+) waren folgende Gründe ausschlaggebend: Attraktivität des Warenangebots/ Global-/ Stammprogramms	Warenbezugspreise	Lagerbevorratung	Lieferzuverlässigkeit	Zahl und Art der Vertragslieferanten	Betriebs- und Absatzberatung	Markt- und Waren-informationen	Attraktivität des Importprogramms
Textilien und Bekleidung	82	72	62	36	64	41	59	77
Sportartikel	82	85	74	43	71	37	54	70
Schuhe	84	59	30		51	41	61	72
Hausrat/Glas, Porzellan/ Eisenwaren	79	75	72	55	68	35	48	47
Möbel	81	58	22		53	36	48	20
Unterhaltungselektronik/ Elektrogeräte	88	92	43	39	68	59	80	35
Fotoartikel	79	88	30	24	61	38	45	41
Spielwaren	82	79	44		60	36	61	54
Nicht-Nahrungsmittelhandel insgesamt	76	72	50	38	61	40	56	55

+) Mehrfachmeldungen möglich.

Quelle: Erhebungen des Ifo-Instituts 1980/81.

Tab. 22

Geplante Inanspruchnahme des Leistungsangebots der Kooperationsgruppen in den nächsten Jahren

Branche	Bei ...% der Unternehmen bestehen hinsichtlich der Inanspruchnahme des Leistungsangebots der Kooperationsgruppen folgende Planabsichten								
	Warenfunktionen			Servicefunktionen			Marketingfunktionen		
	Intensivierung	Verringerung	keine Veränderung	Intensivierung	Verringerung	keine Veränderung	Intensivierung	Verringerung	keine Veränderung
Nahrungs- und Genußmittel	24	4	72	14	2	84	23	2	75
Textilien und Bekleidung	37	4	59	20	1	79	33	1	66
Sportartikel	50	4	46	35	2	63	41	2	57
Schuhe	29	6	65	21	1	78	28	1	71
Hausrat/Glas, Porzellan/ Eisenwaren	48	2	50	26	1	73	39	1	60
Möbel	51	4	45	32	2	66	41	1	58
Unterhaltungselektronik/ Elektrogeräte	58	5	37	41	1	58	48	1	51
Fotoartikel	60	3	37	43	1	56	54	1	45
Spielwaren	42	2	56	32	2	66	39	1	60
Nicht-Nahrungsmittel insges.	43	3	54	26	1	73	37	1	62

Quelle: Erhebungen des Ifo-Instituts 1980/81.

Tab. 23

Geplante Inanspruchnahme des Leistungsangebots der Kooperationsgruppen des Nahrungs- und Genußmittelhandels in den nächsten Jahren

Leistungsangebot	Bei ...% der Unternehmen bestehen hinsichtlich der Inanspruchnahme der Leistungsangebote der Kooperationsgruppen folgende Planabsichten		
	Intensivierung	Verringerung	keine Veränderung
Warenfunktionen			
Einkauf per Ordersatz	26	2	72
Streckenlieferanten/Zentralregulierung	21	8	71
Zusatzsortimente	23	5	72
Eigenmarken/Handelsmarken	31	3	66
Importe	17	2	81
Service-Funktionen			
Rechtsberatung (Vermittlung)	9	1	90
Steuerberatung (Vermittlung)	12	2	86
Versicherungsdienst (Vermittlung)	7	2	91
Betriebsvergleich	20	1	79
Betriebsberatung	26	1	73
Kalkulationshilfen/Preisempfehlungen	14	2	84
Darlehensgewährung, Gründungsdarlehen	7	6	87
Kurzfristige Erfolgsrechnung	18	1	81
Buchhaltung	9	1	90
Marketing-Funktionen			
Sortiments-/Wareninformation und -beratung	24	1	75
Saisonspezifische Wareninformation	22	1	77
Standortberatung und -prüfung	17	2	81
Objektbezogene Ladengestaltung	24	2	74
Vermietung von Ladenfläche	9	2	89
Aus- und Fortbildung, Schulung	29	1	70
Bereitstellung von Werbemitteln	25	1	74
Warenbörsen	22	4	74
Verkaufsförderung/Werbung	28	1	71
Sonderaktionen, Sonderangebote	27	2	71

Quelle: Erhebungen des Ifo-Instituts 1980/81.

Tab. 24a

Geplante Inanspruchnahme der Warenfunktionen der Kooperationsgruppen im Nicht-Nahrungsmittelhandel in den nächsten Jahren

nach Branchen

Funktion / Branche	Textilien und Bekleidung	Sportartikel	Schuhe	Hausrat/Glas, Porzellan/ Eisenwaren	Möbel	Unterhaltungselektronik/ Elektrogeräte	Fotoartikel	Spielwaren
Lagereinkauf (Eigengesch.)								
Intensivierung	40	64	39	58	60	61	59	46
Verringerung	4	1	5	1	3	2	2	2
Keine Veränderung	56	35	56	41	37	37	39	52
Vor-Order /Vor-Dispositions-Einkauf								
Intensivierung	33	45	31	38	49	46	50	
Verringerung	10	7	5	2	4	9	8	
Keine Veränderung	57	48	64	60	47	45	42	
Einkauf über Vertragslieferanten								
Intensivierung	38	46	28	53	62	61	63	41
Verringerung	2	2	8	3	1	2	2	3
Keine Veränderung	60	52	64	44	37	37	35	56
Zentralregulierung								
Intensivierung	37	57	26	44	47	53	58	39
Verringerung	1	-	1	-	1	1	-	-
Keine Veränderung	62	43	73	56	52	46	42	61
Global-/Stammprogramm, Kernsortiment								
Intensivierung	35	44	21	52	52	59	62	41
Verringerung	3	2	12	1	5	5	3	3
Keine Veränderung	62	54	67	47	43	36	35	56
Sortimentsempfehlung/ -beratung								
Intensivierung	32	52	34	46	48	59	64	48
Verringerung	2	4	2	1	3	4	1	1
Keine Veränderung	66	44	64	53	49	37	35	51
Handels-/Eigen-/ Gemeinschaftsmarken								
Intensivierung	50	44	24	49	46	65	70	47
Verringerung	2	9	4	2	5	5	2	1
Keine Veränderung	48	47	72	49	49	30	28	52
Ergänzungssortimente								
Intensivierung	30	44	26	37	50	46	54	36
Verringerung	3	8	4	2	2	10	4	4
Keine Veränderung	67	48	70	61	48	44	42	60
Importprogramme								
Intensivierung	37	47	28	44	40	40	57	34
Verringerung	7	8	10	3	9	10	3	7
Keine Veränderung	56	45	62	53	51	50	40	59

Quelle: Erhebungen des Ifo-Instituts 1980/81.

Tab. 24b

Geplante Inanspruchnahme der Servicefunktionen der Kooperationsgruppen im Nicht-Nahrungsmittelhandel in den nächsten Jahren

nach Branchen

Funktion / Branche	Textilien und Bekleidung	Sportartikel	Schuhe	Hausrat/Glas, Porzellan/ Eisenwaren	Möbel	Unterhaltungselektronik/ Elektrogeräte	Fotoartikel	Spielwaren
Rechtsberatung (Verm.)								
Intensivierung	17	27	19	22	25	34	33	29
Verringerung	1	3	1	2	2	2	2	-
Keine Veränderung	82	70	80	76	73	64	65	71
Steuerberatung (Verm.)								
Intensivierung	13	21	14	19	21	33	30	30
Verringerung	1	-	1	1	2	-	2	-
Keine Veränderung	86	79	85	80	77	67	68	70
Versicherungsdienst (Verm.)								
Intensivierung	22	26	10	22	25	43	35	30
Verringerung	2	3	2	1	-	2	-	-
Keine Veränderung	76	71	88	77	75	55	65	70
Betriebsvergleich								
Intensivierung	28	46	21	35	45	49	51	30
Verringerung	1	2	1	-	1	1	1	2
Keine Veränderung	71	52	78	65	54	50	48	68
Betriebsberatung								
Intensivierung	30	43	33	40	44	48	54	44
Verringerung	1	2	1	1	-	1	1	2
Keine Veränderung	69	55	66	59	56	51	45	54
Kalkulationshilfen/ Preisempfehlungen								
Intensivierung	17	40	13	30	29	43	46	28
Verringerung	1	1	2	2	3	1	1	5
Keine Veränderung	82	59	85	68	68	56	53	67
Gründungs- und Ladenbaudarlehen								
Intensivierung	9	17	16	18	18	32	38	28
Verringerung	2	-	2	4	1	-	-	-
Keine Veränderung	89	83	82	78	81	68	62	72
Kurzfristige Erfolgsrechnung								
Intensivierung	23	48	28	25	29	47	48	37
Verringerung	1	2	1	-	3	1	-	-
Keine Veränderung	76	50	71	75	68	52	52	63
Buchhaltung								
Intensivierung	7	17	10	15	19	32	33	21
Verringerung	1	-	-	1	4	3	-	1
Keine Veränderung	92	83	90	84	77	65	67	78

Quelle: Erhebungen des Ifo-Instituts 1980/81.

Tab. 24c

Geplante Inanspruchnahme der Marketingfunktionen der Kooperationsgruppen im Nicht-Nahrungsmittelhandel in den nächsten Jahren

nach Branchen

Branche / Funktion	Textilien und Bekleidung	Sport- artikel	Schuhe	Hausrat/Glas, Porzellan/ Eisenwaren	Möbel	Unterhaltungs- elektronik/ Elektrogeräte	Foto- artikel	Spie- ware
Brancheninformationen								
Intensivierung	33	39	27	38	46	47	51	39
Verringerung	1	-	-	1	1	-	-	-
Keine Veränderung	66	61	73	61	53	53	49	61
Spezielle Waren-/Trend-/ Modeinformation								
Intensivierung	37	43	29	37	52	46	59	42
Verringerung	1	-	-	-	-	-	-	-
Keine Veränderung	62	57	71	63	48	54	41	58
Standortberatung und Prüfung								
Intensivierung	20	30	24	21	27	32	43	29
Verringerung	1	-	1	2	1	2	-	1
Keine Veränderung	79	70	75	77	72	66	57	70
Objektbezogene Laden- gestaltung/Bauberatung								
Intensivierung	26	36	25	35	29	39	54	33
Verringerung	1	-	2	3	2	2	2	2
Keine Veränderung	73	64	73	62	69	59	44	65
Aus- und Fortbildung, Schulung								
Intensivierung	42	59	47	50	54	61	57	51
Verringerung	1	-	1	1	1	1	3	3
Keine Veränderung	57	41	52	49	45	38	40	46
Bereitstellung von Werbemitteln								
Intensivierung	37	30	24	41	41	50	55	43
Verringerung	3	11	5	3	2	2	2	3
Keine Veränderung	60	59	71	56	57	48	43	54
Musterungs-, Waren-, Bestellkataloge								
Intensivierung	24	34	17	34	36	41	43	33
Verringerung	2	1	1	1	2	2	3	2
Keine Veränderung	74	65	82	65	62	57	54	65
Verbandsmessen, Börsen, Einkaufstage, Mode- und Musterschauen								
Intensivierung	24	34	24	34	32	39	43	30
Verringerung	1	-	1	1	1	1	2	-
Keine Veränderung	75	66	75	65	67	60	55	70
Verkaufshilfen, Verkaufsförderung								
Intensivierung	38	43	33	42	43	52	59	44
Verringerung	-	-	-	1	1	-	1	1
Keine Veränderung	62	57	67	57	56	48	40	55
Sonderaktionen, Sonderangebote								
Intensivierung	40	54	32	46	40	55	61	46
Verringerung	-	-	1	1	2	1	-	-
Keine Veränderung	60	46	67	53	58	44	39	54

Quelle: Erhebungen des Ifo-Instituts 1980/81.

Tab. 25

Beurteilung des Leistungsangebots der Kooperationsgruppen im Nahrungs- und Genußmittelhandel durch die Einzelhandelsunternehmen

... % der Unternehmen beurteilen die einzelnen Leistungen als	Sonderangebotsaktionen	Bezugspreisniveau	Preis- und Sortimentsempfehlungen	Schulung, Aus- und Fortbildung	Berechnungssystem/ Vergütungssystem	Lieferbereitschaft, Lieferrhythmus	Betriebswirtschaftliche Beratung	Waren- und Verkaufsberatung	Verkaufsförderung, Werbung	Markt- und Brancheninformation
sehr gut	24	8	9	16	16	22	7	11	15	10
gut	55	46	56	54	55	57	47	54	60	58
befriedigend	17	33	25	16	19	14	25	20	17	21
ausreichend	3	7	7	8	6	5	11	9	5	7
mangelhaft	1	6	3	6	4	2	10	6	3	4

Quelle: Erhebungen des Ifo-Instituts 1980/81.

Tab. 26

Beurteilung des Leistungsangebots der Kooperationsgruppen im Nicht-Nahrungsmittelhandel durch die Einzelhandelsunternehmen

nach Branchen

... % der Unternehmen beurteilen die einzelnen Leistungen als	Kreis der Vertragslieferanten	Bezugspreise bei Global-/ Stammprogramm/ Lagergeschäft	Bezugspreise/ Konditionen bei Vertragslieferanten, im Delkrederegeschäft	Rückvergütungssystem	Sonderaktionen, Verkaufsförderung	Preisempfehlungen	Sortimentsempfehlungen	Betriebswirtschaftliche Beratung	Werbung	Markt-, Branchen-, Waren-, Modeinformationen
sehr gut	32	16	14	15	12	9	8	13	15	15
gut	54	50	52	40	39	43	38	38	44	45
befriedigend	12	26	28	28	32	31	36	25	28	25
ausreichend	1	6	5	11	12	12	14	14	9	10
mangelhaft	1	2	1	6	5	5	4	10	4	5

Quelle: Erhebungen des Ifo-Instituts 1980/81.

Tab. 27

Beurteilung des Leistungsangebots der Kooperationsgruppen im Nahrungs- und Genußmittelhandel durch die Einzelhandelsunternehmen

Bewertung Funktion/ Leistung	Mittelwert der Meßwerte+)
Sonderangebotsaktionen	3,0
Bezugspreisniveau	2,4
Preis- und Sortimentsempfehlungen	2,6
Schulung, Aus- und Fortbildung	2,6
Berechnungssystem/ Vergütungssystem	2,7
Lieferbereitschaft, Lieferrhythmus	2,9
Betriebswirtschaftliche Beratung	2,3
Waren- und Verkaufsberatung	2,6
Verkaufsförderung, Werbung	2,8
Markt- und Brancheninformationen	2,6

+) Meßziffern: sehr gut = 4, gut = 3, befriedigend = 2, ausreichend = 1, mangelhaft = 0.

Quelle: Erhebungen des Ifo-Instituts 1980/81.

Tab. 28

Beurteilung des Leistungsangebots+) der Kooperationsgruppen im Nicht-Nahrungsmittelhandel durch die Einzelhandelsunternehmen nach Branchen

Funktion/ Leistung Branche	Kreis der Vertrags-liefe-ranten	Bezugspreise bei Global-/ Stammprogrammen/ Lagergeschäft	Bezugspreise/Konditionen bei Vertragslieferanten im Delkrederegeschäft	Rückvergütungssystem	Sonderaktionen, Verkaufsförderung	Preisempfehlungen	Sortimentsempfehlungen	Betriebswirtschaftliche Beratung	Werbung	Markt-, Branchen-, Waren-, Modeinformationen
Textilien und Bekleidung	3,1	2,3	2,6	2,1	2,4	2,2	2,3	2,4	2,6	2,7
Sportartikel	3,1	2,8	2,7	2,1	1,9	2,6	2,2	1,9	2,5	2,3
Schuhe	3,3	3,0	2,8	3,1	2,1	2,5	2,1	2,6	2,6	2,7
Hausrat/Glas, Porzellan/ Eisenwaren	3,2	2,7	2,7	2,7	2,7	2,2	2,3	2,3	2,4	2,4
Möbel	3,0	2,8	2,8	2,6	2,3	2,5	2,4	2,1	2,6	2,1
Unterhaltungselektronik/ Elektrogeräte	3,3	3,0	2,9	2,8	2,5	2,6	2,5	2,1	2,6	2,8
Fotoartikel	3,0	2,5	2,4	1,8	2,3	2,5	2,4	1,9	2,5	1,9
Spielwaren	3,4	2,9	2,7	2,4	2,3	2,7	2,5	1,9	3,0	2,7
Nicht-Nahrungsmittel insges.	3,4	2,7	2,7	2,5	2,4	2,4	2,3	2,3	2,6	2,6

+) Meßziffern: sehr gut = 4, gut = 3, befriedigend = 2, ausreichend = 1, mangelhaft = 0.

Quelle: Erhebungen des Ifo-Instituts 1980/81.

Tab. 29

Einstellung der kooperierten Einzelhandelsunternehmen zum Aufbau von Einzelhandelsgeschäften durch die Kooperationsgruppe

Branche	... % der Unternehmen sehen im Aufbau von eigenen Einzelhandelsgeschäften ihrer Kooperationsgruppe/Großhandelszentrale								
	eine direkte Konkurrenz			eine bedenkliche Entwicklung für die Ziele der Kooperationsgruppe			ein Mittel zur Stärkung der Kooperationsgruppe insgesamt		
	ja	nein	teils/teils	ja	nein	teils/teils	ja	nein	teils/teils
Nahrungs- und Genußmittel	39	33	28	30	49	21	65	16	19
Textilien und Bekleidung	78	11	11	87	7	6	9	81	10
Sportartikel	75	9	16	88	10	2	18	72	10
Schuhe	81	7	12	87	7	6	8	82	10
Hausrat/Glas, Porzellan/ Eisenwaren	84	8	8	88	7	5	9	83	8
Möbel	65	18	17	73	16	11	20	66	14
Unterhaltungs-elektronik/ Elektrogeräte	76	13	11	85	10	5	20	69	11
Fotoartikel	66	19	15	66	21	13	27	55	18
Spielwaren	62	15	23	72	12	16	23	61	16
Nicht-Nahrungsmittel insges.	75	12	13	82	10	8	14	75	11

Quelle: Erhebungen des Ifo-Instituts 1980/81.

Tab. 30

Einstellung der Einzelhandelsunternehmen zur Handelsmarkenpolitik der Kooperationsgruppe im Nahrungs- und Genußmittelhandel

... % der Unternehmen sehen in der Eigen-/Handelsmarkenpolitik ihrer Gruppe/Kette ein wichtiges Wettbewerbsinstrument für ihr Einzelhandelsgeschäft

ja	nein	teils/teils
74	9	17

... % der Unternehmen fühlen sich durch die Eigen-/Handelsmarkenpolitik ihrer Gruppe/Kette in ihrer eigenen Sortiments- und Verkaufspolitik

bestärkt und unterstützt	eingeschränkt	überhaupt nicht beeinflußt
76	5	19

Quelle: Erhebungen des Ifo-Instituts 1980/81.

Tab. 31

Einstellung der Einzelhandelsunternehmen zur Handels- bzw. Gemeinschaftsmarke als Identifikationszeichen der Gruppenzugehörigkeit im Nicht-Nahrungsmittelhandel

Branche	... % der Unternehmen sehen in der Handels- bzw. Gemeinschaftsmarke als Identifikationszeichen und Imageemblem ein wichtiges Wettbewerbsinstrument für ihr Einzelhandelsgeschäft		
	ja	nein	teils/teils
Textilien und Bekleidung	76	8	16
Sportartikel	66	9	25
Schuhe	64	10	26
Hausrat/Glas, Porzellan/ Eisenwaren	66	13	21
Möbel	53	23	24
Unterhaltungselektronik/ Elektrogeräte	87	3	10
Fotoartikel	82	6	12
Spielwaren	73	8	19
Nicht-Nahrungsmittel insges.	69	11	20

Quelle: Erhebungen des Ifo-Instituts 1980/81.

Tab. 32

Einstellung der Einzelhandelsunternehmen zu Handelsmarken bzw. Exklusivmodellen der Kooperationsgruppe im Nicht-Nahrungsmittelhandel

Branche	... % der Unternehmen sehen sich durch die Handelsmarkenpolitik bzw. durch die Exklusivmodelle ihres Einkaufsverbandes in ihrer eigenen Sortiments- und Markenpolitik eingeschränkt		
	ja	nein	teils/teils
Textilien und Bekleidung	1	94	5
Sportartikel	2	91	7
Hausrat/Glas,Porzellan/Eisenwaren	2	92	6
Unterhaltungselektronik/Elektrogeräte	1	93	6
Fotoartikel	4	70	26
	... % der Unternehmen sehen in der Markierung und Präsentation von Waren als Handels- und Gemeinschaftsmarken ihrer Kooperationsgruppe ein wichtiges Wettbewerbsinstrument für ihr Einzelhandelsgeschäft		
	ja	nein	teils/teils
Schuhe	56	14	30
Möbel	53	24	23
Spielwaren	69	7	24

Quelle: Erhebungen des Ifo-Instituts 1980/81.

Tab. 33

Relevanz der Kooperationsgruppen für Wettbewerbsfähigkeit und Existenzsicherung

Branche	Nach Aussagen von ... % der Unternehmen ist für Wettbewerbsfähigkeit und längerfristige Existenzsicherung die Zugehörigkeit zu einer Kooperationsgruppe		
	von entscheidender Bedeutung	nicht so entscheidend	von untergeordneter Bedeutung
Nahrungs- und Genußmittel	86	11	3
Textilien und Bekleidung	79	18	3
Sportartikel	89	10	1
Schuhe	90	9	1
Hausrat/Glas, Porzellan/ Eisenwaren	90	9	1
Möbel	84	15	1
Unterhaltungselektronik/ Elektrogeräte	97	3	-
Fotoartikel	89	10	1
Spielwaren	92	8	-
Nicht-Nahrungsmittelhandel insgesamt	88	11	1

Quelle: Erhebungen des Ifo-Instituts 1980/81.

V. Kooperationsprofile in relevanten Branchen

1. Nahrungs- und Genußmittel

1.1. Die wichtigsten Kooperationsgruppen und ihre Marktbedeutung

Wie in keiner anderen Branche haben die Handelsgruppen und Handelsketten im Lebensmittelhandel in den letzten zehn Jahren ihre Organisationsformen und Verbundstrategien auf die gewandelten Markterfordernisse eingestellt. Damit suchte man den Expansions- und Konzentrationsvorgängen im Massenfilialbereich, den Veränderungen in den Standortstrukturen, der Vergrößerung der Wettbewerbsräume sowie den Umstrukturierungen bei Angebotstypen und Verkaufsprinzipien zu begegnen. Über differenzierte Marketingkonzepte wurden die kooperierten Einzelhandelsunternehmen verstärkt in die Lage versetzt, Möglichkeiten und Chancen der „Gruppenprofilierung" auszuschöpfen. Daneben wurden aber von den Verbundgruppen sowie Großhandelszentralen eigene Einzelhandelslinien aufgebaut, um Standorte und Märkte für die Gruppe zu sichern und Diversifikationspotential zu nutzen. Diese werden teilweise als Regiebetriebe der regionalen Großhandelsunternehmen, teilweise auch als Tochtergesellschaften der Verbundzentralen geführt.

Trotz der Profilierungsaktivitäten der Verbundzentralen für die gesamte Gruppe und die kooperierten Mitgliedsfirmen war ein Selektions- bzw. Kontraktionsprozeß im Mitgliederkreis unumgänglich. Eine große Zahl der Mitgliedsbetriebe war von Größe, Standort und unternehmerischer Flexibilität her nicht mehr den aktuellen ökonomischen Anforderungen des Distributionswettbewerbs entsprechend bzw. konnte nicht darauf eingestellt werden.

Die einzelnen Verbundgruppen des Nahrungs- und Genußmittelhandels haben sich aber trotz gewisser Parallelität bei den Entwicklungstrends in ihren Mitglieds und Umsatzstrukturen im letzten Jahrzehnt recht unterschiedlich entwickelt. So verminderte sich in der EDEKA-Gruppe die Zahl der Mitgliedsunternehmen zwischen 1970 und 1980 von rd. 29 000 auf rd. 19 100 und die Zahl der regionalen Großhandlungen von 100 auf 36. Im Rahmen dieses Straffungsprozesses wurden die Waren- und Dienstleistungsaktivitäten auf leistungsfähige Großhandlungen konzentriert, die aufgrund ihres gestiegenen Leistungsvermögens den angeschlossenen Mitgliedsunternehmen ein attraktives und damit wettbewerbsfähiges Sortiment anbieten konnten. Im Dienstleistungsprogramm wurde der Betriebs- und Standortberatung verstärkt Aufmerksamkeit geschenkt. Daneben wurde auch der Ausbau von Regiebetrieben forciert, deren

Umsatz im Jahre 1980 3,7 Mrd. DM betrug und damit einen Anteil von 20 % am Gesamtumsatz der EDEKA-Gruppe (18,9 Mrd. DM) erreichte.

Die REWE-Gruppe – mit ca. 6 400 Mitgliedsunternehmen (1970: ca. 9 800) die zweitgrößte Handelsgruppe in der Bundesrepublik – erzielte 1980 im traditionellen Sortimentseinzelhandel (d. h. im selbständigen REWE-Einzelhandel) einen Umsatz von 7,9 Mrd. DM (= 52 % des Gesamtumsatzes der Gruppe) und im Bereich ihrer Filialunternehmen (wie RHG Leibbrand), 7,3 Mrd. DM (48 %). Um im Kooperationsbereich voll leistungsfähige Betriebseinheiten auf der Großhandelsstufe zu schaffen und hierdurch den REWE-Einzelhändlern ein noch verbessertes Waren- und Dienstleistungsangebot offerieren zu können, ist eine weitere Reduzierung der Zahl der Unternehmen auf der Großhandelsstufe von z. Zt. 29 auf 15 geplant.

Die meisten Großhandelsunternehmen der vier wichtigsten Verbundgruppen (SPAR-, A & O/SELEX-, HKG- und Tania-Gruppe), die überwiegend nach dem Prinzip der Freiwilligen Handelsketten organisiert sind, haben zusammen mit ihren Anschlußfirmen auf der Einzelhandelsstufe sog. regionale Leistungsgemeinschaften in Form eingetragener Vereine gegründet, deren Vorsitz in der Regel die Geschäftsführung der jeweiligen Kettengroßhandlung innehat. Diese Leistungsgemeinschaften haben vorwiegend die Funktion, den Informationsaustausch zwischen den belieferten Mitgliedsunternehmen und der Großhandlung bzw. dem Verbund zu fördern. Die Aktivitäten, die von diesen Leistungsgemeinschaften ausgehen und wahrgenommen werden, sind von Großhandlung zu Großhandlung und von Kette zu Kette recht verschieden. Vielfach besteht auch zwischen Kettengroßhandlung und Einzelhandelsunternehmen der Gruppe nur noch eine reine Lieferbeziehung, zumal dann, wenn es sich um relativ kleine Betriebe handelt. Dabei muß berücksichtigt werden, daß viele Kettengroßhandlungen umfangreiche eigene Aktivitäten auf der Einzelhandelsstufe ausüben und vielfach nur noch eine kleine Anzahl selbständiger Einzelhändler beliefern. In einzelnen Fällen üben ehemalige Kettengroßhandlungen schon die Funktion der Zentrale eines eigenen Einzelhandelsfilialsystems aus, nachdem der Zustellgroßhandel aufgrund der geringen Zahl von Mitgliedsunternehmen aus wirtschaftlichen Gründen nicht mehr aufrecht erhalten wurde.

Hinsichtlich ihrer Organisationsstrukturen weisen die vier aufgeführten Gruppen von Freiwilligen Ketten erhebliche Unterschiede auf. Innerhalb der SPAR-Gruppe haben sich einige regionale SPAR-Großhändler zu sog. SPAR-Großhandelszentren zusammengeschlossen, die einen großen Teil der Warenbeschaffung sowie Dienstleistungen für ihre Mitglieder übernehmen. Die SPAR-Zentrale selbst hat kein umfangreiches aktives Warengeschäft, sondern konzentriert ihre Aktivitäten auf Maßnahmen, die der Koordination der Gruppe und ihrer Vertretung nach außen hin dienen. Die A & O/SELEX-Gruppe dagegen, der sowohl traditionelle Zustell-Großhandelsunternehmen als auch Großfilialunternehmen und Gruppen von Verbrauchermärkten bzw. SB-Warenhäusern angehören, wickelt über ihre Bundeszentrale einen großen Teil der Beschaffungsvolumina ihrer Mitgliedsunternehmen ab. Ebenso wie die SPAR-Gruppe hat die A & O/SELEX-Gruppe die belieferten Einzelhandelsunternehmen in sog. Leistungsgemeinschaften zusammengefaßt, um den Informationsaustausch zwischen Mitglied und Zentrale zu fördern.

Die Verbundstrukturen der HKG- und Tania-Gruppe werden wesentlich geprägt durch die Vielzahl ihrer Gesellschafter, die teilweise auch anderen Verbundgruppen des Freiwilligen Kettengroßhandels und Einkaufskontoren angeschlossen sind. Eine große Anzahl dieser Handelsunternehmen betreibt überwiegend Einzelhandelsaktivitäten oder große C & C-Abholmärkte für Gaststätten und gewerbliche Großverbraucher. Bei nur wenigen Handelsunternehmen dieser beiden Verbundgruppen übertrifft der Umsatz aus dem Zustellgroßhandel den Umsatz aus ihren Einzelhandelsaktivitäten.

In den erheblichen Marktanteilsveränderungen des Lebensmittelhandels der letzten beiden Jahrzehnte sind vor allem die Expansion der Filialsysteme als Unternehmenskonzepte und der starke Marktanteilsgewinn der Verbrauchermärkte und SB-Warenhäuser als Angebotstypenkonzept besonders augenfällig. Der traditionelle Lebensmittelsortimentshandel und hierbei auch der Bereich der kooperierten Einzelhandelsunternehmen hingegen mußten Terrainverluste hinnehmen. Der verstärkte Aufbau umfassender Verbundkonzepte und die erhöhte Leistungsintegration der Mitgliedsfirmen in die Verbundkonzepte hat aber zunehmend zu einer Konsolidierung in der Marktsituation des mittelständischen Einzelhandels beigetragen.

1.2. Umfang und Entwicklung des Warenbezugs über die Kooperationsgruppen

Der Nahrungsmittelhandel stellt den Bereich dar, in dem die Kooperationsintensität insgesamt mit am höchsten ausgeprägt ist, wenn auch nach Gruppen und regionalen Zentralen noch deutliche Unterschiede gegeben sind. Den Ifo-Erhebungen nach liegt die Gesamtbezugsquote im Kooperationsbereich bei etwa 75 % der wertmäßigen Warenbezüge. Hierbei wird überwiegend direkt beim Einkaufsverband bzw. der Großhandelszentrale geordert, daneben ist aber auch der Anteil der wertmäßigen Bestellungen über Strecken-/Vertragslieferanten beachtlich hoch.

Innerhalb des Sortiments sind die diesbezüglichen Relationen aber deutlich unterschiedlich. Eine besonders hohe Bezugskonzentration liegt im Trockensortiment vor, der Anteil der Bezüge von Fremdlieferanten ist hier mit 15 % bereits recht gering. Demgegenüber ist bei Brot- und Backwaren der Anteil der wertmäßigen Bezüge von Fremdlieferanten noch beachtlich hoch. Auch bei Wurst- und Fleischwaren sowie Obst und Gemüse spielt der Anteil der „Fremdbezüge" nach wie vor eine große Rolle. Sehr unterschiedlich nach Sortimentsgruppen ist das Verhältnis zwischen den Direktdispositionen bei den Handelsgruppen und den Streckenbezügen. Während beim Trockensortiment der Direktbezug mit nahezu 70 % aller Einkäufe dominiert, kommt bei Brot und Backwaren sowie bei Tiefkühlkost Bezügen über Vertragslieferanten ein hohes Gewicht zu.

Nach Organisationsformen zeigen sich in der Warenbezugsstruktur insgesamt keine gravierenden Unterschiede; in den einzelnen Sortimentsbereichen ergeben sich freilich zum Teil deutliche Abweichungen. So ist das Ausmaß der Direktbezüge der Anschlußfirmen von Einkaufsgenossenschaften und Handelsgruppen beim Trockensortiment und Non-Food-Sortiment deutlich höher als bei den Freiwilligen Ketten und Gruppen. Bei Tiefkühlkost ist die Situation umgekehrt. Bei insgesamt etwa gleicher Bezugskonzentration über die Gruppen weisen hier die Freiwilligen Ketten eine höhere Direktbezugsquote auf.

Die Einkaufskonzentration hat im Kooperationsbereich in den letzten Jahren eindeutig zugenommen. Diese Feststellung gilt für beide Typen von Kooperationsformen des Nahrungsmittelhandels, d. h. die Einkaufsgenossenschaften ebenso wie für die Freiwilligen Ketten und Gruppen. Die Verstärkungstendenz zeigt sich insbesondere bezüglich des Direktbezugs. Sie war bei den Freiwilligen Ketten und Gruppen offensichtlich etwas stärker als bei den Einkaufsgenossenschaften und Handelsgruppen.

1.3. Umfang und Intensität der Inanspruchnahme der Leistungsangebote der Kooperationen

Im Bereich des Warengeschäfts nehmen fast alle Anschlußfirmen die von den Gruppen gebotenen Leistungen regelmäßig in Anspruch. Zwischen den Genossenschaften und den Freiwilligen Ketten zeigen sich hierbei kaum Unterschiede. Etwas anders ist die Situation bei den nicht zu den Basisfunktionen gehörenden Teilen des Warengeschäfts. So ist die Identifikation mit der Eigenmarke und deren Nutzung im Bereich der Einkaufsgenossenschaften insgesamt deutlich höher als bei den Freiwilligen Ketten und Gruppen. Die angebotenen Zusatzsortimente werden demgegenüber bei den Freiwilligen Ketten intensiver genutzt. Das gleiche gilt für die Importprogramme der Gruppen.

Nach Größe der Mitgliedsfirmen zeigen sich im allgemeinen keine wesentlichen Abweichungen im Nutzungsgrad. Erkennbar sind sie deutlich nur bezüglich der Zusatzsortimente und Importprogramme, die von den größeren Firmen mehr genutzt werden als von den kleineren.

Das Niveau der Inanspruchnahme der Serviceleistungen ist insgesamt noch vergleichsweise schwach ausgeprägt. Das gilt für den genossenschaftlichen Kooperationsbereich ebenso wie für die Freiwilligen Ketten und Gruppen. Bei den verschiedenen Serviceleistungen zeigen sich zwischen den beiden Gruppen zum Teil deutliche Unterschiede. So beteiligen sich die Anschlußfirmen im genossenschaftlichen Kooperationsbereich wesentlich häufiger am Betriebsvergleich, als dies bei den Freiwilligen Ketten der Fall ist. Dagegen werden die Betriebsberatungsleistungen bei den Freiwilligen Ketten stärker in Anspruch genommen. Am meisten werden aus dem Serviceangebot „Kalkulationshilfen" genutzt; der Nutzungsgrad differiert zwischen den beiden Kooperationsbereichen nur unwesentlich. Mit zunehmender Firmengröße nimmt aber in beiden Kooperationsbereichen die Nutzung von Serviceleistungen tendenziell zu. Kalkulationshilfen werden allerdings von den kleineren Firmen eher noch stärker genutzt als von den größeren.

Die Inanspruchnahme von Marketingleistungen der Kooperationen weist generell ein weit höheres Niveau aus als die der Serviceleistungen. Auch bei den Marketingleistungen zeigen sich zwischen den beiden Kooperationsbereichen „Genossenschaften und Freiwillige Ketten" im Durchschnitt keine gravierenden Unterschiede. Bei den einzelnen Leistungsarten sind nichts destoweniger solche Unterschiede festzustellen. Das gilt für die Inanspruchnahme der Warenbörsen, die Nutzung der Aus- und Fortbildungsprogramme sowie die Nutzung der Sortimentsberatung und der saisonspezifischen Wareninformationen der Gruppen. Hierbei weisen durchweg die Einkaufsgenossenschaften ein höheres Niveau der Nutzung auf als die Freiwilligen Ketten und Gruppen. Daß bei den kleineren Mitgliedsfirmen der Kooperationen zum Teil noch ein Defizit an Bewußtseinsbildung über Notwendigkeit und Bedeutung der Inanspruchnahme von Marketingleistungen besteht, zeigt sich darin, daß gerade die größeren Firmen in viel stärkerem Umfang das Angebot der Gruppen nutzen.

Die Planabsichten der kooperierten Einzelhandelsfirmen deuten in allen Kooperationsbereichen, in erster Linie aber bei den Warenfunktionen und bei den Marketingfunktionen, auf eine weitere Intensivierung der Zusammenarbeit hin. Bemerkenswert ist hierbei der eindeutige Analysebefund, daß die Verstärkungstendenz über die gesamte Funktionen- und Leistungspalette hinweg bei den Freiwilligen Ketten und Gruppen stärker ausgeprägt ist als bei den Einkaufsgenossenschaften. Hierin kommt zum Ausdruck, daß Entwicklungsbedarf und -potential im Bereich der Freiwilligen Ketten und Gruppen insgesamt noch höher ist als bei den Einkaufsgenossenschaften, die aufgrund ihrer Organisationsstruktur diesbezüglich schon einen höheren Grad der Zusammenarbeit erreicht haben. In den nächsten Jahren werden sich bei Realisierung der geäusserten Planabsichten somit die Kooperationsprofile noch stärker annähern. Das Gefälle bezüglich der Wettbewerbsfähigkeit innerhalb der Gruppen wird sich möglicherweise in den nächsten Jahren noch vergrößern, da mittlere und grosse Mitgliedsfirmen, die im allgemeinen bereits einen hohen Identifikationsgrad mit der Gruppe aufweisen, ihre Kooperationsintensität noch stärker erhöhen wollen als die kleineren Firmen.

1.4. Identifikation mit der Kooperationsgruppe und Akzeptanz von Leistungsangebot und Strategien

Die Beurteilung der Leistung der Kooperationsgruppen durch die Mitgliedsfirmen ist überwiegend positiv, wenn auch bezüglich bestimmter Leistungsarten teilweise kritische Stimmen vorliegen. Im Bereich der Freiwilligen Ketten finden sich solche kritischen Stimmen etwas häufiger als bei den Genossenschaften und Gruppen. So empfindet ein nicht unerheblicher Teil der Anschlußfirmen von Freiwilligen Ketten die betriebswirtschaftliche Beratung durch die Grupen als mangelhaft oder nur als ausreichend. Das gleiche gilt für Markt- und Brancheninformationen.

Den sog. „Regiebetrieben" steht man im Mitgliederkreis der Freiwilligen Ketten wesentlich kritischer gegenüber als bei den Einkaufsgenossenschaften. Fast die Hälfte der befragten Firmen bei den Freiwilligen Ketten hält den Aufbau solcher Betriebe als bedenklich für die Ziele der Gruppe. Ein weiterer beachtlicher Teil der Firmen ist in dieser Beziehung zumindest skeptisch. Nur ein Viertel der Anschlußfirmen von Freiwilligen Ketten hat keine Bedenken gegen diese Entwicklung. Ein Mittel zur Stärkung der Gesamtgruppe wird im Aufbau von Regiebetrieben nur von gut zwei Fünfteln der Mitglieder von Freiwilligen Ketten gesehen. Demgegenüber stehen die Mitgliedsfirmen der Einkaufsgenossenschaften dieser Entwicklung zur Standortsicherung insgesamt wesentlich positiver gegenüber und sehen darin großenteils ein Instrument zur Festigung der Wettbewerbssituation der Gruppe.

Eigen- und Handelsmarken der Gruppen werden überwiegend als wesentliches Wettbewerbsinstrument angesehen. Bei den Einkaufsgenossenschaften und Handelsgruppen ist diese Einstellung noch wesentlich stärker verbreitet als bei den Freiwilligen Ketten. Rund vier Fünftel der Mitgliedsfirmen der Einkaufsgenossenschaften fühlen sich durch dieses Instrument in ihrer eigenen Sortiments- und Verkaufspolitik gestärkt und unterstützt. Im Bereich der Freiwilligen Ketten wird dies von etwa zwei Dritteln der Firmen so gesehen.

Im gesamten Kooperationsbereich des Nahrungsmittelhandels wird der Zugehörigkeit zu einer Kooperationsgruppe von den Mitgliedsfirmen entscheidende Bedeutung für die Existenzsicherung beigemessen. Nur ein sehr kleiner Teil der Firmen sieht die Gruppenzugehörigkeit als nur von untergeordneter Bedeutung hierfür an. Bei den Mitgliedsfirmen der Freiwilligen Ketten wird diese Einschätzung etwas häufiger vertreten als im Bereich der Genossenschaften.

1.5. Wettbewerbsposition und -perspektiven der kooperierten Unternehmen

Trotz der Einbindung in Kooperationsgruppen und der Verstärkung der Zusammenarbeit in den Gruppen hat sich der Wettbewerbsdruck auf die einzelnen

Firmen im Zuge der allgemeinen Wettbewerbsentwicklung im Lebensmittelhandel verstärkt. Die Wettbewerbssituation wird zwar überwiegend als befriedigend, teilweise sogar als gut bezeichnet, doch ist nicht zu übersehen, daß im Durchschnitt annähernd 15 % der Firmen von einer schlechten oder gar sehr schlechten Wettbewerbslage sprechen. Der Anteil dieser Firmen ist in den beiden Kooperationsbereichen ähnlich hoch. Es kann nicht überraschen, daß die Erhebungsergebnisse insbesondere bei den Firmen der unteren Größenklassen relativ häufig eine ungünstige Wettbewerbslage anzeigen.

Die Mitgliedsfirmen der Kooperationen befinden sich in einer vielschichtigen Wettbewerbskonfrontation mit Angebotstypen anderer Betriebsformen. Nach den Erhebungsergebnissen werden in besonders starkem Maße Verbrauchermärkte und SB-Warenhäuser, daneben Filialunternehmen, C & C-Betriebe und Fachdiscounter als stärkste Konkurrenten gesehen.

Der kooperierte Einzelhandel versucht mit einem differenzierten und von den Gruppen mitgesteuerten Leistungsbündel der Konkurrenz zu begegnen. Die Ergebnisse deuten darauf hin, daß man sowohl in vollem Umfange Preiswettbewerb als auch Qualitäts- und Servicewettbewerb betreibt und daß mit Sonderangebotsaktionen versucht wird, Nachfrage- und Akquisitionsimpulse für bestimmte Produkte zu erzeugen.

Die längerfristigen Wettbewerbsperspektiven werden ähnlich wie die derzeitige Wettbewerbsposition vom Gros der Unternehmen als befriedigend sowie als gut bewertet. Trotz der in beachtlichem Umfange in den letzten Jahren erfolgten Unternehmensauslese ist aber der Gefährdungsbereich der Unternehmensexistenz nach wie vor hoch. Das kommt darin zum Ausdruck, daß über ein Fünftel der Mitgliedsfirmen von Freiwilligen Ketten und Einkaufsgenossenschaften die längerfristigen Geschäfts- und Existenzaussichten als schlecht und teilweise sogar als sehr schlecht beurteilt. Der Wettbewerbsgefährdungsbereich betrifft vor allem Firmen der unteren Größenklassen. Die Mitgliedsfirmen oberhalb der Umsatzgrößengrenze von 5 Mill. DM Jahresumsatz geben demgegenüber kaum negative Zukunftseinschätzungen ab.

2. Textilien und Bekleidung

2.1. Die wichtigsten Kooperationsgruppen und ihre Marktbedeutung

Der Fach-Einzelhandel für Textilien und Bekleidung hat sich schon recht früh in Kooperationsgruppen zusammengeschlossen, um über einen intensiven Informationsaustausch über den Abverkauf einzelner Waren während der abgelaufenen Saison eine gemeinsame Beschaffung zu organisieren.* Neben

* Schon im Jahre 1886 schlossen sich 19 süd- und mitteldeutsche Textilkaufleute zum „Weimarer Verband" zwecks gemeinsamer Beschaffung zusammen.

den großen Einkaufsgenossenschaften des mittelständischen Fach-Einzelhandels, die fast durchweg im Wege zahlreicher Fusionen in den letzten zwanzig Jahren sich zur heutigen Form und Größe herausbildeten, wurden auch mehrere Kooperationsgruppen gegründet, die sich entweder auf enge Fachbereiche (wie Heimtextilien, Kinderbekleidung) konzentriert oder auf die Belieferung ausgewählter Betriebstypen des Fach-Einzelhandels spezialisiert haben. Ein Beispiel dafür bildet etwa die Zentraleinkaufs-Agentur für Bekleidung GmbH. Diese Verbundgruppe besitzt vornehmlich mittelgroße bis große Mitgliedsunternehmen, die zu einem großen Teil mehrere Filialgeschäfte und/oder grössere Bekleidungshäuser in City-Lagen führen. Die Gruppen- und Systembildung des Einzelhandels wurde darüber hinaus auch von seiten des traditionellen Fach-Großhandels aus belebt, der quasi als Antwortstrategie versuchte, Einzelhandelsfirmen stärker in die Kooperationsgruppen des Fach-Großhandels einzubinden und vertikale Verbundkonzepte aufzubauen.

In den vergangenen Jahren war zu beobachten, daß nach einer intensiven Werbe- und Aufnahmepolitik fast aller Einkaufsverbände ein Konsolidierungsprozeß in dem Sinne einsetzte, daß die Kooperationszentralen und auch die Mitgliedsunternehmen ihre Zusammenarbeit stärker daraufhin überprüften, inwieweit in bezug auf die Warensortimente sowie die Service- und Marketing-Leistungen eine gewisse „Kongruenz“ zwischen Angebotsprofil der Gruppen auf der einen Seite und Anforderungs- sowie Entsprechungsprofil der Einzelhandelsunternehmen auf der anderen Seite gegeben ist bzw. auf mittlere Sicht erreicht werden kann. Aufgrund dieses gegenseitigen Prüfprozesses haben eine Reihe kooperierter Fachgeschäfte z. B. mit einem vertieften Schwerpunktsortiment ihren langjährigen Einkaufsverband verlassen und sich teilweise wieder einem anderen Verband angeschlossen, dessen Leistungsprofil „unternehmensadäquater“ erschien. Dieser „Konsolidierungsprozeß“ dürfte in der Textil- und Bekleidungsbranche wohl auch heute noch nicht abgeschlossen sein, obwohl die großen Einkaufsverbände durch ein recht intensives Mitgliedermarketing und einen verstärkten Ausbau von bisher oftmals vernachlässigten Sortimentsbereichen wie z. B. Heimtextilien und Sportartikel verstärkt auch auf derartige Schwerpunktanforderungen von Mitgliedsfirmen eingehen. Durch die Weiterentwicklung von Marketingkonzepten wie z. B. den Auf- und Ausbau differenzierter Betriebstypen-Profile, versuchen einige Einkaufsverbände, unternehmerische Initiativen ihrer Mitgliedsfirmen zu beleben und sie auf veränderte Standortbedingungen einzustellen. Dank der verstärkten Integrations- und Marketingbemühungen der Verbundgruppen konnte der kooperierte Fachhandel des Textil- und Bekleidungsbereichs seine Marktposition im letzten Jahrzehnt noch ausbauen. Sein Marktanteil beläuft sich derzeit auf nahezu 28 %. Der nichtorganisierte Fachhandel dagegen hatte weiter deutliche Einbußen hinzunehmen. Dabei ist zu berücksichtigen, daß das Gros dieser Unternehmensgruppe aus Klein- und Kleinstbetrieben besteht, die kaum die Voraussetzungen für ein kooperatives Marketing besitzen.

Die gesamte Marktanteilsentwicklung im Einzelhandel mit Textilien und Bekleidung wurde im Zeitraum von 1970 bis 1980 in erster Linie geprägt durch ein starkes Vordringen der Großfilialunternehmen. Maßgebend für deren Marktanteilsgewinn von 10 % auf 15 % war die verstärkte Modernisierung des Ladennetzes sowie dessen Ausdehnung auf attraktive Mittelzentren sowie die Vorortlagen von Oberzentren. Auch der Versandhandel hat durch eine verstärkte Ansprache von bisher nicht erreichten Zielgruppen (wie Sonderkataloge für junge Konsumenten), aber auch durch ein verbessertes Produktmarketing seinen Anteil etwas erhöhen können. Die Verbrauchermärkte und SB-Warenhäuser konnten ihre Position bei problemlosen, nichtmodischen und niedrigpreisigen Klein- und Einzelteilen festigen. Im sog. branchenfremden Einzelhandel schlug sich die vermehrte Aufnahme von Sportbekleidung durch Sportfachgeschäfte sowie von Heimtextilien durch Möbelfachgeschäfte in einer weiteren leichten Marktanteilserhöhung nieder. Die Warenhausunternehmen hingegen mußten in den siebziger Jahren, bedingt auch durch ihre bewußte Sortimentsumkonzeptionierung (Reduzierung des Anteils von Textilien und Bekleidung), Marktanteilseinbußen hinnehmen.

2.2. Umfang und Entwicklung des Warenbezugs über die Kooperationsgruppen

Dem Charakter des Warenbereichs entsprechend ist bei den Kooperationen des Textilbereichs der Direktbezug beim Einkaufsverband mit 28 % im Durchschnitt der erfaßten Verbände und Firmen relativ niedrig. Höher liegen mit durchschnittlich jeweils 36 % Anteil die direkten wertmäßigen Orders bei Vertragslieferanten der Gruppen und bei Fremdlieferanten. Diese Bezugsstruktur wird in starkem Maße bestimmt vom modischen Aktualitätscharakter des Sortiments und von der Individualnote der einzelnen Geschäfte. Direkt geordert wird im allgemeinen nur Standardware, hochmodische Ware geht dagegen überwiegend über Vertragslieferanten der Gruppen sowie Fremdlieferanten.

Die Bezugskonzentration auf die Gruppen hat in den vergangenen Jahren beachtlich zugenommen. Das gilt sowohl für den Direktverkauf bei den Gruppenzentralen als auch für die Dispositionen über Vertragslieferanten. Demgegenüber ist der Fremdbezug anteilsmäßig zurückgegangen. Maßgebend hierfür war offensichtlich eine erhebliche Attraktivitätssteigerung des gesamten Leistungsbündels der Gruppen und hierbei insbesondere auch des in- und ausländischen Warenangebots durch die Gruppenzentralen sowie ein zunehmend als günstiger bewertetes Bezugspreisniveau. Bei der Betrachtung der einzelnen Verbundgruppen zeigen sich aber deutliche Unterschiede im Entwicklungsverlauf. Der Anteil der Anschlußfirmen, die von einer erheblichen Intensivierung der Zusammenarbeit mit ihren Kooperationen sprechen, schwankt von gut 60 % bis zu 90 %. Der Anteil der Firmen, die eine Verringerung der Warenbezüge über die Gruppe vorgenommen haben, ist im allgemeinen sehr gering.

2.3. *Umfang und Intensität der Inanspruchnahme des Leistungsangebots der Kooperationen*

Das Intensitätsniveau der Inanspruchnahme der von den Kooperationen angebotenen Leistungen im Waren-, Service- und Marketingbereich ist gemessen an den Verhältnissen im Non-Food-Bereich insgesamt etwas unterdurchschnittlich. Im Warenbereich werden die mit der unmittelbaren Warendisposition und Zahlungsabwicklung zusammenhängenden Funktionen und Leistungen am intensivsten genutzt. Weit weniger stark ist die Inanspruchnahme von Leistungen wie Sortimentsberatung und Zusammenstellung von Ergänzungssortimenten. Bei den Serviceleistungen dominieren Betriebsvergleich sowie kurzfristige Erfolgsrechnung, in der Nutzung aller anderen Leistungsangebote dieses Segments sind die Firmen offensichtlich noch recht zurückhaltend. Nur ein kleiner Teil nimmt Leistungen wie Vermittlung von Rechts- und Steuerberatung, Betriebsberatung, Gründungsdarlehen, zentrale Buchhaltung sowie Anmietung von Ladenflächen regelmäßig oder häufig in Anspruch.

Im Bereich der Marketingleistungen ist die Nutzungsintensität auch in dieser Branche erheblich höher als im Servicebereich. Besonders reflektieren die Firmen offensichtlich auf Leistungen wie Vermittlung spezieller Waren- und Brancheninformationen, Warenbörsen und Modeschauen sowie Musterungskataloge. Nach einzelnen Kooperationsgruppen zeigen sich zum Teil deutliche Unterschiede. Dies ist einmal darauf zurückzuführen, daß unterschiedliche Schwerpunktsetzungen im Leistungsangebot der einzelnen Verbundgruppen vorliegen, zum anderen aber auch auf ein unterschiedlich entwickeltes Problembewußtsein der Firmen und entsprechend abgestufte Akzeptanzgrade. Teilweise sind diese Unterschiede in den Gruppen auch historisch bedingt.

Nach Größe der Mitgliedsfirmen liegen zum Teil bemerkenswerte Unterschiede im Grad der Inanspruchnahme der Gruppenleistungen vor. So sind im Bereich der Warenfunktionen die kleinen Anschlußfirmen wesentlich stärker als die größeren auf den Lager- bzw. Direkteinkauf bei den Gruppen angewiesen und nutzen das hier verfügbare Angebot. Hingegen wird das Angebot von Handels- und Eigenmarken sowie das Importprogramm mit zunehmender Unternehmensgröße wesentlich intensiver genutzt.

Bezüglich der Angebots- und Serviceleistungen, aber auch bei den Marketingleistungen zeigt sich eine erhebliche Größenabhängigkeit der Nutzung. Mit steigender Firmengröße nimmt die Inanspruchnahme durchweg zu, doch werden insbesondere Serviceleistungen auch von den großen Firmen zu einem erheblichen Teil nicht genutzt. Hier kommt ein erhebliches Entwicklungspotential gerade bei den kleinen Anschlußfirmen zum Ausdruck.

Aus den Planabsichten der Firmen wird erkennbar, daß in allen Leistungsbereichen, vor allem aber bei den Warenfunktionen und Marketingfunktionen eine erhebliche Verstärkung der Zusammenarbeit im Rahmen der Kooperationen vorgesehen ist. Bei den Warenfunktionen fällt hierbei insbesondere die erhebliche Verstärkungstendenz bezüglich der Nutzung der von den Gruppen entwickelten Handelsmarken und Eigenprogramme auf. Bei den Serviceleistungen wird der Betriebsberatung und dem Betriebsvergleich künftig noch ein höherer Stellenwert eingeräumt werden. Bei den Marketingleistungen richtet sich das Interesse der Firmen vor allem auf Akquisitionsinstrumente wie Verkaufshilfen, Sonderaktionen und Werbemittel, aber auch auf Unterstützung bei der Aus- und Fortbildung und Schulung sowie auf die Nutzung des von den Gruppen angebotenen Informationspakets.

2.4. Identifikation mit der Kooperationsgruppe und Akzeptanz von Leistungsangebot und Strategien

Die Bewertung des von den Gruppen gebotenen Leistungsbündels durch die Anschlußfirmen bewegt sich zwischen befriedigend und gut. Die Beurteilung der einzelnen Leistungen weicht hierbei zum Teil recht erheblich von diesem Durchschnittswert ab. Recht positiv eingeschätzt werden etwa die Zusammensetzung des Kreises der Vertragslieferanten, das Angebot an Markt- und Brancheninformationen sowie die Verkaufsförderungsaktivitäten und das Bezugspreisniveau im Delkrederegeschäft. Bemängelt wird von einem nicht unerheblichen Teil der Firmen das Rückvergütungssystem im Lagergeschäft.

Strategiemaßnahmen der Kooperationsgruppen in Form des Aufbaus eigener Einzelhandelsgeschäfte stehen die Anschlußfirmen aller erfaßten Kooperationen fast durchweg ablehnend gegenüber. Sie sehen darin in beachtlichem Maße eine direkte Konkurrenz zur eigenen Geschäftstätigkeit. Eine Stärkung der Leistungsfähigkeit der Gruppen durch den Aufbau solcher Regiebetriebe wird überwiegend nicht gesehen. Man befürchtet eher Umsatzeinbußen und eine Zersplitterung der Aktivitäten in der Gruppe. Nahezu neun Zehntel der Firmen sehen hierin eine bedenkliche Entwicklung für die eigentlichen Ziele ihrer Kooperationssysteme.

In den Handels- und Eigenmarken als Identifikationszeichen und Imageemblem für die der jeweiligen Gruppe zugehörigen Unternehmen sehen die Anschlußfirmen ganz überwiegend ein positives Wettbewerbsinstrument, das voll akzeptiert und anerkannt wird. Nur ein sehr kleiner Teil der Firmen verneint diese Wettbewerbsrelevanz. Die Handelsmarke als Ware wird im Rahmen der Sortimentspolitik der Anschlußhäuser von Kooperationsgruppen nahezu völlig bejaht und als attraktivitätssteigernder Parameter bezeichnet. Eine Begrenzung der eigenen Sortiments- und Verkaufspolitik sieht man darin nicht. Mit zunehmender Firmengröße nimmt die Akzeptanz der Gruppenmarke noch zu.

Die Zugehörigkeit zu einer Kooperation wird von rd. vier Fünfteln der Firmen als entscheidend für die Wettbewerbsfähigkeit und Existenzsicherung angesehen. Die übrigen Firmen messen dieser Zugehörigkeit zwar keine entscheidende, immerhin aber eine wesentliche Bedeutung zu. Nur für etwa 3 % der Firmen ist die Zugehörigkeit zu einer Verbundgruppe von untergeordneter Bedeutung. Trotz der im Textilbereich großen Bedeutungseinschätzung der Kooperationszugehörigkeit wird diese nicht ganz so hoch für die Existenzfähigkeit bewertet wie im Durchschnitt der übrigen Einzelhandelsbranchen. Das resultiert u. a. aus dem starken Individualisierungs- und Spezialisierungsstreben der Firmen gerade in diesem Bereich. Die Weiterentwicklung der Kooperationen muß also besonders auf diese Entwicklungen und Markterfordernisse Rücksicht nehmen. Eine stärkere Zusammenarbeit im Rahmen der Kooperationen erfordert gleichzeitig eine Homogenisierung von Gruppen innerhalb der Verbundsysteme im Wege der Subsystembildung. Dies bedeutet praktisch die Ausrichtung auf verschiedene Bedarfssegmente und damit auch die Ausrichtung der Leistungsangebote der Gruppen auf die spezifischen Erfordernisse der einzelnen Zielgruppen.

2.5. Wettbewerbsposition und -perspektiven der kooperierten Unternehmen

Die Wettbewerbsposition wird von den Einzelhandelsmitgliedsfirmen der Textil- und Bekleidungskooperationen im Schwergewicht als befriedigend bewertet, daneben aber auch großenteils als gut angesehen. Ausgesprochen positive Wertungen (sehr gute Wettbewerbslage) finden sich nur relativ selten. Aber auch der Anteil der ausgesprochen negativen Wertungen (schlechte Wettbewerbslage) ist vergleichsweise niedrig (7 %). Bemerkenswerte Unterschiede nach der Firmengröße zeigen sich nur im Bereich bis unter 250 000 DM Jahresumsatz. Die kleinen Firmen beurteilen die Wettbewerbslage doch in bemerkenswertem Maße als schlecht.

Bezüglich der Einschätzung der Wettbewerbsperspektiven zeigt sich nahezu das gleiche Bild wie in der Beurteilung der derzeitigen Geschäftslage. Das Gros der Firmen glaubt, inzwischen eine weitgehend gefestigte Wettbewerbsposition innezuhaben, die auch in den kommenden Jahren – trotz des beachtlichen Wettbewerbs – Markt- und Existenzsicherung ermöglichen wird. Etwa ein Zehntel der Anschlußfirmen beurteilt die Wettbewerbsaussichten allerdings pessimistisch. Ein nicht unwesentlicher Teil dieser Firmen dürfte sich im Bereich der Gefährdung der Unternehmensexistenz befinden. Diese Firmen konzentrieren sich sehr stark auf Unternehmensgrößenklassen bis zu 5 Mill. DM Jahresumsatz.

3. Schuhe und Schuhwaren

3.1. Die wichtigsten Kooperationsgruppen und ihre Marktbedeutung

Der Fachhandel mit Schuhen hat sich schon frühzeitig in regionalen und überregionalen Einkaufsgenossenschaften zusammengeschlossen, um seine Beschaffungsaktivitäten zu rationalisieren und gemeinsam günstige Bezugskonditionen bei den in- und ausländischen Anbietern zu erreichen. Entsprechend hatte dieser Bereich schon lange einen relativ hohen Grad der Kooperation im mittelständischen Fach-Einzelhandel aufzuweisen. In den letzten zwei Jahrzehnten hat sich der „statistische" Kooperationsgrad noch weiter erhöht, was auf die starke Firmenauslese, der insbesondere zahlreiche kleine nichtkooperierte Facheinzelhändler mit einem Jahresumsatz von unter 250 000 DM zum Opfer fielen, zurückzuführen ist. Von 1970 bis 1980 verminderte sich die Zahl der Fach-Einzelhandelsunternehmen von rd. 12 000 auf etwa 9 800. Ein Teil dieser nicht mehr marktgerechten Klein- und Kleinstunternehmen waren allerdings auch Mitgliedsfirmen in größeren Einkaufsgenossenschaften, so daß auch die Zahl der Mitgliedsunternehmen in den Verbundgruppen in den letzten Jahren deutlich zurückgegangen ist. Hatte die Garant Schuhgilde eG im Jahre 1970 ungefähr 2 200 inländische Mitgliedsunternehmen, so betrug die Zahl 1980 noch ca. 1 650. Eine ähnliche Entwicklung läßt sich bei der Nord-West-Ring Schuheinkaufsgenossenschaft eG feststellen (1970: ca. 1 800, 1980: ca. 1 400). Mit Ausnahme des GEB-Schuh-Großeinkaufs-Bundes, in dem fast ausschließlich große Filialunternehmen kooperieren, haben die Einkaufsverbände des Schuhfacheinzelhandels in der Mehrzahl kleine und mittlere Einzelhandelsunternehmen als Mitglieder.

Um sich gegenüber dem „preisbetonten Vordringen" der Großfilialunternehmen stärker zu behaupten, hat eine kleine Anzahl von leistungsfähigen kooperierten Unternehmen in Zusammenarbeit mit ihren Verbundzentralen im Zuge einer Filialisierung neue am Niedrigpreiskonzept orientierte Angebotstypen entwickelt. Mit dieser Strategie versucht man, wieder Konsumentensegmente anzusprechen und zurückzugewinnen, die in den letzten Jahren zu den Großfilialunternehmen abgewandert sind. Darüber hinaus unternehmen die Verbundgruppen verstärkt Bemühungen, die bisher recht schwach entwickelten Angebotsprofile ihrer Mitgliedsunternehmen durch ein Schwerpunktsortiment für bestimmte Kundensegmente neu zu gestalten. Da ein großer Teil der kooperierten Schuhfacheinzelhändler nach wie vor kleinbetrieblich ist und Marketingimpulsen von seiten der Gruppenzentrale teilweise recht zurückhaltend gegenübersteht, haben gerade die traditionellen Schuheinkaufsgenossenschaften mit einem großen Mitgliederstamm noch erhebliche Aufklärungs- und Überzeugungsarbeit zur Durchsetzung moderner Marketingstrategien für die gesamte Verbundgruppe zu leisten.

Die Entwicklung der Marktanteile muß vor dem Hintergrund der skizzierten Unternehmens- und Wettbewerbsstrukturen gesehen werden. Der Marktanteil des traditionellen Fach-Einzelhandels mit Schuhen verminderte sich in den vergangenen zehn Jahren von 60 % auf rd. 46 %. Entsprechend ging auch innerhalb des Fachhandels der Anteil der kooperierten Einzelhändler während dieses Zeitraumes von 52 % auf 40 % zurück. Der nichtorganisierte Fachhandel mit seinem teilweise sehr engen, teilweise sehr exklusiven Sortiment spielt mit einem Anteil von nur 6 % keine bedeutende Rolle mehr. Unternehmen dieses Bereichs finden auch aufgrund ihrer geringen Umsatzgröße kaum eine Aufnahme bei den Einkaufsgruppen, die im allgemeinen einen Mindestumsatz von ungefähr 500 000 DM als Basis ansehen.

Erhebliche Marktanteile haben in den letzten Jahren die Großfilialunternehmen gewonnen, wofür eine forcierte Flächenexpansion und Standortakquisition sowie eine stark preisorientierte Absatzpolitik die Voraussetzung boten. Auch die Verbrauchermärkte/SB-Warenhäuser konnten mit ihrem hauptsächlich niedrigpreisigen Sortiment ihr Marktterrain etwas vergrößern. Die traditionellen Warenhausunternehmen hingegen mußten in den letzten Jahren – wie in den meisten Sortimentsbereichen – Anteilsverluste hinnehmen. Ähnliches gilt für den Sportartikelhandel, der die Ausweitung der Sportschuhsortimente bei den übrigen Betriebsformen und deren verstärktes Vordringen in den Sport- und Freizeitsektor zu spüren bekam.

3.2. Umfang und Entwicklung des Warenbezugs über die Kooperationsgruppen

Die Kooperationsgruppen des Schuhhandels weisen insgesamt eine recht hohe Bezugskonzentration auf. Der Anteil der Bezüge aus dem Globalprogramm sowie der Bezüge beim Großhandel des Einkaufsverbandes belaufen sich – den Ergebnissen der Ifo-Erhebungen nach – auf durchschnittlich 38 % der wertmässigen Warenbezüge, eine auch verglichen mit anderen Branchen sehr hohe Quote. Noch etwas höher ist der Anteil der über die Einkaufsverbände zentral regulierten Wareneinkäufe von Vertragslieferanten (41 %). Nur 21 % der Warenbezüge kommen von Fremdlieferanten, wobei es sich in erster Linie um Ware aus dem Ausland handelt.

Die Warenbezüge haben sich in den vergangenen Jahren zunehmend auf die Verbundgruppen konzentriert. Rund drei Viertel der Mitgliedsfirmen der Kooperationen haben ihre Direkteinkäufe bei den Einkaufsverbänden verstärkt und drei Fünftel der Firmen haben die Warenbezüge über die Vertragslieferanten der Einkaufsverbände erhöht. Entsprechend sind die Bezüge bei Fremdlieferanten per saldo zurückgegangen, auch wenn nicht zu verkennen ist, daß nahezu ein Fünftel der Firmen auch bei Fremdlieferanten eine Verstärkung der

Bezugsaktivitäten vorgenommen hat, was insbesondere durch spezielle Angebotstypen und besonderes Geschäftsgenre bedingt gewesen sein dürfte.

3.3. Umfang und Intensität der Inanspruchnahme des Leistungsangebots der Kooperationen

Die von den Kooperationen angebotenen Leistungen im Warenbereich werden in hohem Maße und etwa im gleichen Umfang wie im Durchschnitt des gesamten Nicht-Lebensmittelhandels in Anspruch genommen. Die Service- und Marketingleistungen werden gemessen an den Kooperationen der anderen Nicht-Lebensmittelbranchen überdurchschnittlich stark genutzt, wobei allerdings auch bei den Verbundgruppen des Schuhhandels das Niveau der Inanspruchnahme der Serviceleistungen nicht besonders hoch ist.

Im Warenbereich zeigt sich eine breite Nutzung der Kooperationsleistungen insbesondere bezüglich der Globalprogramme, der Vertragslieferanten, der Zentralregulierung sowie der Importprogramme. Auch das Handels- bzw. Eigenmarkenprogramm wird von einem Großteil der Anschlußfirmen regelmäßig oder doch häufig genutzt. Entwicklungsmöglichkeiten bestehen demgegenüber ebenfalls noch hinsichtlich der Nutzung der von den Gruppen angebotenen Ergänzungssortimente sowie der Sortimentsberatung durch Fachkräfte der Einkaufsverbände.

Im Bereich der Serviceleistungen der Gruppen fällt eine recht hohe Beteiligung an den Betriebsvergleichen auf, daneben haben für die Firmen die Kalkulationshilfen der Einkaufsverbände sowie die Durchführung der kurzfristigen Erfolgsrechnung weit überdurchschnittliche Bedeutung. Beratungsleistungen werden dagegen nur von einem recht kleinen Teil der Firmen in Anspruch genommen. Bei den Marketingfunktionen steht die Nutzung von Branchen- und speziellen Waren- und Modeinformationen, die Nutzung bereitgestellter Werbemittel, insbesondere aber die Nutzung von Einkaufstagen und Musterschauen der Gruppen sowie von Musterungs- und Bestellkatalogen eindeutig im Vordergrund.

Unterschiede in der Leistungsinanspruchnahme zeigen sich nach der Größe der Anschlußfirmen besonders im Servicebereich. Hier werden bestimmte Leistungen wie etwa Kalkulationshilfen sowie die Vermittlung von Rechts- und Steuerberatungen, Versicherungsdiensten von den kleinen Betrieben in überdurchschnittlichem Maße in Anspruch genommen. Bei den Marketingleistungen nutzen die großen Anschlußfirmen das Aus- und Fortbildungsprogramm der Gruppen in weit höherem Maße als die kleineren und mittleren Firmen.

In den nächsten Jahren will im Durchschnitt ein Viertel der Anschlußfirmen der Schuh-Kooperationen die Zusammenarbeit mit der Gruppe verstärken.

Das gilt besonders bezüglich der Warenfunktionen und der Marketingfunktionen. Auch Serviceleistungen werden tendenziell stärker als bisher in Anspruch genommen werden, wenngleich hier nicht die Verstärkungstendenz vorliegt wie in den beiden anderen Bereichen. Im Warenbereich bezieht sich die geplante Intensivierung der Zusammenarbeit im Kooperationsverbund in erster Linie auf das Globalprogramm, die Großhandelsware des Einkaufsverbandes sowie die Sortimentsberatung. Im Servicebereich will man die Betriebsberatung noch stärker als bisher nutzen und die EDV-Wareninformationssysteme stärker zur betriebsbezogenen Sortiments- und Dispositionssteuerung heranziehen. Bei den Marketingleistungen ist die Bewußtseinsbildung bezüglich der Aus- und Fortbildung erheblich gestiegen. Die Hälfte der befragten Firmen will sich hieran stärker beteiligen. Ferner werden Verkaufshilfen und Sonderaktionen der Gruppen mehr als bisher genutzt werden.

3.4. Identifikation mit der Kooperationsgruppe und Akzeptanz von Leistungsangebot und Strategien

Die von den Einkaufskooperationen des Schuheinzelhandels angebotenen Leistungen werden von den Anschlußfirmen insgesamt recht positiv bewertet, wobei das Beurteilungsniveau etwa dem im gesamten Kooperationsbereich des Nicht-Lebensmittelhandels entspricht. Betrachtet man die einzelnen Leistungen, so zeigen sich nichtsdestoweniger deutliche „Schattierungen". Die über den Kreis der Vertragslieferanten gebotenen Möglichkeiten zur sortimentspolitischen Profilierung, das Bezugspreisniveau beim Globalprogramm und Lagergeschäft, das Rückvergütungssystem sowie die Bezugspreise und -konditionen beim Delkrederegeschäft werden durchweg als gut teilweise sogar als sehr gut bewertet. Im Durchschnitt nur als befriedigend werden demgegenüber Leistungen wie Sortimentsempfehlungen der Gruppe sowie Sonderangebotsaktionen und Verkaufsförderungsmaßnahmen bezeichnet. Ein nicht unwesentlicher Teil der Firmen spricht hier sogar von nur ausreichenden, nicht selten sogar von mangelhaften Leistungen der Gruppen. Diese Beurteilungsstruktur findet sich mit nur geringen Abweichungen in allen erfaßten Kooperationsgruppen.

Soweit bei den Gruppen Pläne oder Ansätze zur Realisierung gruppeneigener Ladengeschäfte, Angebotstypen und Vertriebslinien bestehen, finden diese überwiegend eine negative Beurteilung im Kreis der Anschlußfirmen. Über vier Fünftel der befragten Firmen sehen hierin eine direkte Konkurrenz und halten diese Vertriebslinien nicht für ein geeignetes Instrument zur Stärkung der Leistungsfähigkeit und Wettbewerbskraft der Gruppen. Über neun Zehntel der Firmen sprechen von einer bedenklichen Entwicklung für die Ziele des Einkaufsverbandes. Das Beurteilungsbild deckt sich hierbei über die verschiedenen Einzelhandelsgruppen hinweg weitgehend. Angesichts dieser eindeutig ablehnenden Haltung werden die Einkaufskooperationen auch bei intensiven Bemühungen kaum Akzeptanz im Mitgliederkreis finden und daher solche Strategien, soweit sie bestehen, wohl grundlegend überdenken müssen.

Die gruppeneigenen Handelsmarken als Akquisitionsembleme wie auch als Produkte sind im Mitgliederkreis überwiegend voll akzeptiert. Nur etwa ein Zehntel der Firmen sieht darin kein wichtiges Wettbewerbsinstrument und steht der Gruppenmarke eher reserviert gegenüber. Diejenigen, die in der Handelsmarkenpolitik der Gruppen kein so wesentliches Wettbewerbsinstrument sehen, gehören überwiegend dem Bereich der größeren Firmen an.

Ganz eindeutig und einheitlich über die Gruppen hinweg wird von den Anschlußfirmen die Bedeutung der Zugehörigkeit zu einer Einkaufsgruppe für die eigene Existenzsicherung bewertet. Rund neun Zehntel der Firmen sprechen diesbezüglich von einem entscheidenden Existenzfaktor, knapp ein Zehntel der Firmen bewertet die Zugehörigkeit positiv, allerdings nicht als entscheidend für die Existenzsicherung. Nur vereinzelt äußerten Firmen Meinungen dahingehend, daß die Zugehörigkeit zu einer Gruppe nur von untergeordneter Bedeutung sei. Insgesamt liegt somit ein eindeutiges und nachhaltiges Votum für die Kooperationsgruppen vor.

3.5. Wettbewerbsposition und -perspektiven der kooperierten Unternehmen

Die Beurteilung der eigenen Wettbewerbslage durch die Mitgliedsfirmen der Schuheinkaufskooperationen schwankt überwiegend zwischen gut und befriedigend. Ausgesprochen positive Wertungen (Wettbewerbslage sehr gut) und negative Beurteilungen (Wettbewerbslage schlecht) finden sich nur in recht geringem Maße. Größere Abweichungen nach einzelnen Kooperationsgruppen zeigen sich bei diesem Beurteilungsbild nicht. Mit zunehmender Firmengrösse findet die Wettbewerbslage eine tendenziell positivere Beurteilung.

Die stärksten Wettbewerber werden von den Anschlußfirmen der Kooperationen in den Mitgliedsfirmen anderer Einkaufsverbände gesehen – ein Indiz für den starken Fachhandelswettbewerb in dieser Branche – daneben jedoch auch in den Großfilialunternehmen in höherrangigen zentralen Orten. Ferner wird aber auch trotz des deutlichen Sortiments- und Niveauunterschiedes in den Verbrauchermärkten und SB-Warenhäusern eine beachtliche Konkurrenz gesehen. Deutlich nachrangig ist der Wettbewerbsstellenwert, den die Mitglieder der Kooperationen den Waren- und Kaufhäusern sowie dem Versandhandel geben.

Der Einsatz der Wettbewerbsinstrumente der Anschlußfirmen zeigt eindeutig, daß die Kooperationsgruppen vor allem auf die Qualitätskomponente im Angebot, auf Information und Beratung der Kunden sowie auf Service setzen.

Aber auch andere Instrumente wie der Preis, die Sortimentsgestaltung sowie die Werbung werden von den Firmen als recht wichtig im Rahmen ihrer Absatzpolitik bezeichnet.

Ähnlich wie die Wettbewerbslage werden die Wettbewerbsperspektiven beurteilt. Man sieht sie überwiegend als befriedigend und vielfach sogar als gut an. Rund 6 % der Firmen rechnen aber mit einer Verschlechterung der Wettbewerbsposition. Der Anteil dieser negativen Stimmen ist in den unteren Firmengrößenklassen überdurchschnittlich hoch. Alles in allem zeichnen die Firmen selbst also ein freundliches Zukunftsbild.

4. Sportartikel

4.1. Die wichtigsten Kooperationsgruppen und ihre Marktbedeutung

Der Einzelhandel mit Sport- und Campingartikeln hat in den vergangenen zwei Jahrzehnten mehr und mehr ein eigenständiges Leistungsprofil herausgebildet, das neben dem breiten und tiefen Fachsortiment durch ein umfassendes Beratungs- und Serviceangebot geprägt wurde. Zur Erfüllung einer anspruchsvollen Sortimentsfunktion haben sich die führenden Fachgeschäfte schon frühzeitig zu zunächst kleineren Einkaufsgruppen zusammengeschlossen, um ihre Beschaffungsaktivitäten auch auf andere Länder auszuweiten. Im Zuge dieser Entwicklung haben die drei größten Verbundgruppen des Fach-Einzelhandels mit Sport- und Campingartikeln, die Intersport Deutschland eG, die MSE-Münchner Sport Einkaufsgenossenschaft eG und die ZENTRASPORT Deutschland Sport-Einkaufsverband GmbH & Co. KG mit Einkaufsgruppen ihrer Branche in den übrigen europäischen Ländern verschiedene Formen der Zusammenarbeit vereinbart, was teilweise zur Gründung supra-nationaler Einkaufszentralen geführt hat. Ihre Tätigkeiten erstrecken sich dabei sowohl auf gemeinsame Beschaffungsaktivitäten als auch auf die Organisation eines Erfahrungsaustausches zwischen den Mitgliedsunternehmen der einzelnen nationalen Verbundgruppen.

Die in den letzten Jahren vorgenommenen Gründungen neuer Verbundgruppen für den Fach-Einzelhandel mit Sport- und Campingartikeln gehen vor allem auf die Initiative von Verbundzentralen außerhalb dieses engeren Fachbereichs zurück, die im Zuge der Ausweitung und Profilierung ihrer Warensortimente in einem erheblichen Umfange auch Freizeit- und Sportartikel für ihre Mitgliedsunternehmen beschaffen. So wurde die Fachsport Handels-GmbH unter maßgeblicher Mitwirkung der Nord-West-Ring Schuheinkaufsgenossenschaft eG und die Optima-Partnerschafts-Systemgesellschaft als Träger der Sportpoint-Fachkonzeption unter maßgeblicher Mitwirkung des GROHAG-Einkaufsverbandes gegründet. Wesentliches Ziel dieser Neugründungen war es u.a., den bisherigen Mitgliedsunternehmen, die ein relativ umfangreiches und anspruchsvolles Sortiment an Sport- und Campingartikeln führen, eine bessere und marktgerechtere Waren- und Dienstleistungsversorgung sowie eine zeitgemäße Fachhandelskonzeption anzubieten. Daneben sollte auch kleinen und mittleren Fachgeschäften, die bisher noch keinen Zugang zu den existierenden Verbundgruppen finden konnten, die Möglichkeit der kooperativen Integration geboten werden. Darüber hinaus haben alle sortimentseinschlägigen Verbundgruppen wie die des Textil- und Bekleidungshandels sowie des Hausratshandels ihre Sport- und Campingartikelsortimente stark ausgeweitet, um ihre Mitgliedsunternehmen besser auf diesen expansiven Markt einzustellen.

Nahezu alle Anbietergruppen von Sport- und Campingartikeln konnten in den letzten zehn Jahren Marktanteilsgewinne verbuchen. Eindeutiger Marktverlierer war der nichtorganisierte Fachhandel, der im Jahre 1980 nur noch einen Marktanteil von ca. 20 % behaupten konnte. Vorwiegend durch die Aufnahme neuer Mitgliedsunternehmern in die schon existierenden Verbundgruppen, aber auch durch Neugründungen von Gruppen hat sich der Marktanteil des kooperierten Fachhandels von 33 % im Jahre 1970 auf 46 % im Jahre 1980 erhöht. Die Warenhäuser konnten sich durch den verstärkten Ausbau ihrer Sportabteilungen sowie Sporthäuser zunehmend als Fachanbieter profilieren. Der Versandhandel gewann u. a. durch die Herausgabe von Spezialkatalogen für den Sport- und Freizeitbedarf weiter an Attraktivität. Im Bereich des sog. branchenfremden Fachhandels konnte vor allem der Textil- und Bekleidungsfachhandel mit exklusiver Sportbekleidung sowie der Schuhfacheinzelhandel mit einer verstärkten Berücksichtigung von Sport- und Freizeitschuhen in seinem Sortiment sein Marktgewicht noch etwas erhöhen. Vergleichsweise niedrig – trotz leichter Erhöhung – blieb aber der Marktanteil der Verbrauchermärkte und SB-Warenhäuser in diesem Angebotsbereich, ein Indiz dafür, daß in diesem Bedarfsbereich nur ein schmales Segment über das Diskontprinzip bearbeitbar ist.

4.2. Umfang und Entwicklung des Warenbezugs über die Kooperationsgruppen

Trotz des Bestrebens der Sportgeschäfte, sich jeweils ein individuelles und eigenständiges Sortimentsprofil zu geben, ist die Bezugskonzentration in den Kooperationen beachtlich hoch. Rund drei Zehntel des wertmäßigen Wareneinkaufs erfolgen direkt bei den Gruppenzentralen, gut zwei Fünftel der Bezüge werden über Vertragslieferanten der Gruppen disponiert. Somit werden nur noch drei Zehntel der Einkäufe bei Fremdlieferanten getätigt. Nach Firmen zeigt sich eine deutliche Streubreite bezüglich der Höhe der Bezugsquoten und der Bezugsstruktur.

In den letzten Jahren hat sich die Einkaufskonzentration im Gruppenbereich deutlich verstärkt. Das gilt für den Direktbezug bei den Zentralen in gleichem Maße wie für den Einkauf über Vertragslieferanten. Bei einem nicht unerheblichen Teil der Firmen hat trotzdem auch der Bezug über Fremdlieferanten zugenommen, was vor allem mit Sortimentserweiterungen zusammenhängen dürfte. Ein erheblicher Teil der Firmen hat allerdings die „Fremdbezüge" vermindert. Anteilsmäßig ist der Fremdbezug in jedem Falle zurückgegangen.

4.3. Umfang und Intensität der Inanspruchnahme des Leistungsangebots der Kooperationen

Im Bereich der Warenfunktionen und der Marketingfunktionen haben die Kooperationen bereits einen sehr hohen Akzeptanz- und Nutzungsgrad durch die Mitgliedsfirmen erreicht. Im Servicebereich ist dies großenteils nicht der Fall. Nahezu die Hälfte der Unternehmen nutzt das hier verfügbare Leistungsangebot nicht. In jedem Falle ein Indiz dafür, daß noch beachtliche Entwicklungsreserven in diesem Bereich vorhanden sind, auch wenn nicht übersehen werden kann, daß die hier verfügbaren Leistungen – bedingt durch schon bestehende, langjährige Beziehungen zu anderen Leistungsanbietern – nicht in dem Maße genutzt werden wie die Waren- und Marketingleistungen.

Die Basisfunktionen der Warenlogistik Lagereinkauf, Vor-Order-Einkauf, Einkauf über Vertragslieferanten und Zentralregulierung werden von fast allen Anschlußfirmen regelmäßig oder doch häufig in Anspruch genommen. Aber auch die Nutzung der anderen Leistungsangebote im Warenbereich wie der Handels- und Eigenmarkenprogramme, der Sortimentsempfehlung und -beratung, der Ergänzungssortimente und Importprogramme ist insgesamt recht hoch. Ein, wenn auch nur kleiner Teil der Firmen nutzt diese Leistungen allerdings nicht regelmäßig. Hier dürften noch Verstärkungsmöglichkeiten in der Zusammenarbeit bestehen.

Bei den Servicefunktionen zeigt sich eine relativ hohe Nutzung des Leistungsangebots nur bezüglich der Kalkulationshilfen und Preisempfehlungen, des Betriebsvergleichs sowie der kurzfristigen Erfolgsrechnung. Bei allen anderen Servicefunktionen der Kooperationen findet sich ein hoher Anteil von Firmen, die das offerierte Leistungsangebot nur selten oder gar nicht in Anspruch nehmen.

Bei den Marketingfunktionen stehen alle auf Information und Akquisition ausgerichteten Instrumente im Vordergrund des Firmeninteresses. Abgesehen von Standortberatung und objektbezogener Ladengestaltung, also Funktionen, die von den Firmen schon konstitutiv bedingt wenig in Anspruch genommen werden, zeigt sich bei der Nutzung der von den Gruppen gebotenen Aus- und Fortbildungsmöglichkeiten ein gewisses Akzeptanzdefizit.

Die Zusammenarbeit in den Kooperationen des Sportartikelbereichs wird sich nach den Firmenangaben und -plänen in den nächsten Jahren noch erheblich verstärken. Ein Großteil der Anschlußfirmen äußerte sich in dieser Richtung. Meldungen, die auf ein verringertes Engagement in den Gruppen hindeuten, sind sehr selten. Im Warenbereich ist eine verstärkte Zusammenarbeit bei fast allen Funktionen und Leistungen vorgesehen. Im Servicesektor werden die zur Betriebsführung erforderlichen Steuerungsinstrumente wie Betriebsvergleich, Betriebsberatung und kurzfristige Erfolgsrechnung mehr genutzt werden als bisher.

4.4. Identifikation mit der Kooperationsgruppe und Akzeptanz von Leistungsangebot und Strategien

Bei insgesamt positivem Grundtenor in der Bewertung des Leistungsbündels der Gruppen kann nicht verkannt werden, daß das Urteilsbild der Firmen erhebliche Differenzierungen aufweist. Überwiegend als gut oder gar als sehr gut wird das Vertragslieferantensystem bewertet. Auch das Bezugspreisniveau im Lagergeschäft und Delkrederegeschäft sowie die Sortimentsempfehlungen der Gruppen finden überwiegend eine positive Beurteilung. Dagegen ist der Anteil der Firmen, die eine kritische Leistungsbewertung vornehmen, bei anderen Instrumenten wie dem Rückvergütungssystem im Lager- und Delkrederegeschäft, Sonderangebotsaktionen und Betriebsberatung vergleichsweise hoch. Der entsprechende Firmenanteil bewegt sich immerhin bei rd. einem Viertel.

Pläne oder Ideen, gruppeneigene Geschäfte oder Vertriebslinien aufzubauen, stoßen im Kreis der kooperierten Firmen auf große Skepsis. Man würde hierin jedenfalls durchweg eine gruppeninterne Konkurrenz mit entsprechenden negativen Auswirkungen auf das Eigengeschäft sehen. Das Argument, daß es sich hier um ein Instrument zur Stärkung der Gesamtleistungsfähigkeit der Gruppen handelt, wird weitgehend nicht akzeptiert. Man sieht vielmehr die Ziele eines echten Kooperationsverbundes durch ein derartiges Aktivwerden gefährdet.

Als wichtiges Profilierungsinstrument werden dagegen Eigenmarken der Gruppen angesehen. Nur ein kleiner Teil der Firmen sieht hierin kein wesentliches Wettbewerbsinstrument. Allerdings ist die Beurteilung nach Firmengrössen recht unterschiedlich und zwar wesentlich stärker als in anderen Branchen. Mit steigender Firmengröße legt man auf die Eigenmarke als Identifikationszeichen und Akquisitionsinstrument nur geringeren Wert. Hier steht die Eigenprofilierung der einzelnen Firmen im Vordergrund. Nur ein geringer Teil der Firmen (2 %) sieht sich durch die Eigenmarken der Gruppen sortimentspolitisch eingeschränkt.

Die Zugehörigkeit zu einer Kooperationsgruppe wird von den Anschlußfirmen so gut wie durchweg als entscheidend für die Existenzfähigkeit und -sicherung angesehen. Nach Größe der Firmen zeigen sich zwar gewisse Differenzierungen, die jedoch keine wesentlichen Abweichungen von dieser Beurteilung signalisieren.

4.5. Wettbewerbsposition und -perspektiven der kooperierten Unternehmen

Fast die Hälfte der befragten Anschlußfirmen der Kooperationen beurteilt die eigene Wettbewerbsposition als befriedigend, über zwei Fünftel sehen sie sogar als gut an, 3 % beurteilen sie als sehr gut. Eine negative Bewertung (Wettbewerbslage schlecht) wird nur von 6 % der Firmen abgegeben. Insgesamt ist dies ein sehr günstiges Beurteilungsbild. Von den mittleren und größeren Firmen wird die Wettbewerbslage insgesamt noch positiver beurteilt als von den kleinen Unternehmen.

Die Wettbewerbsperspektiven werden überwiegend als befriedigend oder gut bezeichnet. Auch in dieser Beziehung sind nur wenige Firmen negativ gestimmt. Soweit dies der Fall ist, handelt es sich vor allem um Firmen des Größenbereichs unter 2 Mill. DM Jahresumsatz.

5. Möbel

5.1. Die wichtigsten Kooperationsgruppen und ihre Marktbedeutung

Mit dem zu Beginn der sechziger Jahre forcierten Vordringen der Großbetriebsformen des Handels in den Möbelbereich haben sich die Möbelfach-Einzelhändler verstärkt zu Einkaufsverbänden zusammengeschlossen, um sich so im Wettbewerb besser behaupten zu können. Der stetige Geschmackswandel der Konsumenten hinsichtlich einer zeitgemäßen „Wohnkultur", aber auch veränderte „Wertigkeiten" von Einkaufsstätten bzw. Betriebsformen für den Kauf von Möbeln haben die Marktstruktur in den letzten zwanzig Jahren erheblich verändert. Der Niveauwandel von der Massenware der Nachkriegszeit zu höherwertigen Möbeln und Einrichtungsgegenständen, dann aber die Spaltung des Marktes zum einen in Möbel für relativ hochwertige Wohnkultur und zum anderen in preiswerte Mitnahme-Möbel hatten auf die Strategien und Aktivitäten der verschiedenen Möbel-Einkaufsverbände einen nachhaltigen Einfluß. In einem permanenten Prozeß von Fusionen, Neugründungen, Abspaltungen und Auflösungen haben sich in den letzten zehn Jahren unterschiedliche Typen von Verbundgruppen des Möbeleinzelhandels herauskristallisiert.

Das Gros der Einkaufsverbände besitzt als Mitgliedsunternehmen den kleinen, mittleren als auch mittelgroßen Fachhandel, dem im allgemeinen ein umfassendes Bündel an Waren-, Service- und Marketingleistungen von der Verbundzentrale angeboten wird. Die Aktivitätsschwerpunkte dieses Typs von Einkaufsverband lagen vor allem bei der Erschließung kostengünstiger Beschaffungsquellen im In- und Ausland für die Mitgliedsunternehmen. Der Deutsche Möbel-Verbund, die Garant-, Europa-, Regent- und die VME-Gruppe, die diesem Typ des Einkaufsverbandes zugerechnet werden können, haben aber in letzter Zeit ihr Leistungsangebot zunehmend auch im Service- und Marketingbereich ausgebaut.

Wesentliches Merkmal des Möbel-Modellverbandes (wie z. B. Musterring- und WK-Möbel-Gruppe) ist der vertikale Aufbau vom Hersteller bis zum Fachhandel, wobei der Verbundzentrale die Koordinierung aller Gruppenaktivitäten obliegt. Neben diesen zwei traditionellen Typen des Möbel-Einkaufsverbandes und des Möbel-Modellverbandes haben sich außerdem einige Möbel-Einkaufsverbände etabliert, die hauptsächlich große Möbelhäuser und Filialunternehmen als Mitglieder besitzen (z. B. EFM-Einkaufsgemeinschaft) oder in ihren Mitgliedsunternehmen eine eigene Sortimentslinie besonders herausstellen (wie z. B. beim GFM-Möbel-Einkaufsverband die ‚top-line-Wohncollection'). Die Landschaft der Möbel-Einkaufsverbände ist ferner durch kooperative Sonderformen gekennzeichnet, wie etwa solche, die sich auf die Durchführung gemeinsamer Werbeaktionen spezialisiert haben, oder Gruppen, deren Mitglieder ursprünglich im Möbelgroßhandel tätig waren, nun aber mehr und mehr den Einzelhandel mit Möbeln übernommen haben. In letzter Zeit haben sich auch Möbelfachgeschäfte, die bisher aufgrund ihres exklusiven Sortiments keiner Verbundgruppe angehört haben, zu Gruppen zusammengeschlossen, wie z. B. Designo, Kooperation Creativer Inneneinrichter, um durch die Herausstellung eines gemeinsamen Imageemblem Exklusivität und Leistungsstärke zu demonstrieren.

Der in etwa 25 Verbundgruppen des Möbelhandels organisierte Fachhandel konnte seine Marktposition in den letzten Jahren weiter ausbauen, was in erster Linie zu Lasten des nichtorganisierten Fachhandels ging. Zum Anteilsverlust des nichtorganisierten Fachhandels hat daneben aber auch das Vordringen branchenfremder Fachgeschäfte in bestimmte Segmente des Möbelmarktes (wie z. B. bei Küchen- und Kleinmöbeln) und der Ausbau der Möbelabteilungen bzw. -häuser anderer Betriebsformen beigetragen.

5.2. Umfang und Entwicklung des Warenbezugs über die Kooperationsgruppen

Warenbedingt ist im Möbelbereich der Direktbezug bei den Kooperationszentralen, also das Eigen- oder Lagergeschäft, nicht so gewichtig wie in anderen Non-Food-Bereichen. Dagegen geht ein überdurchschnittlich hoher Anteil der

Warenbezüge über Vertragslieferanten der Gruppen. Der Anteil des Direktbezugs beträgt im Durchschnitt 18 %, derjenige des Vertragslieferantenbezugs 56 %. 26 % der Wareneinkäufe werden bei Fremdlieferanten getätigt, wobei es sich im wesentlichen um Ergänzungssortimente handelt.

Die Bezugskonzentration über die Gruppen hat sich in den vergangenen Jahren merklich verstärkt, zugenommen hat hierbei insbesondere der Wareneinkauf über die Vertragslieferanten. Anteilsmäßig zurückgegangen im Zuge dieser Entwicklung ist der Einkauf über Fremdlieferanten. Nach Arten von Einkaufsverbänden zeigen sich gewisse Unterschiede auch in der Entwicklung der Struktur der Warenbezüge. So weisen die sog. „Modell- und Musterverbände" einen höheren Fremdbezug der Mitgliedsfirmen auf als die anderen Verbände, wobei sich diese Bezugslinie noch verstärkt hat.

5.3. Umfang und Intensität der Inanspruchnahme des Leistungsangebots der Kooperationen

Das Niveau der Inanspruchnahme der von den Kooperationen angebotenen Leistungen durch die Mitglieder ist insgesamt hoch. Hierbei zeigen sich allerdings nach einzelnen Gruppen zum Teil beträchtliche Abweichnungen in der Nutzungsstruktur der Leistungen durch die Mitglieder. So werden bestimmte Warenfunktionen, wie etwa Stammprogramm und Kernsortiment oder auch Disposition bei Verbandsmessen bei einem Teil der Kooperationen sehr intensiv genutzt, während bei anderen dies in wesentlich geringerem Maße der Fall ist. Deutliche Unterschiede zeigen sich aber auch zwischen den sog. Modellverbänden und den anderen Kooperationsgruppen. So werden Stammprogramm, Kernsortiment sowie Verbandsmessen als Dispositionsforum, aber auch das Handelsmarkenangebot in den Musterverbänden stärker in Anspruch genommen als bei den anderen Kooperationsverbänden.

Die Inanspruchnahme der Serviceleistungen der Verbände ist wie in den anderen Branchen im Vergleich zu den Warenleistungen und Marketingleistungen recht schwach entwickelt. Eine Ausnahme hiervon machen allerdings einzelne Leistungsangebote wie Betriebsvergleich, Kalkulationshilfen und EDV-Wareninformationssysteme.

Im Bereich der Marketingfunktionen werden die Informationsangebote der Gruppe sowie deren Akquisitionshilfen auf recht breiter Basis genutzt. Bei den meisten Funktionen zeigt sich, daß der Grad der Inanspruchnahme bei den Modellverbänden höher ist als bei den anderen Einkaufsverbänden des Möbelhandels. Bei einer Reihe von Funktionen steigt das Problembewußtsein der Mitglieder für die Wettbewerbsrelevanz der Kooperationsleistungen und damit auch der Grad der Inanspruchnahme des Leistungsangebots mit zunehmender Firmengröße.

Bei den Warenfunktionen zeichnet sich für die kommenden Jahren – nach den Planabsichten der Firmen – durchweg eine Verstärkung der Zusammenarbeit im Rahmen der Gruppen ab. Für die Servicefunktionen gilt dies bei weitem nicht in dem Maße. Der weitaus größte Teil der Firmen will hier keine Veränderung in der Intensität der Nutzung dieser Leistungen vornehmen. Eine Ausnahme hiervon besteht nur bezüglich der Nutzung des Betriebsvergleichs, der Betriebsberatung und der EDV-Informationssysteme. Hier beabsichtigt ein Großteil der Firmen eine stärkere Ausschöpfung der gebotenen Möglichkeiten. Bei den Marketingfunktionen geht die Tendenz zu einer stärkeren Nutzung der Informations- sowie der Aus- und Fortbildungsangebote der Gruppen.

5.4. Identifikation mit der Kooperationsgruppe und Akzeptanz von Leistungsangebot und Strategien

Das Gesamturteilsbild der Anschlußfirmen der Möbelkooperationen über das Niveau der von den Gruppen angebotenen Leistungen ist zwar insgesamt durchaus „freundlich", doch weist es im Vergleich zu anderen Branchen größere „Schattierungen" auf. Einerseits finden sich nicht in dem Maße ausgesprochen positive Bewertungen (Leistungen sehr gut), andererseits werden in hohem Masse – jedenfalls bei einzelnen Leistungen – kritische Anmerkungen gemacht. Recht positiv bewertet man die Struktur der Vertragslieferanten der Gruppen, das Bezugspreisniveau beim Stammprogramm sowie das gesamte Konditionengefüge des Einkaufs. Demgegenüber finden die betriebswirtschaftliche Beratung, die Markt- und Wareninformationen sowie Sonderaktionen und die Rückvergütungssysteme bei einem nicht unerheblichen Teil der Anschlußfirmen eine recht kritische Bewertung, d. h. diese Leistungen werden teilweise als nur ausreichend oder sogar als mangelhaft eingestuft. Auch wenn solche Bewertungen stark subjektiv gefärbt sind, so liegt zur Erzielung einer höheren Akzeptanz des gesamten Gruppenleistungsbündels die Aufgabe der Zentralen gerade darin, solche Dissonanzen und möglicherweise auch überzogene Erwartungen abzubauen bzw. durch entsprechende Maßnahmen zu korrigieren.

Soweit der Aufbau gruppeneigener Angebotstypen oder Betriebslinien diskutiert wird, nehmen die Firmen hierzu wie auch in anderen Non-Food-Branchen insgesamt eine ablehnende Haltung ein. Sie würden hierin großenteils eine Konkurrenz sehen. Als ein Mittel zur Stärkung der Wettbewerbsfähigkeit der Gruppen wird dieser Weg nur von einem kleinen Teil der Firmen gehalten. Man würde in der Realisierung einer solchen Strategie eher eine Abkehr von den eigentlichen Aufgaben des Einkaufsverbundes erblicken.

Die Handelsmarkenpolitik der Gruppen wird überwiegend positiv bewertet, allerdings bestehen diesbezüglich beträchtliche Unterschiede nach der Art der Einkaufsverbände und auch nach der Größe der Anschlußfirmen. So wird die Eigenmarke als Imageemblem wie als Ware bei den Musterverbänden voll akzeptiert und als ganz wesentliches Wettbewerbsinstrument angesehen, wogegen diese Einstellung bei den Mitgliedsfirmen der übrigen Einkaufsverbände weit weniger stark ausgeprägt ist. Tendenziell sehen größere Mitgliedsfirmen von Kooperationen die Wettbewerbsrelevanz der Markenpolitik nicht in dem Maße als gegeben an wie die kleinen und mittelgroßen Firmen.

Auch in den Kooperationen des Möbelhandels bezeichnen die Anschlußfirmen die Gruppenzugehörigkeit auf breiter Basis als entscheidend oder doch sehr wesentlich für die Existenzfähigkeit. Nur vereinzelt wird der Gruppenzugehörigkeit untergeordnete Bedeutung für die längerfristige Sicherung der Wettbewerbsfähigkeit und Firmenexistenz beigemessen.

5.5. Wettbewerbsposition und -perspektiven der kooperierten Unternehmen

Die Beurteilung der eigenen Wettbewerbslage der kooperierten Firmen bewegt sich wie in den Kooperationen der anderen Non-Food-Bereiche zwischen befriedigend und gut. Nur 5 % der Firmen – in erster Linie sehr kleine Unternehmen – sprechen von einer unbefriedigenden oder schlechten Wettbewerbslage.

Als stärkste Wettbewerber werden die Mitgliedsfirmen anderer Kooperationen angesehen, daneben ungebundene Fachgeschäfte und Filialunternehmen. Ein nicht geringer Teil der Firmen sieht aber auch in den Verbrauchermärkten und Fachdiscountern für bestimmte Sortimentsteile eine starke Konkurrenz.

Wettbewerbsinstrumente werden auf beachtlicher Breite und mit erheblicher Intensität eingesetzt. Besonderes Gewicht wird auf Warenqualität, Sortimentsgestaltung, Information und Beratung der Kunden sowie Service gelegt. Aber auch Werbung und Preis gehören zu den Instrumenten, auf denen ein deutlicher Akzent liegt.

Die Wettbewerbsperspektiven werden überwiegend als befriedigend und grossenteils sogar als gut bewertet. Ähnlich wie bei der Beurteilung der derzeitigen Wettbewerbslage liegt nur bei einem sehr kleinen Teil der Firmen eine negative Einschätzung vor.

6. Hausrat/Glas, Porzellan/Eisenwaren

6.1. Die wichtigsten Kooperationsgruppen und ihre Marktbedeutung

Vom Sortiment, von ihrer Abnehmerstruktur und ihrem rechtlichen Organisationsgefüge her unterscheiden sich die im Einzelhandel mit Hausrat, Glas, Porzellan und Eisenwaren tätigen Verbundgruppen recht erheblich. Wenn auch der Kooperationsgrad in dieser Branche als recht hoch angesehen werden kann und die Kooperationsbeziehungen zwischen den überregionalen Verbundzentralen bzw. ihren teilweise regionalen Auslieferungslagern und den Mitgliedsunternehmen in den letzten Jahren weiter intensiviert wurden, so spielt der freie Fach-Großhandel als Lieferant für den kooperierten Fach-Einzelhandel in einzelnen Produktgruppen noch immer eine bedeutende Rolle. Dies resultiert nicht zuletzt aus der zunehmenden Sortimentsexpansion des kooperierten Fach-Einzelhandels etwa auf den Baustoff-, Do-it-yourself-, Sanitär- und Heizungsbereich. Diese Produktgruppen können von den Kooperationsgruppen nicht immer im erforderlichen Umfange und der gewünschten Sortimentsdimension in den Regionallagern angeboten werden.

Neben den genossenschaftlich strukturierten Verbundgruppen, die teilweise schon mehr als fünfzig Jahre bestehen, sind in der Hausrat-, Glas-, Porzellan- und Eisenwarenbranche Einkaufsgruppen tätig, in denen zwischen Gruppe und Mitgliedsunternehmen keine kapitalmäßige Beteiligung besteht, die also mehr nach dem Prinzip einer Freiwilligen Handelskette arbeiten (Grohag Großhandelsgesellschaft mbH, EDE-Einkaufsbüro Deutscher Eisenwarenhändler GmbH). Während bei den sog. Sortimentsverbänden (Kaufring eG, Grohag GmbH) das Gros der Anschlußfirmen aus mittelgroßen Kaufhäusern besteht, die neben dem Hartwarensortiment in der Regel noch ein breites und tiefes Textil- und Bekleidungssortiment aufweisen, setzt sich der überwiegende Teil der Mitgliedsunternehmen der reinen Fach-Einkaufsverbände aus Klein- und Mittelbetrieben des Fachhandels für Hausrat, Glas, Porzellan und Eisenwaren zusammen.

Trotz einer in den letzten zehn Jahren rückläufigen Entwicklung der Marktanteile des Fach-Einzelhandels hat der Kooperationsbereich an Terrain gewonnen. Sein Marktanteil liegt mittlerweile bei rd. 40 %. Wie auch in den anderen Branchen mußte der nichtorganisierte Fachhandel erhebliche Anteilsverluste hinnehmen, die von einem beachtlichen Ausleseprozeß begleitet waren. Die Warenhäuser haben durch die zunehmende Aufwertung ihrer Fachabteilungen für die einzelnen Produktgruppen geringfügige, die Verbrauchermärkte/SB-Warenhäuser durch Erhöhung ihrer Flächenanteile für dieses Non-Food-Sortiment und Aufnahme neuer Produktgruppen erhebliche Marktanteile gewonnen. Marktverlierer neben dem nichtorganisierten Fachhandel waren auch der Versandhandel und der nicht-institutionelle Einzelhandel, die mit den beachtlichen Veränderungen in den Sortimentsprofilen des Hartwarenbereichs, rein konstitutiv, nicht Schritt halten konnten.

6.2. Umfang und Entwicklung des Warenbezugs über die Kooperationsgruppen

Die Bezugskonzentration ist auch im Kooperationsbereich Hausrat, Glas, Porzellan, Eisenwaren insgesamt beachtlich hoch. Drei Viertel der Warenbezüge kommen direkt vom Einkaufsverband oder über Vertragslieferanten der Gruppe an die Anschlußfirmen. Der Anteil der Direktbezüge macht 31 %, derjenige über Vertragslieferanten 44 % der wertmäßigen Gesamtbezüge aus. Nach Unternehmensgrößen zeigt sich gerade bei den Kooperationen des Hausratsbereichs eine breite und signifikant unterschiedliche Bezugsstruktur. Insgesamt weist das Gros der Firmen beim Direktbezug wie beim Bezug über Vertragslieferanten der Kooperationsgruppe Einkaufsquoten in der Bandbreite zwischen 20 % und 50 % auf. Immerhin annähernd ein Fünftel der Firmen disponiert jedoch jeweils weniger als 20 % über die Gruppe. Die Firmen der unteren Grössenklassen haben im allgemeinen höhere Direktbezugsquoten beim Einkaufsverband, jedoch geringere Bezüge über Vertragslieferanten und insbesondere über Fremdlieferanten. Die größeren Firmen hingegen liegen bei den Direktbezügen deutlich unter dem Durchschnitt der Gruppenbezugsquoten, disponieren aber höhere Anteile über Vertragslieferanten sowie über Fremdlieferanten.

Für die vergangenen Jahre ist eine beachtliche Verstärkung der Bezugskonzentration zu registrieren, wobei Breite und Qualität des den Anschlußfirmen zur Verfügung gestellten Leistungsbündels für die Intensivierung ausschlaggebend waren. Besonders wesentliche Verstärkungsfaktoren waren eine gute Strukturierung des Angebots, ein interessantes Preisniveau und die mit den Warenleistungen verbundenen Informations- und Beratungsdienste.

6.3. Umfang und Intensität der Inanspruchnahme des Leistungsangebots der Kooperationen

Der Schwerpunkt der Leistungsinanspruchnahme durch die Firmen liegt nach wie vor im Warenbereich, daneben bei den Marketingfunktionen und -leistungen. Die Nutzung von Serviceleistungen der Gruppen ist demgegenüber relativ schwach ausgeprägt und im Vergleich zu den Kooperationen anderer Branchen unterdurchschnittlich. Etwa die Hälfte der Firmen nutzt das verfügbare Servicebündel der Kooperationen nicht.

Wirft man einen näheren Blick auf die Inanspruchnahme der Warenfunktionen, so zeigt sich bei insgesamt recht respektablem Nutzungsniveau, daß zwar durchweg die angebotenen Leistungen genutzt werden, daß die Intensität der Nutzung jedoch bei einem beachtlichen Teil der Firmen im Vergleich zu den Kooperationen anderer Branchen relativ schwach ist. Das gilt insbesondere für Leistungen wie Sortimentsberatung durch die Gruppe, Nutzung der Ergänzungssortimente sowie der Handelsmarkenprogramme, aber auch hinsichtlich der Nutzung des Vor-Order-Einkaufs.

Im Bereich der Servicefunktionen fällt insbesondere auf, daß bei den Kooperationen des Hausratsektors auch solche Leistungen nur in relativ geringem Maße in Anspruch genommen werden, die sich in anderen Branchen eines doch beachtlichen Zuspruchs erfreuen. Das gilt etwa für die Beteiligung am Betriebsvergleich, die Inanspruchnahme von Betriebsberatung und Kalkulationshilfen sowie kurzfristige Erfolgsrechnung und Buchhaltung. Hierfür scheint teilweise auch eine zu geringe Transparenz über die verfügbaren Leistungsangebote ursächlich zu sein. Zahlreiche Firmenmeldungen deuten jedenfalls darauf hin.

Im Bereich der Marketingfunktionen konzentriert sich die stärkere Inanspruchnahme auf einige wenige Leistungen im Akquisitions- und Orderbereich wie Werbemittel, Musterungskataloge, Warenbörsen und Sonderaktionen. Die Aus- und Fortbildungsprogramme werden dagegen von einem grossen Teil der Firmen überhaupt nicht genutzt.

Ein eindeutiger Zusammenhang zwischen Firmengröße und Nutzungsintensität der Gruppenleistungen läßt sich nicht erkennen. Allerdings werden bestimmte Einzelleistungen mehr von den größeren Firmen in Anspruch genommen, andere dagegen von Firmen der unteren Größenklassen präferiert. Insgesamt ist das Nutzungsniveau durch die größeren Firmen höher als durch die kleineren. Die Nutzungsintensität hat jedoch weniger Größenklassenrelevanz, sondern wird vielmehr bestimmt von der Nachdrücklichkeit der Informations- und Überzeugungsarbeit der Gruppen bei den Mitgliedsfirmen, dem Grad der Problemerkenntnis der Firmen und der Wettbewerbsstärke, mit der die einzelne Mitgliedsfirma im regionalen Markt konfrontiert ist.

Die Entwicklungstendenzen für die kommenden Jahre lassen sich aus den Ermittlungsergebnissen dahingehend zusammenfassen, daß bei den Warenfunktionen eine ausgeprägte Verstärkung vorliegt, im Marketingbereich ebenfalls eine Intensivierung beabsichtigt wird, wenn auch nicht im gleichen Maße, und bei den Servicefunktionen die Kurve der Nutzungsintensität zwar auch nach oben geht, aber doch relativ flach verläuft. Auffallend ist besonders die beabsichtigte stärkere Nutzung von Aus- und Fortbildungsprogrammen der Gruppen sowie der Betriebsberatung.

6.4. Identifikation mit der Kooperationsgruppe und Akzeptanz von Leistungsangebot und Strategien

Die Erhebungsergebnisse zeigen über alle Kooperationen dieser Branche hinweg einen insgesamt hohen Zufriedenheitsgrad der Firmen mit den von den Gruppen erbrachten Leistungen. In besonderem Maße gilt das für die Leistungen im Warenbereich, die überwiegend als gut, teilweise sogar als sehr gut bewertet werden und wo sich nur ein kleiner Teil der Firmen kritisch äußert. Bei einzelnen Warenleistungen ist allerdings der Anteil der kritischen Stimmen vergleichsweise höher. Dies gilt etwa für die Preis- und Sortimentsempfehlungen, die Betriebsberatung, die Markt- und Brancheninformationen sowie die Verkaufsförderung.

Einem Aufbau von Regiebetrieben durch die Kooperationsgruppen, d. h. gruppeneigenen Einzelhandelsgeschäften und Angebotstypen, sei es um wichtige Standorte zu testen oder um neue Absatzmärkte zu erschließen, stehen die Anschlußfirmen aller Kooperationsformen überwiegend ablehnend gegenüber. Man sieht hierin kein geeignetes Instrument zur Stärkung und Profilierung der Gruppen, sondern befürchtet eine direkte Konkurrenz zu den selbständigen Anschlußfirmen. Die eigentlichen Ziele der Kooperationsgruppe würden nach Meinung der Firmen damit eher gestört.

Gruppeneigenen Handelsmarken bzw. Exklusivmodellen steht man überwiegend positiv gegenüber. Als nachrangiges Wettbewerbsinstrument wird die Gruppenmarke nur von einem kleinen Teil der Firmen angesehen. Etwa ein Fünftel der Firmen nimmt gegenüber der Handelsmarkenpolitik eine indifferente Haltung ein. Eine Einschränkung der eigenen Sortiments- und Markenpolitik durch die Handelsmarkenprogramme der Gruppen wird von den Firmen nicht gesehen.

Der eigenen Einschätzung der Firmen nach ist die Einbettung in eine Kooperationsgruppe in hohem Maße ganz entscheidend für die Wettbewerbs- und Existenzfähigkeit. Hierbei besteht allerdings ein deutliches Gefälle nach der Unternehmensgröße. Für kleine Unternehmen hat die Zugehörigkeit zu einer Einkaufsgruppe offensichtlich noch größere Bedeutung als für die umsatzstarken Firmen.

6.5. Wettbewerbsposition und -perspektiven der kooperierten Unternehmen

Die Bewertung der Wettbewerbslage durch die Anschlußfirmen der Einkaufsverbände lautet im Schwergewicht (56 %) auf befriedigend, daneben in hohem Maße (35 %) auf gut. Als schlecht wird die Wettbewerbslage von 7 % der Unternehmen bezeichnet, als sehr schlecht von 2 %. Negative Beurteilungen der Wettbewerbslage sind in den unteren Größenklassen etwas häufiger als in den oberen.

Die Wettbewerbsaussichten werden von den Firmen nahezu gleich beurteilt wie die derzeitige Wettbewerbssituation, nämlich im wesentlichen als befriedigend bis gut. Auch bei der zukunftsgerichteten Frage zeigt sich deutlich, daß kleinere Unternehmen ihre Wettbewerbschancen insgesamt nicht so positiv bewerten wie die großen und ein vergleichsweise hoher Anteil von Firmen im Gefährdungsbereich der Unternehmensexistenz liegt.

7. Unterhaltungselektronik/Elektrogeräte

7.1. Die wichtigsten Kooperationsgruppen und ihre Marktbedeutung

In fast allen Elektro-Fachgeschäften und Elektro-Fachabteilungen des Sortimentshandels bilden Güter der Unterhaltungselektronik sowie Elektroklein- und -großgeräte selbständige Sortimentsbereiche. Ein großer Teil des Fachhandels mit Rundfunk-, Fernseh- und Phonogeräten („Braune Ware") klammert den Produktbereich der Herde, Kühlschränke, Waschmaschinen etc. („Weiße Ware") aus, ein großer Teil des Hausrat- und Eisenwarenhandels dagegen führt ein umfangreiches Sortiment an Elektroklein- und -großgeräten. Aus diesem Grunde werden im folgenden diese beiden Sortimentsbereiche bei der Darstellung der wichtigsten Kooperationsgruppen und der Entwicklung der Marktanteile gesondert angesprochen.

In der Branche sind sechs größere Verbundgruppen des Fach-Einzelhandels tätig. Während drei Verbundgruppen, die AERA-, Interfunk- und bild + ton-Gruppe, als Zusammenschlüsse des Fach-Einzelhandels entstanden sind, verdanken die drei übrigen Gruppen (die RUEFACH-, select- und electronik-partner-Gruppe) ihre Gründung vor allem der Initiative von Großhändlern, die in den letzten Jahren verstärkt die Mehrzahl ihrer Abnehmer auf der Einzelhandelsstufe in sog. Leistungsgemeinschaften zusammengeführt haben. Die bestehenden Großhandlungen wurden im Rahmen einer Neuorganisation als Verbundzentralen für die jeweilige Gruppe eingerichtet, wobei die Übernahme der Zentralregulierung und des Delkredere für die Mitgliedsunternehmen gegenüber den Vertragslieferanten eine wichtige Rolle für die Akquisition neuer Mitgliedsunternehmen spielte. Neben ihrer Lieferfunktion im Rahmen dieser Vertikal-Kooperation für Mitgliedsfirmen üben diese Firmen aber zu einem großen Teil auch Großhandelsfunktionen für den nichtkooperierten Fach-Einzelhandel aus. Gegenüber den drei wichtigsten horizontalen Verbundgruppen des Einzelhandels, die fast alle schon über zwanzig Jahre tätig sind, haben die drei vertikalen Verbundgruppen einen beachtlichen Aufholbedarf an Gruppenintegration, wobei die aufgrund der großen Anzahl von neuen Mitgliedsunternehmen recht unterschiedliche Unternehmensstruktur sich als Verzögerungselement erweisen dürfte. Bei allen sechs Verbundgruppen dominiert die ‚Braune' Ware im Warenangebot, die ‚Weiße' Ware spielt bei den einzelnen Verbundgruppen eine recht unterschiedliche Rolle.

Bei Gütern der Unterhaltungselektronik hat der Fach-Einzelhandel seinen Marktanteil von knapp 70 % etwa behaupten können. Der Anteil der kooperierten Facheinzelhändler hat sich in den vergangenen zehn Jahren um nahezu die Hälfte erhöht, in einem erheblichen Ausmaß hervorgerufen durch das Aufkommen der neuen Verbundgruppen. Der nichtorganisierte Fachhandel verlor deutlich, sein Marktanteil schrumpfte in den letzten zehn Jahren von 40 % auf 14 %. Die Großbetriebsformen konnten ihr Marktterrain während dieses Zeitraumes geringfügig erhöhen. Der nicht-institutionelle Einzelhandel dagegen nahm kontinuierlich an Marktbedeutung ab.

Die zunehmende Beratungs- und Serviceintensität für Güter der Unterhaltungselektronik und die Fähigkeit der verschiedenen Anbietergruppen, sich darauf einzustellen, waren für die Marktstrukturentwicklung entscheidend. Die Kooperationsgruppen des Fachhandels haben ihre Mitgliedsfirmen auf die Erfordernisse des technologisch anspruchsvollen Marktes der Unterhaltungselektronik sortiments- und leistungsmäßig eingestellt.

Bei Elektroklein- und -großgeräten blieb der Marktanteil des Fach-Einzelhandels in den letzten zehn Jahren nahezu konstant bei knapp 40 %. Der Marktanteil des kooperierten Fachhandels hat sich u. a. durch das Aufkommen der vertikal strukturierten Verbundgruppen auf 19 % erhöht. Die Großbetriebsformen des Einzelhandels mit Elektrogeräten konnten ihre Marktposition in etwa behaupten. Der nicht-institutionelle Einzelhandel dagegen mußte erhebliche Marktverluste hinnehmen. Im Zuge einer verstärkten Aufnahme von Elektroklein- und -großgeräten in sein Sortiment steigerte besonders der „branchenfremde" Einzelhandel seinen Marktanteil. In vielen Fällen sind diese Fachhandelsunternehmen aus anderen Branchen (wie Eisenwaren-/Hausratbereich) selbst kooperiert und beziehen den Bedarf an Elektrogeräten über ihre Verbundgruppe, so daß der Marktanteil aller kooperierten Facheinzelhändler für diese Produktgruppe noch wesentlich höher liegt.

7.2. Umfang und Entwicklung des Warenbezugs über die Kooperationsgruppen

Die Gesamtbezugsquote über die Einkaufskooperationen ist in diesem Bereich mit über 80 % überdurchschnittlich hoch. Der weitaus größte Teil der Warenbezüge erfolgt allerdings im Wege des Einkaufs über Vertragslieferanten (64 %). Der Direkteinkauf beim Einkaufsverband im Rahmen des Eigengeschäfts oder Lagergeschäfts beträgt 19 % aller Warenbezüge. Mit zunehmender Betriebsgröße nimmt die Direktbezugsquote beim Einkaufsverband bis zur Umsatzgrössenschwelle 10 Mill. DM Jahresumsatz ab, der Einkauf über Vertragslieferanten dagegen zu. In der obersten Größenklasse (10 Mill. DM Jahresumsatz und mehr) weist ein beachtlicher Teil von Firmen eine überdurchschnittlich hohe Direktbezugsquote auf.

Direkteinkauf über die Gruppe wie Vertragslieferanteneinkauf haben in den vergangenen Jahren spürbar zugenommen. Der Bezug über Fremdlieferanten ist deutlich zurückgegangen. Für die Verstärkung des Warenbezugs über die Kooperationen waren fast alle Leistungsfaktoren im Waren-, Service- und Marketingbereich ausschlaggebend.

7.3. Umfang und Intensität der Inanspruchnahme des Leistungsangebots der Kooperationen

Im Warenbereich wie im Marketingbereich weisen die Kooperationsgruppen dieser Branche ein deutlich überdurchschnittliches Nutzungsniveau der von den Gruppen angebotenen Leistungen auf. Der weitaus überwiegende Teil der Firmen nimmt die meisten Leistungen regelmäßig oder doch sehr häufig in Anspruch. Nur einige wenige Leistungen wie etwa Sortimentsempfehlung und -beratung, Importprogramme und Ergänzungssortimente werden nicht in dem Maße genutzt wie die Basiswarenfunktionen, doch liegt auch hier die Nutzung vergleichsweise hoch.

Im Bereich der Serviceleistungen konzentriert sich die Inanspruchnahme sehr stark auf wenige Funktionen der Kooperationen, in erster Linie auf Kalkulationshilfen und Preisempfehlungen. Vermittlungsdienste bezüglich Beratungsleistungen werden überwiegend nicht in Anspruch genommen. Ähnliches gilt für Buchhaltung und kurzfristige Erfolgsrechnung.

Bei den Marketingleistungen ist die Nutzung generell recht hoch. Besonders gefragt sind bei den Firmen offensichtlich Branchen- sowie Waren- und Modeinformationen, Musterungs-, Waren- und Bestellkataloge sowie Warenbörsen. Wenig genutzt wird dagegen Standortberatung sowie objektbezogene Ladenberatung. Auch an den Aus- und Fortbildungsprogrammen beteiligt sich ein großer Teil der Firmen noch nicht sehr intensiv.

Trotz des bereits erreichten hohen Kooperationsgrades lassen die Planangaben der Firmen für die kommenden Jahre eine weitere erhebliche Verstärkung der Zusammenarbeit erwarten. Dies gilt für alle Leistungsbereiche, in besonderem Maße allerdings für die Warenfunktionen.

7.4. Identifikation mit der Kooperationsgruppe und Akzeptanz von Leistungsangebot und Strategien

Der hohe Nutzungsgrad der von den Kooperationen angebotenen Leistungen durch die Anschlußfirmen resultiert aus einer hohen Identifikation mit der Gruppe als Leistungsgemeinschaft sowie aus dem hohen Zufriedenheitsgrad mit der Funktionserfüllung und Leistungserbringung durch die Gruppen. Die Warenleistungen werden überwiegend als gut oder sogar sehr gut bewertet. Weniger positive Urteile finden sich in größerer Zahl nur in bezug auf wenige Leistungen wie etwa Betriebsberatung, Verkaufsförderung und Sortimentsempfehlungen.

Soweit Ideen bezüglich des Aufbaus gruppeneigener Vertriebslinien auf der Einzelhandelsstufe ins Gespräch gebracht werden, stoßen diese beim Großteil der Anschlußfirmen der Kooperationsformen auf eine deutlich ablehnende Haltung. Der überwiegende Teil der Firmen sähe hierin eine bedenkliche Entwicklung für die eigentlichen Ziele der Leistungsgruppen und befürchtet auch eine direkte Konkurrenz durch das Eigengeschäft. Nur ein kleiner Teil der Firmen sieht hierin eine Strategie zur Stärkung der gesamten Einkaufskooperation.

Gruppeneigene Handelsmarken spielen im Kooperationsbereich dieser Branche eine recht beachtliche Rolle, dies sowohl als Akquisitionsembleme als auch als Ausdruck der Eigenständigkeit und Leistungsstärke der Gruppen im Warenbereich. Fast neun Zehntel der Anschlußfirmen bejahen die Eigenmarken in vollem Maße und fühlen sich hierdurch in ihrer eigenen betriebsspezifischen Sortiments- und Markenpolitik nicht beeinträchtigt.

Die Zugehörigkeit zur Kooperation wird so gut wie durchweg als entscheidend für die Wettbewerbs- und Existenzfähigkeit angesehen. Nur im Kreis der umsatzstarken Anschlußfirmen gibt es in nennenswertem Umfang Stimmen, die dem Anschluß an die Gruppe keine so entscheidende Bedeutung für die Wettbewerbspositionierung beimessen.

7.5. Wettbewerbsposition und -perspektiven der kooperierten Unternehmen

Trotz des erheblichen Wettbewerbsdrucks in diesem Warenbereich beurteilt der weitaus größte Teil der Firmen die eigene Wettbewerbsposition überwiegend als befriedigend sowie großenteils als gut. Allerdings ist der Anteil der Firmen mit negativer Beurteilung der Wettbewerbslage (Wettbewerbslage schlecht oder sogar sehr schlecht) mit etwa 15 % höher als bei den Mitgliedsfirmen der Kooperationen in anderen Branchen.

Das Urteilsbild hinsichtlich der längerfristigen Existenzchancen präsentiert sich ähnlich positiv wie die Einschätzung der gegenwärtigen Wettbewerbslage.

Rund ein Zehntel der Firmen bezeichnet die längerfristigen Geschäftsaussichten allerdings als schlecht. Hierbei handelt es sich in erster Linie um kleine und mittelgroße Mitgliedsfirmen.

8. Spielwaren

8.1. Die wichtigsten Kooperationsgruppen und ihre Marktbedeutung

Die Kooperations-Landschaft im Fachhandel mit Spielwaren wird wesentlich durch die Aktivitäten der VEDES-Gruppe geprägt, deren Verbundzentrale, die Vereinigung der Spielwaren-Fachgeschäfte eG, schon im Jahre 1904 gegründet wurde. Ihr gehören z. Zt. ca. 420 in- und ausländische Fachgeschäfte als unmittelbare Gesellschafter (davon ca. 340 in der BR Deutschland) an, die aufgrund ihres breiten und tiefen Sortiments an Spielwaren und Freizeitartikeln eine zum Teil weit über dem Durchschnitt der Branche liegende Umsatzgröße aufweisen. Innerhalb des VEDES-Verbundes existiert in Form des Spielzeug-Rings noch eine weitere Kooperationsgruppe, in die rd. 540 kleinere Spielwaren-Fachgeschäfte und ca. 30 Fachgroßhändler eingebunden sind. Zur Mitgliederstruktur dieser Verbundgruppe ist zu bemerken, daß ca. 100 Mitglieder des Spielzeug-Rings aufgrund ihrer über den Spielwarenbereich hinausgehenden Sortimentierung zugleich dem Großeinkauf Nürnberger Bund eG angehören. Über mehrere Tochtergesellschaften, die spezielle Verbundaktivitäten wie den Import oder die EDV-Beratung und -Betreuung übernehmen, bietet die VEDES ihren rd. 1 000 angeschlossenen Spielzeugeinzel- und -großhandelsunternehmen ein umfangreiches Waren-, Service- und Marketingleistungsprogramm an.

Die zweitgrößte Kooperationsgruppe im Spielwarenmarkt bildet mit ca. 430 Fachgeschäften die FHS-Gruppe, die Fördergemeinschaft Spielwaren-Facheinzelhandel. Über eine Großhandelskooperation von sog. Stützpunkt-Großhandlungen und über die Grozentra AG – als Verbundzentrale vor allem für die Zentralregulierung und die Übernahme des Delkredere zuständig – werden den Mitgliedsfirmen geschlossene Marketingleistungspakete offeriert. In einem engen Verbund mit der FHS-Gruppe steht die Deutsche Handelsgesellschaft für Spielwaren, eine kleine Kooperationsgruppe mit ca. 70 Fachgeschäften als Mitgliedsfirmen. Die in dieser Branche darüber hinaus noch bestehenden kleineren Gruppen konzentrieren sich in ihren Aktivitäten auf enge Spezialsortimente (wie z. B. die MEG-Modellbau Einkauf eG).

Da eine große Anzahl von branchenfremden Fachgeschäften, so des Hausrat- und Eisenwarenhandels oder des Papier-, Bürobedarf- und Schreibwarenhandels, auch Spielwaren, in eigenen Fachabteilungen oder als Zusatzsortiment anbieten, haben die Verbundgruppen dieser Branchen teilweise auch die Versorgung ihrer Mitgliedsunternehmen mit Spielwaren selbst übernommen (wie z. B. Kaufring eG). Daneben werden auch Kooperationen mit leistungsfähigen Spielwaren-Großhandelsunternehmen vereinbart, um den Mitgliedsunternehmen eine kostengünstige Belieferung zu garantieren.

Der Grohag-Einkaufsverband hat eine eigenständige Gruppe, die OPTIMA-Partnersystem-Gesellschaft gegründet, um den Mitgliedsunternehmen in diesem Angebotsbereich eine zeitgemäße Marketingkonzeption zur Verfügung stellen zu können. Die Betreuung der Fachgeschäfte mit Waren und Dienstleistungen erfolgt im Rahmen eines Franchise-Systems.

Das Marktprofil im Spielwaren-Einzelhandel ist durch eine erhöhte Vielfalt der Betriebsformen, Angebotstypen und Konzepte sowie eine zunehmende Teilung des Marktes in einen beratungs- und serviceintensiven Teil einerseits sowie einen problemlosen andererseits gekennzeichnet.

Der Fachhandel konnte sich dank der verstärkten Integration in Verbundsysteme relativ gut behaupten, wenngleich ein Teil des Marktterrains an die diskontorientierten Anbieter verlorenging. Der Kooperationsbereich allerdings konnte seinen Marktanteil in den siebziger Jahren von rd. 20 % auf 30 % des gesamten Spielwaren-Einzelhandels erhöhen.

Zählt man auch den Absatz des branchenfremden kooperierten Fachhandels, der einen nicht unerheblichen Teil seines Spielwaren- und Freizeitangebots über seine Verbundgruppe bezieht, zum Kooperationsbereich des Spielwaren-Fachhandels hinzu, so fällt der Marktanteilszuwachs des kooperierten Einzelhandels noch deutlicher aus.

8.2. Umfang und Entwicklung des Warenbezugs über die Kooperationsgruppen

Die Bezugskonzentration im Rahmen der Kooperationen im Spielwarenhandel nimmt die Spitzenstellung im gesamten Kooperationsbereich des Nicht-Lebensmittelsektors ein. Insgesamt werden 86 % der wertmäßigen Warenbezüge über die Kooperationen disponiert und zwar rd. 50 % aller Warenbezüge über Vertragslieferanten der Gruppen und 37 % direkt vom Einkaufsverband. Der größte Teil der Firmen weist Direktbezugsquoten zwischen 20 % und 40 % auf, daneben hat ein beachtlicher Teil aber höhere Direktbezugsquoten (zwischen 40 % und 60 %). Die Bezüge über Vertragslieferanten liegen beim Großteil der Firmen zwischen 40 % und 60 %, daneben vielfach zwischen 20 % und 40 %, aber auch über 60 %. Ein eindeutiger Firmengrößenbezug in der Art der Bezugskonzentration zeigt sich nicht. Die Fremdbezüge nehmen allerdings mit steigender Unternehmensgröße ab.

Die Einkaufskonzentration auf die Gruppen hat sich in den letzten Jahren bei einem Großteil der Firmen noch verstärkt. Jeweils über vier Fünftel der erfaßten Unternehmen haben sowohl den Direkteinkauf beim Einkaufsverband intensiviert, als auch den Bezug über Vertragslieferanten der Gruppe. Nur bei einem sehr kleinen Teil der Firmen lag eine Verringerung der Bezugskonzentration vor.

8.3. Umfang und Intensität der Inanspruchnahme des Leistungsangebots der Kooperationen

Die Inanspruchnahme der von den Gruppen gebotenen Waren- und Marketingleistungen ist insgesamt sehr hoch und bewegt sich über dem Durchschnitt der Kooperationsformen des Non-Food-Bereichs. Die Serviceangebote werden demgegenüber eher unterdurchschnittlich genutzt.

Alle Basisfunktionen des Warenbereichs werden vom weitaus überwiegenden Teil der Firmen regelmäßig oder doch sehr häufig genutzt. Das gilt auch für die Importprogramme. Eine nicht ganz so intensive Nutzung ist hingegen bezüglich der Sortimentsempfehlung und -beratung sowie der Ergänzungssortimente festzustellen. Im Rahmen der Servicefunktionen werden nur der Betriebsvergleich und die Kalkulationshilfen der Gruppen und teilweise auch die EDV-Wareninformationssysteme relativ stark genutzt. Alle anderen angebotenen Dienste werden nur selten oder gar nicht in Anspruch genommen.

Der Großteil der Marketingleistungen wird zwar vom überwiegenden Teil der Firmen genutzt, unterentwickelt scheint nach wie vor aber die Inanspruchnahme der von den Gruppen gebotenen Aus- und Fortbildungs- sowie Schulungsmöglichkeiten und die Heranziehung von Verkaufshilfen und Sonderangebotsaktionen zu sein.

Die Planabsichten der Firmen deuten für die kommenden Jahre auf eine weitere Verstärkung der Zusammenarbeit im Kooperationsverband hin. Dies gilt für alle Funktionsbereiche, auch für die Serviceleistungen. Eine Verringerung der Kooperationsintensität mit der Gruppe ist kaum beabsichtigt.

8.4. Identifikation mit der Kooperationsgruppe und Akzeptanz von Leistungsangebot und Strategien

Wie aufgrund der hohen Inanspruchnahme der angebotenen Gruppenleistungen nicht anders zu erwarten, werden diese Leistungsangebote überwiegend positiv bewertet. In besonderem Maße gilt dies für den Kreis der Vertragslieferanten, bezüglich der Bezugspreise und Konditionen im Lager- sowie Vertragslieferantengeschäft, aber auch für die Preisempfehlungen und Kalkulationshilfen der Verbände. Kritischer fällt hingegen die Bewertung der Betriebsberatung, der Sortimentsempfehlungen sowie der Rückvergütungsregelung im Lager- und Delkrederegeschäft aus.

Soweit der Aufbau gruppeneigener Einzelhandelsgeschäfte oder Betriebslinien überhaupt ein Thema darstellt, ist die Einstellung der Anschlußfirmen hierzu trotz aller Differenzierungen eher ablehnend. Ein Mittel zur Stärkung der Gruppen sieht man hierin im allgemeinen nicht. Ein Großteil der Firmen vertritt die Meinung, daß eine solche Strategievariante nicht zum eigentlichen Zielbündel von Leistungsgemeinschaften der Branche gehört.

Gruppeneigene Handels- oder Gemeinschaftsmarken als Identifikationszeichen und Imageemblem werden vom überwiegenden Teil der Firmen positiv, d. h. als wichtig im Wettbewerb erachtet. Durch die starke Verankerung von Gruppennamen und -zeichen im Verbraucherbewußtsein sieht man in der Sichtbarmachung der Zugehörigkeit zur Gruppe eine Dokumentationsmöglichkeit der dahinterstehenden Leistungen. Mit steigender Firmengröße nimmt allerdings diese positive Einschätzung des Markenzeichens deutlich ab. Große Mitgliedsfirmen in Agglomerationsräumen haben vielfach eine so hohe eigene Verkehrsgeltung, daß sie dem Gemeinschaftszeichen der Gruppen nicht mehr einen so hohen Stellenwert geben wie die kleinen und mittleren Firmen.

Auch in der Markierung und Präsentation von Waren als Handels- bzw. Gemeinschaftsmarken des Einkaufsverbandes sieht der Großteil der Anschlußfirmen ein wichtiges Instrument der Verkaufsförderung.

Der Gruppenzugehörigkeit wird von den Anschlußfirmen durchweg entscheidende Wettbewerbsbedeutung beigemessen. Ohne eine solche Einbettung wäre der Großteil der Firmen nach eigenen Angaben auf längere Sicht nicht mehr existenzfähig.

8.5. Wettbewerbsposition und -perspektiven der kooperierten Unternehmen

Die Wettbewerbslage wird wie in den meisten anderen Branchen von den kooperierten Firmen überwiegend als befriedigend und vielfach sogar als gut oder sehr gut bezeichnet. Der Anteil der negativen Beurteilung (Wettbewerbslage schlecht) ist mit insgesamt 7 % nicht sehr hoch. Dieser Firmenkreis rekrutiert sich weitgehend aus dem unteren Größenbereich.

Die kooperierten Firmen rechnen damit, daß sie ihre Wettbewerbsposition in den kommenden Jahren weitgehend halten können. Vereinzelt erwartet man allerdings eine Positionsverschlechterung. Das gilt insbesondere für Firmen mit Jahresumsätzen unter 1 Mill. DM.

9. Fotoartikel

9.1. Die wichtigsten Kooperationsgruppen und ihre Marktbedeutung

Die privaten Ausgaben für Foto- und Kinoapparate sind von 1960 bis 1978 mit einer durchschnittlichen jährlichen Wachstumsrate von ungefähr 7 % gestiegen. Um an diesem überdurchschnittlich expandierenden Freizeitmarkt zu partizipieren, versuchten alle Anbietergruppen in diesem Waren- und Dienstebereich ihre Leistungsprofile den Markttendenzen anzupassen. War zu Anfang der sechziger Jahre der Verkauf von Fotoartikeln noch überwiegend in der Hand des mittelständischen Fachhandels und der Fotodrogerien, so konnte seit Mitte der sechziger Jahre sowohl der Fach- als auch der Sortiments-Versandhandel über eine starke Erhöhung der Zahl der stationären Verkaufsstellen seine Marktposition kontinuierlich ausbauen. Im Zuge des zunehmenden Wettbewerbs auf diesem Markt hat sich vor allem der leistungsfähige Foto-Fachhandel immer zahlreicher den Einkaufsgruppen der Branche angeschlossen, um vornehmlich über günstigere Beschaffungskonditionen die Wettbewerbsposition gegenüber den Konzernangebotsformen zu verbessern.

Im Fotohandel existieren drei bedeutende Verbundgruppen, deren Mitgliedsunternehmen sich in ihrer Struktur nicht unwesentlich unterscheiden. Die Europa-Foto-Gruppe hat sich zu einer Gruppe von mittelgroßen bis grossen Einzelhandelsunternehmen herausgebildet, die in der Regel jeweils mehrere Filialgeschäfte betreiben. Die PLUS-FOTO-Gruppe, von der Mitgliederzahl her die größte Gruppe, rekrutiert sich in erster Linie aus kleinen und mittleren Einzelhandelsgeschäften, die teilweise auch neben dem Fotoartikelsortiment ein weiteres Schwerpunktsortiment wie z. B. Drogerieartikel führen. Die Ring-Foto-Gruppe umfaßt neben ihren Mitgliedsunternehmen, die als Gesellschafter der Gruppe fungieren, etwa 200 Einzelhandelsunternehmen, die im Rahmen eines Franchise-Vertrages das Waren- und Dienstleistungsprogramm der Ring-Foto-Gruppe erhalten. Alle drei Gruppen haben in den letzten Jahren ein umfassendes Programm von Handelsmarken entwickelt und ihr Marketing- und Serviceangebot wesentlich verbessert, um u. a. über eine stärkere Gruppenprofilierung ihren Mitgliedsunternehmen eine effektivere Hilfestellung als bisher gegenüber den konkurrierenden Betriebsformen zu geben.

Trotz der stürmischen Expansionspolitik des Versandhandels mit seinen stationären Verkaufsstellen für Fotoartikel und dem Marktgewinn der Verbrauchermärkte/ SB-Warenhäuser im Niedrigpreisbereich hat der traditionelle Foto-Facheinzelhandel in den letzten zehn Jahren nur geringfügige Marktanteilsverluste hinnehmen müssen. Verlierer waren in erster Linie die Foto-Drogereien, deren Sortiment offensichtlich vielfach nicht mehr den Markterfordernissen entsprach. Das Gros der Drogerien war auch nicht dazu in der Lage, die umfassenden Beratungs- und Serviceleistungen zur Verfügung zu stellen, die für den Absatz technologisch sehr anspruchsvoller Fotogeräte unbedingt notwendig sind. Der kooperierte Fachhandel konnte seine Marktstellung insgesamt ausbauen, im Jahr 1980 verfügte er über einen Marktanteil von knapp einem Viertel. Der nichtorganisierte Fachhandel besteht aus einer Vielzahl von Geschäften, die teilweise neben dem Sortiment an Fotoartikeln ein zweites Schwerpunktsortiment wie z. B. Brillen, Hörgeräte besitzen. Mit ihrem beschränkten Fotosortiment erfüllen diese Unternehmen vielfach nicht die Grundvoraussetzungen für eine Aufnahme in eine Foto-Verbundgruppe. Der Marktanteil der nichtorganisierten Fachgeschäfte liegt mit knapp 30 % angesichts der erheblichen Wettbewerbsintensität in diesem Markte noch relativ hoch.

9.2. Umfang und Entwicklung des Warenbezugs über die Kooperationsgruppen

Die Mitgliedsfirmen der Kooperationsgruppen des Fotohandels beziehen im Durchschnitt zwei Drittel ihrer Waren über den Einkaufsverband und zwar rd. 28 % des Gesamteinkaufs direkt von den Einkaufsverbänden und 38 % über Vertragslieferanten. Der größte Teil der Firmen hat Direktbezugsquoten bei den Kooperationen von weniger als 20 %, ein beachtlicher Teil solche zwischen 20 % und 40 %. Die Quoten der Bezüge bei Vertragslieferanten liegen beim Großteil der Firmen zwischen 20 % und 40 % sowie zwischen 40 % und 60 %. Aber auch wesentlich höhere Bezugsquoten sind nicht selten.

Sowohl die Direktbezüge bei den Einkaufsverbänden als auch die Einkaufstätigkeit bei Vertragslieferanten haben sich in den vergangenen Jahren beträchtlich verstärkt. Jeweils rd. neun Zehntel der Firmen sprechen von einer Zunahme der Bezüge über die Gruppen. Eine Verringerung der Absatzkonzentration lag nur in wenigen Fällen vor.

9.3. Umfang und Intensität der Inanspruchnahme des Leistungsangebots der Kooperationen

Der Kooperationsbereich im Fotohandel ist derjenige, in dem das Nutzungsniveau der von den Kooperationen angebotenen Warenleistungen sowie Marketingleistungen etwa gleich hoch ist. Die Serviceleistungen werden auch in diesem Bereich insgesamt nur in relativ geringem Maße genutzt.

Bei den Warenfunktionen erfolgt eine ziemlich regelmäßige Inanspruchnahme der Stammsortimente, der Zentralregulierung sowie der Handelsmarkenprogramme der Gruppen. Weit weniger stark genutzt werden die Importprogramme, die Ergänzungssortimente sowie die Sortimentsberatung und -empfehlung.

Unter den genutzten Marketingleistungen ragen die Akquisitionsinstrumente wie Werbemittel, Musterungskataloge und Warenkataloge, Verkaufshilfen sowie Sonderaktionen und Sonderangebote hervor. Aus- und Fortbildungsmöglichkeiten durch die Gruppen werden dagegen vergleichsweise wenig genutzt.

Bei den Servicefunktionen kommt den Kalkulationshilfen und Betriebsvergleichen ein beachtlicher Stellenwert zu, daneben auch noch der kurzfristigen Erfolgsrechnung. Alle anderen Funktionen und Leistungen werden demgegenüber nur schwach genutzt.

Für die kommenden Jahre zeichnet sich in allen Funktionsbereichen eine beachtliche Verstärkung der Zusammenarbeit ab. Dies ist aus den Planabsichten der Firmen deutlich abzulesen. Über die noch stärkere Ausschöpfung der Kooperationspotentiale glauben die Firmen dem Wettbewerb vor allem mit den Filialsystemen noch besser als bisher begegnen zu können.

Im Warenbereich will man durch noch stärkeren Einsatz der gruppeneigenen Handelsmarken sich sortimentsmäßig von Konkurrenten abheben und günstige Verkaufsergebnisse erzielen. Im Servicebereich werden Informationsinstrumente wie Betriebsvergleich und kurzfristige Erfolgsrechnung sowie Betriebsberatung durch die Gruppe favorisiert. Die werblich-akquisitorischen Hilfen der Einkaufsverbände will ein Großteil der Firmen gezielter nutzen als bisher.

9.4. Identifikation mit der Kooperationsgruppe und Akzeptanz von Leistungsangebot und Strategien

Obwohl die Beurteilung der Leistungen der Gruppe insgesamt als gut bis befriedigend gekennzeichnet wird, sind die Urteile bezüglich einzelner Leistungskomponenten doch recht differenziert. Bei einer Reihe von Funktionen der Gruppen wertet ein nicht unerheblicher Teil der Firmen nur mit ausreichend oder gar mit mangelhaft. Dies gilt etwa für das Rückvergütungssystem, Lager- und Delkrederegeschäft, für die Betriebsberatung sowie die Markt- und Brancheninformationen. Auch wenn sicherlich ein Teil dieser Wertungen aus einem hohen Anspruchsdenken an die Funktionspalette der Gruppen resultiert, so signalisieren diese Urteile doch für die Gruppenleitungen Dissonanzen, die zur Erzielung eines hohen Identifikationsgrades abgebaut werden müssen.

Die in den Kooperationen der anderen Branchen teilweise recht stark geführte Diskussion um das Für und Wider gruppeneigener Angebotstypen und Vertriebslinien stellt im Fotohandel offensichtlich nicht ein Thema gleichen Ranges dar. Soweit dezidierte Meinungsäußerungen hierzu abgegeben wurden, zeigen sie weitgehend Reserviertheit oder gar Ablehnung.

Die gruppeneigenen Handelsmarken sind überwiegend in ihrem Wettbewerbsfunktionswert akzeptiert. Nahezu alle Firmen sehen hierin ein ganz wesentliches Wettbewerbsinstrument. Die großen Mitgliedsfirmen legen auf gruppeneigene Marken insgesamt jedoch weniger Wert als die kleinen und mittleren Unternehmen. Eine Wettbewerbseinschränkung der eigenen Sortimentsaktivitäten sieht nur ein sehr kleiner Teil der Anschlußfirmen als gegeben an.

Korrespondierend zur starken Inanspruchnahme des Leistungsbündels der Gruppen sowie insbesondere zur geplanten Intensivierung der Zusammenarbeit innerhalb der Gruppen wird die Gruppenzugehörigkeit fast durchweg als entscheidend für die Firmenexistenz angesehen. Das gilt für die Anschlußfirmen aller Größenklassen.

9.5. Wettbewerbsposition und -perspektiven der kooperierten Unternehmen

Angesichts des scharfen Wettbewerbs in diesem Einzelhandelsbereich verwundert es nicht, daß auch die kooperierten Firmen ihre Wettbewerbslage recht differenziert beurteilen. Das Gros der Firmen aller Größenklassen bewertet die Wettbewerbslage als befriedigend, ein Teil sogar als gut und sehr gut. Dabei ist der Anteil der ausgesprochen positiven Bewertungen in den oberen Firmengrößenklassen wesentlich höher als im unteren Größenbereich. Der Anteil der ausgesprochen negativen Einschätzungen der Wettbewerbslage ist jedoch mit durchschnittlich 18 % beachtlich hoch und höher als in den Kooperationen anderer Branchen. Besonders die kleinen Firmen, aber auch größere Unternehmen sehen sich aufgrund der erheblichen Wettbewerbskonfrontation mit anderen Betriebsformen und preisaggressiven Angebotstypen in ihrer Wettbewerbslage beeinträchtigt. Ein Teil dieser Firmen sieht für die nächsten Jahre kaum Möglichkeiten einer Verbesserung der Wettbewerbsposition. Im unteren Größenbereich befindet sich ein großer Teil der Firmen trotz Einbettung in die Verbundgruppen im Gefährdungsbereich der Unternehmensexistenz.

Tab. 34

Bedeutende Verbundgruppen des Nahrungs- und Genußmittelhandels

Angaben für 1980

Verbundgruppe	Zahl der Großhandlungen bzw. Gesellschafter	Umsatz der Großhandlungen bzw. Gesellschafter in Mrd. DM	Zahl der Einzelhandelsunternehmen (bzw. Verkaufsstellen)	Einzelhandelsumsatz der Gruppe in Mrd. DM
EDEKA Verband e.V. Hamburg	36	13,2	19.100 (21.000)	18,9
HKG-Handelsketten-Handelsgesellschaft mbH & Co KG, Köln (Centra, Tip, Union, Afu)	86	4,9	6.500 (6.800)	5,2
REWE-Handelsgruppe, Köln	31	5,3	6.400 (7.810)	15,2
SELEX/A & O-Handelsgruppe, Offenburg	36	5,7	9.300	11,77
Handelshof SPAR GmbH, Frankfurt/M.	30	5,04	6.000	8,49
TANIA-Vereinigte Handelsgesellschaft mbH, Frankfurt (Végé, VEK-Hamburg, Ifa, Vivo)	95		rd. 10.000	über 9

Quelle: Geschäftsberichte, Pressenotizen, Informationen von Verbänden und Unternehmen sowie Berechnungen und Schätzungen des Ifo-Instituts.

Tab. 35

Marktanteile der Betriebsformen des Einzelhandels mit Nahrungs- und Genußmitteln
von 1970 bis 1980.
Umsatzanteile in %

Betriebsform	1970	1976	1978	1980
Facheinzelhandel (bzw. Sortimentshandel)	44,0	39,3	36,7	35,1
- Kooperierter Fachhandel	39,0	35,8	34,2	33,1
- Nichtorganisierter Fachhandel	5,0	3,5	2,5	2,0
Großfilialunternehmen (und Coop)	18,6	20,1	21,5	21,9
Warenhäuser	3,3	4,3	4,3	4,1
Versandhandel	0,3	0,2	0,2	0,1
Verbrauchermärkte/SB-Warenhäuser	7,5	10,2	11,5	12,8
Nicht-institutioneller Einzelhandel (z.B. Bäckerei- und Fleischereihandwerk, Großhandel)	26,3	25,9	25,8	26,0
Insgesamt	100	100	100	100

Quelle: Berechnungen und Schätzungen des Ifo-Instituts nach Unterlagen des Statistischen Bundesamtes sowie von Verbundgruppen, Fachverbänden und Firmen.

Tab. 36

Struktur der Warenbezüge der kooperierten Einzelhandelsunternehmen im Nahrungs- und Genußmittelhandel
nach Sortimentsbereichen und Lieferantengruppen

Sortimentsbereich	... % der Warenbezüge werden bei folgender Lieferantengruppe getätigt: Mitgliedsfirmen von Einkaufsgenossenschaften/Handelsgruppen			Anschlußfirmen Freiwilliger Ketten und Gruppen			Kooperierter Einzelhandel insgesamt		
	Direkt von der Handelsgruppe	Von Streckenlieferanten	Von Fremdlieferanten	Direkt von der Gruppe	Von Streckenlieferanten	Von Fremdlieferanten	Direkt von der Handelsgruppe	Von Streckenlieferanten	Von Fremdlieferanten
Trockensortiment	70	16	14	64	19	17	68	17	15
Non-Food-Artikel	41	33	26	31	37	32	38	35	27
Obst und Gemüse	39	29	32	46	20	34	41	27	32
Wurst und Fleisch	39	25	36	28	32	40	35	28	37
Molkereiprodukte	35	37	28	34	43	23	35	38	27
Brot und Backwaren	13	41	46	14	49	37	13	43	44
Tiefkühlkost	33	43	24	44	31	25	36	40	24
Sonstige Waren	42	33	25	42	28	30	42	32	26

Quelle: Erhebungen des Ifo-Instituts 1980/81.

Tab. 37 Entwicklung der Struktur des Wareneinkaufs der Mitgliedsfirmen von Kooperationsgruppen im Nahrungs- und Genußmittelhandel

Lieferantengruppe / Entwicklung	Bei ... % der Unternehmen lagen beim Wareneinkauf in den letzten Jahren folgende Entwicklungen vor		
	Mitgliedsfirmen von Einkaufsgenossenschaften/ Handelsgruppen	Anschlußfirmen Freiwilliger Ketten und Gruppen	Kooperierter Einzelhandel insgesamt
Von der Handelsgruppe/Kette direkt			
stark zugenommen	22	27	23
etwas zugenommen	42	41	42
sich nicht verändert	22	17	21
etwas abgenommen	12	13	12
stark abgenommen	2	2	2
Von Streckenlieferanten			
stark zugenommen	8	13	9
etwas zugenommen	32	39	35
sich nicht verändert	45	31	41
etwas abgenommen	13	14	13
stark abgenommen	2	3	2
Von Fremdlieferanten			
stark zugenommen	5	7	5
etwas zugenommen	17	18	17
sich nicht verändert	39	32	37
etwas abgenommen	21	22	22
stark abgenommen	18	21	19

Quelle: Erhebungen des Ifo-Instituts 1980/81.

Tab. 38 Grad der Inanspruchnahme des Leistungsangebots der Kooperationsgruppen im Einzelhandel mit Nahrungs- und Genußmitteln

Leistungsangebot	... % der Unternehmen nehmen die von den Kooperationsgruppen angebotenen Leistungen folgendermaßen in Anspruch							
	Mitgliedsfirmen von Einkaufsgenossenschaften/Handelsgruppen				Anschlußfirmen Freiwilliger Ketten und Gruppen			
	regelmäßig	häufig	selten	überhaupt nicht	regelmäßig	häufig	selten	überhaupt nicht
WARENGESCHÄFT								
- Einkauf per Ordersatz	98	1	1	-	98	2	-	1
- Streckenlieferanten/Zentralregulierung	72	15	10	3	78	14	7	1
- Zusatzsortimente	31	25	26	18	43	30	25	2
- Eigenmarken/Handelsmarken	83	12	4	1	71	20	7	2
- Importe	29	10	21	40	33	23	29	15
SERVICE-FUNKTIONEN								
- Rechtsberatung (Vermittlung)	7	2	17	74	13	5	33	49
- Steuerberatung (Vermittlung)	34	2	3	61	42	5	8	45
- Versicherungsdienst (Vermittlung)	16	5	17	62	28	6	18	48
- Betriebsvergleich	60	6	10	24	46	16	14	24
- Betriebsberatung	16	10	34	40	28	11	33	28
- Kalkulationshilfen/Preisempfehlungen	83	8	4	5	77	14	4	5
- Darlehensgewährung, Gründungsdarlehen	12	3	18	67	11	6	27	56
- Kurzfristige Erfolgsrechnung	46	4	7	43	31	15	18	36
- Buchhaltung	26	1	2	71	31	1	5	63
MARKETING-FUNKTIONEN								
- Sortiments- und Wareninformationen und -beratung	77	10	9	4	64	19	12	5
- Saisonspezifische Wareninformationen	71	12	12	5	58	24	12	6
- Standortberatung und -prüfung	14	5	30	51	14	11	39	36
- Objektbezogene Ladengestaltung	16	9	38	37	21	12	42	25
- Vermietung von Ladenfläche	11	4	10	75	11	9	16	64
- Aus- und Fortbildung, Schulung	31	11	22	36	20	16	35	29
- Bereitstellung von Werbemitteln	85	5	4	6	84	10	3	3
- Warenbörsen	75	11	10	4	59	16	10	15
- Verkaufsförderung/Werbung	77	11	6	6	72	17	9	2
- Sonderaktionen, Sonderangebote	91	5	2	2	89	9	2	1

Quelle: Erhebungen des Ifo-Instituts 1980/81.

Tab. 39 Geplante Inanspruchnahme des Leistungsangebots der Kooperationsgruppen des Nahrungs- und Genußmittelhandels in den nächsten Jahren

Leistungsangebot	Bei ... % der Unternehmen bestehen hinsichtlich der Inanspruchnahme des Leistungsangebots der Kooperationsgruppen folgende Planabsichten					
	Mitgliedsfirmen von Einkaufsgenossenschaften/Handelsgruppen			Anschlußfirmen Freiwilliger Ketten und Gruppen		
	Intensivierung	Verringerung	Keine Veränderung	Intensivierung	Verringerung	Keine Veränderung
WARENGESCHÄFT						
- Einkauf per Ordersatz	24	1	75	32	3	65
- Streckenlieferanten/Zentralregulierung	19	7	74	26	11	63
- Zusatzsortimente	21	4	75	31	8	61
- Eigenmarken/Handelsmarken	27	2	71	44	3	53
- Importe	14	1	85	28	3	69
SERVICE-FUNKTIONEN						
- Rechtsberatung (Vermittlung)	7	1	92	14	1	85
- Steuerberatung (Vermittlung)	10	1	89	18	3	79
- Versicherungsdienst (Vermittlung)	6	1	93	10	4	86
- Betriebsvergleich	17	1	82	29	1	70
- Betriebsberatung	21	1	78	40	1	59
- Kalkulationshilfen/Preisempfehlungen	13	1	86	20	2	78
- Darlehensgewährung, Gründungsdarlehen	8	4	88	7	12	81
- Kurzfristige Erfolgsrechnung	15	1	84	28	1	71
- Buchhaltung	7	1	92	14	2	84
MARKETING-FUNKTIONEN						
- Sortiments- und Wareninformationen und -beratung	20	1	79	36	1	63
- Saisonspezifische Wareninformationen	19	–	81	32	1	67
- Standortberatung und -prüfung	16	2	82	22	1	77
- Objektbezogene Ladengestaltung	20	2	78	34	3	63
- Vermietung von Ladenfläche	8	2	90	11	2	87
- Aus- und Fortbildung, Schulung	24	1	75	43	2	55
- Bereitstellung von Werbemitteln	22	1	77	32	4	64
- Warenbörsen	22	3	75	23	7	70
- Verkaufsförderung/Werbung	24	1	75	37	2	61
- Sonderaktionen, Sonderangebote	24	2	74	36	5	59

Quelle: Erhebungen des Ifo-Instituts 1980/81.

Tab. 40

Beurteilung des Leistungsangebots der Kooperationsgruppen im Nahrungs- und Genußmittelhandel durch die Einzelhandelsunternehmen nach Gruppen

Funktion/ Leistung	... % der Unternehmen beurteilen die einzelnen Leistungen als									
	Mitgliedsfirmen von Einkaufsgenossenschaften/ Handelsgruppen					Anschlußfirmen Freiwilliger Ketten und Gruppen				
	sehr gut	gut	befriedigend	ausreichend	mangelhaft	sehr gut	gut	befriedigend	ausreichend	mangelhaft
Sonderangebotsaktionen	23	58	15	3	1	25	46	21	6	2
Bezugspreisniveau	9	48	32	6	5	7	39	35	11	8
Preis- und Sortimentsempfehlungen	10	59	24	5	2	8	49	28	11	4
Schulung, Aus- und Fortbildung	18	60	13	6	3	11	37	23	14	15
Berechnungssystem	16	55	20	5	4	17	53	18	9	3
Lieferbereitschaft/ Lieferrhythmus	21	60	13	4	2	23	50	16	8	3
Betriebswirtschaftliche Beratung	8	52	23	10	7	4	35	30	15	16
Waren- und Verkaufsberatung	11	57	19	8	5	12	46	24	11	7
Verkaufsförderung/Werbung	15	64	14	5	2	14	49	26	6	5
Markt- und Brancheninformation	11	62	18	6	3	5	47	28	11	9

Quelle: Erhebungen des Ifo-Instituts 1980/81.

Tab. 41

Einstellung der kooperierten Einzelhandelsunternehmen zum Aufbau von Einzelhandelsgeschäften durch die Kooperationsgruppe im Nahrungs- und Genußmittelhandel

Kooperationsgruppe	... % der Unternehmen sehen im Aufbau von eigenen Einzelhandelsgeschäften ihrer Kooperationsgruppe/Großhandelszentrale								
	eine direkte Konkurrenz			eine bedenkliche Entwicklung für die Ziele der Kooperationsgruppe			ein Mittel zur Stärkung der Kooperationsgruppe insgesamt		
	ja	nein	teils/teils	ja	nein	teils/teils	ja	nein	teils/teils
Kooperierter Nahrungs- und Genußmittelhandel insgesamt	39	33	28	30	49	21	65	16	19
Mitgliedsfirmen von Einkaufsgenossenschaften/ Handelsgruppen	38	33	29	22	59	19	72	11	17
Anschlußfirmen Freiwilliger Ketten und Gruppen	42	33	25	48	26	26	44	30	26

Quelle: Erhebungen des Ifo-Instituts 1980/81.

Tab. 42

Einstellung der Einzelhandelsunternehmen zur Handelsmarkenpolitik der Kooperationsgruppe im Nahrungs- und Genußmittelhandel nach Gruppen

Kooperationsgruppe	... % der Unternehmen sehen in der Eigen-/Handelsmarkenpolitik ihrer Gruppe/Kette ein wichtiges Wettbewerbsinstrument für ihr Einzelhandelsgeschäft			... % der Unternehmen fühlen sich durch die Eigen-/Handelsmarkenpolitik ihrer Gruppe/Kette in ihrer eigenen Sortiments- und Verkaufspolitik		
	ja	nein	teils/teils	bestärkt und unterstützt	eingeschränkt	überhaupt nicht beeinflußt
Kooperierter Nahrungs- und Genußmittelhandel insgesamt	74	9	17	76	5	19
Mitgliedsfirmen von Einkaufsgenossenschaften/ Handelsgruppen	78	7	15	80	4	16
Anschlußfirmen Freiwilliger Ketten und Gruppen	64	14	22	64	7	29

Quelle: Erhebungen des Ifo-Instituts 1980/81.

Tab. 43

Relevanz der Kooperationsgruppen für Wettbewerbsfähigkeit und Existenzsicherung im Nahrungs- und Genußmittelhandel

Kooperationsgruppe	Nach Aussagen von ... % der Unternehmen ist für Wettbewerbsfähigkeit und längerfristige Existenzsicherung die Zugehörigkeit zu einer Kooperationsgruppe		
	von entscheidender Bedeutung	nicht so entscheidend	von untergeordneter Bedeutung
Kooperierter Nahrungs- und Genußmittelhandel insgesamt	86	11	3
Mitgliedsfirmen von Einkaufsgenossenschaften/ Handelsgruppen	88	10	2
Anschlußfirmen Freiwilliger Ketten und Gruppen	80	15	5

Quelle: Erhebungen des Ifo-Instituts 1980/81.

Tab. 44

Wettbewerbsposition und Wettbewerbsperspektiven der kooperierten Einzelhandelsunternehmen im Nahrungs- und Genußmittelhandel

Kooperationsgruppe	... % der kooperierten Einzelhandelsunternehmen beurteilen									
	ihre derzeitige Wettbewerbsposition als					ihre längerfristigen Geschäftsaussichten und Existenzchancen als				
	sehr gut	gut	befriedigend	schlecht	sehr schlecht	sehr gut	gut	befriedigend	schlecht	sehr schlecht
Kooperierter Nahrungs- und Genußmittelhandel insgesamt	3	29	54	12	2	3	25	49	20	3
Mitgliedsfirmen von Einkaufsgenossenschaften/ Handelsgruppen	4	28	54	12	2	3	27	47	19	4
Anschlußfirmen Freiwilliger Ketten und Gruppen	2	31	52	12	3	3	22	53	20	2

Quelle: Erhebungen des Ifo-Instituts 1980/81.

Tab. 45

Die stärksten unmittelbaren Konkurrenten im Nahrungs- und Genußmittelhandel im Urteil der Unternehmen

Betriebsform/ Angebotstyp	Von ... % der Unternehmen[a] der einzelnen Kooperationsgruppen werden als stärkste unmittelbare Konkurrenten angesehen	
	Mitgliedsfirmen von Einkaufsgenossenschaften/ Handelsgruppen	Anschlußfirmen Freiwilliger Ketten und Gruppen
Warenhaus	7	12
Kaufhaus	7	9
Verbrauchermarkt/ SB-Warenhaus	85	76
Fachdiscounter	17	30
C&C-Betrieb	26	27
Filialunternehmen	39	37
Mitglieder anderer Handelsgruppen	15	21
Ungebundene Fachgeschäfte	3	3
Sonstige	1	6

a) Mehrfachmeldungen möglich.

Quelle: Erhebungen des Ifo-Instituts 1980/81.

Tab. 46

Die Bedeutung der Wettbewerbsinstrumente im Nahrungs- und Genußmittelhandel im Urteil der Unternehmen

Wettbewerbsinstrument	Zur Erhaltung und Verbesserung der Wettbewerbsfähigkeit legen ... % der Unternehmen[a] besonderes Gewicht auf den Einsatz folgender Wettbewerbsinstrumente	
	Mitgliedsfirmen von Einkaufsgenossenschaften/ Handelsgruppen	Anschlußfirmen Freiwilliger Ketten und Gruppen
Preis	62	58
Sortiment	44	57
Warenqualität	75	83
Geschäftsausstattung	16	24
Information	11	14
Service	52	61
Werbung	48	56
Verkaufsförderung	13	18
Sonderangebote	68	58
Standort	12	11

a) Mehrfachmeldungen möglich.

Quelle: Erhebungen des Ifo-Instituts 1980/81.

Tab. 47

Bedeutende Verbundgruppen des Einzelhandels mit Textilien und Bekleidung (einschließlich Heimtextilien)

- Angaben für das Jahr 1980 -

Verbundgruppe	Umsatz der Verbundgruppe in Mill. DM	Zahl der Mitgliedsunternehmen	Einzelhandelsumsatz der Mitglieder in Mill. DM
abz-Zentraleinkaufsagentur für Bekleidung GmbH, Essen	400	72	1900
Bettenkreis GmbH & Co KG, Duisburg	67	65	200
Bettenring e.G., Filderstadt	46	120	140
hadeka Handelszentrale Deutscher Kaufhäuser e.G., Schwalbach/Ts.	650	900	2000
KATAG AG Textileinkaufsverband, Bielefeld	500	260	2120
KMT-Rheintextil GmbH, Köln	600	220	1900
Südbund Einkaufsverband für Heimtextilien e.G., Sechselberg	145	400	460
SÜTEX Textil-Verbund e.G., Sindelfingen	700	900	2200
temo mode & textil verbund GmbH, Augsburg/Sprockhövel 1)	600	über 2000	
Unitex-Textileinkaufsverband GmbH, Neu-Ulm	200	620	450
WHG-Einkaufs GmbH, Hagen		21	770

1) Zusammenschluß aus der Agetex Textil und Mode Partner GmbH, Sprockhövel, und der EVG-Einkaufs- und Verkaufsgesellschaft für Textil- und Mode GmbH, Augsburg.

Quelle: Geschäftsberichte, Pressenotizen, Informationen von Verbänden und Unternehmen sowie Berechnungen und Schätzungen des Ifo-Instituts.

Tab. 48

Marktanteile der Betriebsformen des Einzelhandels mit Textilien und Bekleidung von 1970 bis 1980

Umsatzanteile in %

Betriebsform	1970	1976	1978	1980
Fach-Einzelhandel	57,9	55,9	55,1	53,7
- Kooperierter Handel	25,5	26,8	27,0	27,5
- Nichtorganisierter Handel	32,4	29,1	28,1	26,2
Großfilialunternehmen	9,5	12,0	13,5	15,0
Warenhäuser	20,2	18,8	17,1	16,5
Versandhandel	6,7	7,0	7,4	7,6
Verbrauchermärkte/SB-Warenhäuser (einschl. Lebensmittel- und Gemischtwarengeschäfte)	3,5	3,5	4,0	4,2
Branchenfremder Einzelhandel (z.B. Einzelhandel mit Sportartikeln und Möbeln)	2,2	2,8	2,9	3,0
Insgesamt	100	100	100	100

Quelle: Berechnungen und Schätzungen des Ifo-Instituts nach Unterlagen des Statistischen Bundesamtes sowie von Verbundgruppen, Fachverbänden und Firmen.

Tab. 49

Struktur der Warenbezüge der kooperierten Einzelhandelsunternehmen im Textilien- und Bekleidungshandel

nach Unternehmensgrößenklassen

Unternehmensgrößenklasse (Jahresumsatz in DM)	... % der Warenbezüge werden bei folgender Lieferantengruppe getätigt														
	Direkt vom Einkaufsverband					Über Vertragslieferanten					Von Fremdlieferanten				
	unter 20%	20-40%	40-60%	60-80%	über 80%	unter 20%	20-40%	40-60%	60-80%	über 80%	unter 20%	20-40%	40-60%	60-80%	über 80%
Bis unter 250.000	14	38	24	10	14	35	40	15	10	–	55	25	10	10	–
250.000 bis unter 500.000	16	35	30	14	5	17	45	25	11	2	63	33	4	–	–
500.000 bis unter 1 Mill.	26	35	27	10	2	13	47	28	11	1	49	37	12	2	–
1 Mill. bis unter 2 Mill.	28	45	18	7	2	13	51	27	7	2	39	42	13	5	1
2 Mill. bis unter 5 Mill.	44	38	14	4	–	15	45	31	6	3	25	48	16	8	3
5 Mill. bis unter 10 Mill.	49	37	12	2	–	12	61	23	4	–	12	49	25	13	1
10 Mill. und mehr	46	34	11	9	–	21	53	20	6	–	8	40	40	10	2
Insgesamt	32	38	20	8	2	14	49	27	8	2	38	41	15	5	1

Quelle: Erhebungen des Ifo-Instituts 1980/81.

Tab. 50

Entwicklung der Struktur des Wareneinkaufs der Mitgliedsfirmen von Kooperationsgruppen im Textilien- und Bekleidungshandel

Lieferantengruppe	Bei ... % der Unternehmen hat sich der Wareneinkauf von den einzelnen Lieferantengruppen in den letzten Jahren folgendermaßen entwickelt				
	stark zugenommen	etwas zugenommen	sich nicht verändert	etwas abgenommen	stark abgenommen
Vom Einkaufsverband direkt	31	43	17	8	1
Von Vertragslieferanten des Einkaufsverbandes	29	46	19	5	1
Von Fremdlieferanten	5	25	25	28	17

Quelle: Erhebungen des Ifo-Instituts 1980/81.

Tab. 51

Grad der Inanspruchnahme des Leistungsangebots
der Kooperationsgruppen
im Einzelhandel mit Textilien und Bekleidung

Leistungsangebot	... % der Unternehmen nehmen die von den Kooperationsgruppen angebotenen Leistungen folgendermaßen in Anspruch			
	regelmäßig	häufig	selten	überhaupt nicht
WARENFUNKTIONEN				
- Lagereinkauf (Eigengeschäft)	61	19	19	1
- Vor-Order-Einkauf	82	12	5	1
- Einkauf über Vertragslieferanten	76	18	6	-
- Zentralregulierung	89	8	1	2
- Angebot eines Stammsortiments	44	24	26	6
- Sortimentsberatung/-empfehlung	24	15	39	22
- Handels- bzw. Eigenmarken/Exklusivmodelle	44	29	22	5
- Ergänzungs-Sortimente	28	21	37	14
- Importe	62	19	16	3
SERVICE-FUNKTIONEN				
- Rechtsberatung (Vermittlung)	7	6	40	47
- Steuerberatung (Vermittlung)	5	4	20	71
- Versicherungsberatung	22	11	31	36
- Betriebsvergleich	65	6	9	20
- Betriebsberatung	15	9	44	32
- Kalkulationshilfen/Preisempfehlungen	30	16	30	24
- Gründungs- und Ladenbaudarlehen	3	1	10	86
- Kurzfristige Erfolgsrechnung	43	2	6	49
- Buchhaltung	13	2	6	79
- Vermietung von Ladenflächen	3	1	6	90
MARKETING-FUNKTIONEN				
- Brancheninformationen	57	22	17	4
- Spezielle Waren- und Modeinformationen	67	23	8	2
- Standortberatung	7	5	34	54
- Objektbezogene Ladengestaltung	9	8	46	37
- Aus- und Fortbildung, Schulung	21	25	39	15
- Bereitstellung v. Werbemitteln (Prosp.)	44	29	22	5
- Musterungs-, Waren- bzw. Bestellkataloge	54	20	18	8
- Börsen, Mode- u. Musterschauen	60	19	13	8
- Verkaufshilfen, Verkaufsförderung	34	30	28	8
- Sonderaktionen, Sonderangebote	44	33	20	3

Quelle: Erhebungen des Ifo-Instituts 1980/81.

Tab. 52

Beurteilung des Leistungsangebots der Kooperationsgruppen im Textilien- und Bekleidungshandel durch die Einzelhandelsunternehmen

Funktion/ Leistung	... % der Unternehmen beurteilen die einzelnen Leistungen als				
	sehr gut	gut	befriedigend	ausreichend	mangelhaft
Kreis der Vertragslieferanten	29	54	14	2	1
Bezugspreise im Lagergeschäft	10	39	32	14	5
Bezugspreise im Delkrederegeschäft	12	48	32	6	2
Rückvergütungssystem im Lagergeschäft	10	27	32	16	15
Rückvergütungssystem im Delkrederegeschäft	9	29	36	17	9
Sonderangebotsaktionen	12	39	32	13	4
Preisempfehlungen	5	38	34	19	5
Sortimentsempfehlungen	7	38	35	16	4
Betriebsberatung	14	39	26	13	8
Verkaufsförderung/Werbung	13	46	28	9	4
Markt-, Branchen- bzw. Modeinformationen	17	51	22	7	3

Quelle: Erhebungen des Ifo-Instituts 1980/81.

Tab. 53

Einstellung der kooperierten Einzelhandelsunternehmen zum Aufbau von Einzelhandelsgeschäften durch die Kooperationsgruppe im Textilien- und Bekleidungshandel

Unternehmensgrößenklasse (Jahresumsatz in DM)	... % der Unternehmen sehen im Aufbau von eigenen Einzelhandelsgeschäften ihrer Kooperationsgruppe/Großhandelszentrale								
	eine direkte Konkurrenz			eine bedenkliche Entwicklung für die Ziele der Kooperationsgruppe			ein Mittel zur Stärkung der Kooperationsgruppe insgesamt		
	ja	nein	teils/teils	ja	nein	teils/teils	ja	nein	teils/teils
Unter 250.000	66	22	22	65	23	12	17	83	-
250.000 bis unter 500.000	69	12	19	82	9	9	13	78	9
500.000 bis unter 1 Mill.	77	12	11	88	6	5	8	81	11
1 Mill. bis unter 2 Mill.	80	9	11	88	5	7	6	83	11
2 Mill. bis unter 5 Mill.	81	10	9	86	8	6	10	81	9
5 Mill. bis unter 10 Mill.	78	10	12	87	9	4	4	87	9
10 Mill. und mehr	76	9	15	84	9	7	13	76	11
Insgesamt	78	11	11	87	7	6	9	81	10

Quelle: Erhebungen des Ifo-Instituts 1980/81.

Tab. 54

Einstellung der Einzelhandelsunternehmen zur Handelsmarkenpolitik der Kooperationsgruppe im Textilien- und Bekleidungshandel

Unternehmensgrößenklasse (Jahresumsatz in DM)	... % der Unternehmen sehen in der Handelsmarkenpolitik bzw. in den Exklusivmodellen ihres Einkaufsverbandes ein wichtiges Wettbewerbsinstrument für ihr Einzelhandelsgeschäft			... % der Unternehmen sehen sich durch die Handelsmarkenpolitik bzw. durch die Exklusivmodelle ihres Einkaufsverbandes in ihrer eigenen Sortiments- und Markenpolitik eingeschränkt		
	ja	nein	teils/teils	ja	nein	teils/teils
Unter 250.000	59	9	32	-	100	-
250.000 bis unter 500.000	70	10	20	1	93	6
500.000 bis unter 1 Mill.	74	9	17	-	96	4
1 Mill. bis unter 2 Mill.	77	6	17	1	93	6
2 Mill. bis unter 5 Mill.	76	7	17	3	93	3
5 Mill. bis unter 10 Mill.	82	7	11	1	97	2
10 Mill. und mehr	84	7	9	-	91	9
Insgesamt	76	8	16	1	94	5

Quelle: Erhebungen des Ifo-Instituts 1980/81.

Tab. 55

Relevanz der Kooperationsgruppen für Wettbewerbsfähigkeit und Existenzsicherung im Textilien- und Bekleidungshandel

Unternehmensgrößenklasse (Jahresumsatz in DM)	Nach Aussagen von ... % der Unternehmen ist für Wettbewerbsfähigkeit und längerfristige Existenzsicherung die Zugehörigkeit zu einer Kooperationsgruppe		
	von entscheidender Bedeutung	nicht so entscheidend	von untergeordneter Bedeutung
Unter 250.000	73	27	-
250.000 bis unter 500.000	86	11	3
500.000 bis unter 1 Mill.	77	21	2
1 Mill. bis unter 2 Mill.	75	20	5
2 Mill. bis unter 5 Mill.	81	16	3
5 Mill. bis unter 10 Mill.	82	14	4
10 Mill. und mehr	85	12	3
Insgesamt	79	18	3

Quelle: Erhebungen des Ifo-Instituts 1980/81.

Tab. 56

Wettbewerbsposition und Wettbewerbsperspektiven der kooperierten Einzelhandelsunternehmen im Textilien- und Bekleidungshandel

Unternehmensgrößenklasse (Jahresumsatz in DM)	... % der kooperierten Einzelhandelsunternehmen beurteilen									
	ihre derzeitige Wettbewerbsposition als					ihre längerfristigen Geschäftsaussichten und Existenzchancen als				
	sehr gut	gut	befriedigend	schlecht	sehr schlecht	sehr gut	gut	befriedigend	schlecht	sehr schlecht
Unter 250.000	-	41	36	23	-	-	32	59	5	4
250.000 bis unter 500.000	1	26	65	8	-	1	30	56	13	-
500.000 bis unter 1 Mill.	1	39	52	8	-	3	36	52	9	-
1 Mill. bis unter 2 Mill.	2	38	52	7	1	2	38	50	9	1
2 Mill. bis unter 5 Mill.	2	44	49	5	-	1	36	54	9	-
5 Mill. bis unter 10 Mill.	5	43	49	3	-	2	31	64	3	-
10 Mill. und mehr	7	39	49	5	-	3	31	63	3	-
Insgesamt	2	39	52	7	-	2	35	54	9	-

Quelle: Erhebungen des Ifo-Instituts 1980/81.

Tab. 57

Bedeutende Verbundgruppen des Einzelhandels mit Schuhen und Schuhwaren im Jahre 1980

Verbundgruppe	Zahl der Mitglieds-unternehmen (Filialen)	Einzelhandels-umsatz der Mitgliedsunternehmen in Mill.DM
Ariston-Schuh-Einkaufsvereinigung eG, Düsseldorf	480	980
Garant Schuhgilde eG, Düsseldorf	ca. 1650	1200
Nord-West-Ring Schuh-Einkaufsgenossenschaft eG, Frankfurt/M.	ca. 1400	1400
Rexor Schuh-Einkaufsvereinigung eG, Frankfurt/M.	ca. 600	375
GEB-Schuh-Großeinkaufs-Bund GmbH & Co KG, Essen	ca. 20	400
Salamander Bund GmbH, Kornwestheim	ca. 1400	1000

Quelle: Geschäftsberichte, Pressenotizen, Informationen von Verbänden und Unternehmen sowie Berechnungen und Schätzungen des Ifo-Instituts.

Tab. 58

Marktanteile der Betriebsformen des Einzelhandels mit Schuhen
von 1970 bis 1980
Umsatzanteile in %

Betriebsform	1970	1976	1978	1980
Fach-Einzelhandel	60,0	52,0	49,0	45,5
- Kooperierter Fachhandel	52,0	45,5	43,0	40,0
- Nichtorganisierter Fachhandel	8,0	6,5	6,0	5,5
Großfilialunternehmen	8,0	14,0	18,0	22,5
Warenhäuser	9,0	10,0	9,0	7,5
Versandhandel	5,5	7,0	6,5	7,0
Herstellerfilialunternehmen	5,5	4,0	4,0	4,0
Verbrauchermärkte/SB-Warenhäuser	2,0	4,0	4,5	5,0
Facheinzelhandel mit Sportartikeln	5,0	5,0	5,0	4,5
Nicht-institutioneller Einzelhandel (z. B. Schuhhandwerk)	5,0	4,0	4,0	4,0
Insgesamt	100	100	100	100

Quelle: Berechnungen und Schätzungen des Ifo-Instituts nach Unterlagen des Statistischen Bundesamtes sowie von Verbundgruppen, Fachverbänden und Firmen.

Tab. 59

Struktur der Warenbezüge der kooperierten Einzelhandelsunternehmen im Schuhhandel

Bezugsart	Nach den Firmenangaben entfallen ... % der Wareneinkäufe auf folgende Bezugsart
Über den Einkaufsverband insgesamt	79
davon	
- Bezüge aus dem Globalprogramm	29
- Bezüge vom Großhandel des Einkaufsverbandes	9
- Bezüge von Vertragslieferanten des Einkaufsverbandes	41
Von fremden Lieferanten	21

Quelle: Erhebungen des Ifo-Instituts 1980/81.

Tab. 60

Entwicklung der Struktur des Wareneinkaufs der Mitgliedsfirmen von Kooperationsgruppen im Schuhhandel

Lieferantengruppe	Bei ... % der Unternehmen hat sich der Wareneinkauf von den einzelnen Lieferantengruppen in den letzten Jahren folgendermaßen entwickelt				
	stark zugenommen	etwas zugenommen	sich nicht verändert	etwas abgenommen	stark abgenommen
Vom Einkaufsverband direkt (Globalprogramm und Großhandel)	31	43	20	5	1
Von Vertragslieferanten des Einkaufsverbandes	19	41	29	10	1
Von Fremdlieferanten	5	14	29	28	24

Quelle: Erhebungen des Ifo-Instituts 1980/81.

Tab. 61

Grad der Inanspruchnahme des Leistungsangebots der Kooperationsgruppen im Schuheinzelhandel

Leistungsangebot	... % der Unternehmen nehmen die von den Kooperationsgruppen angebotenen Leistungen folgendermaßen in Anspruch			
	regelmäßig	häufig	selten	überhaupt nicht
WARENFUNKTIONEN				
- Globalprogramm	88	7	4	1
- Großhandelsware des Einkaufsverbandes	55	22	20	3
- Disposition bei Vertragslieferanten	80	15	4	1
- Zentralregulierung	98	2	-	-
- Angebot eines Stammsortiments	66	12	13	9
- Sortimentsberatung/-empfehlung	47	16	20	17
- Handels- bzw. Gemeinschaftsmarke	68	15	13	4
- Ergänzungs-Sortimente	30	24	37	9
- Importprogramm	74	17	8	1
SERVICE-FUNKTIONEN				
- Rechtsberatung (Vermittlung)	11	5	48	36
- Steuerberatung (Vermittlung)	23	3	22	52
- Versicherungsdienst (Vermittlung)	32	6	26	36
- Betriebsvergleich	79	4	5	2
- Betriebsberatung	26	13	49	12
- Kalkulationshilfen/Preisempfehlungen	54	19	13	14
- Gründungs- und Ladenbaudarlehen	7	3	21	69
- Kurzfristige Erfolgsrechnung	51	2	6	41
- Buchhaltung	18	1	3	78
- EDV-Wareninformationssysteme	33	3	7	57
MARKETING-FUNKTIONEN				
- Brancheninformationen	74	13	10	3
- Spezielle Waren- und Modeinformationen	80	15	4	1
- Standortberatung und -prüfung	14	5	45	36
- Objektbezogene Ladengestaltung/Bauberatung	12	10	46	32
- Aus- und Fortbildung, Schulung	33	26	30	11
- Bereitstellung von Werbemitteln	77	16	5	2
- Musterungs- bzw. Bestellkataloge, Ordersätze	94	4	1	1
- Einkaufstage, Musterschauen	90	7	2	1
- Verkaufshilfen, Verkaufsförderung	53	22	18	7
- Sonderaktionen, Sonderangebote	29	18	40	13

Quelle: Erhebungen des Ifo-Instituts 1980/81.

Tab. 62

Geplante Inanspruchnahme des Leistungsangebots der Kooperationsgruppen des Schuhhandels in den nächsten Jahren

Leistungsangebot	Bei ... % der Unternehmen bestehen hinsichtlich der Inanspruchnahme des Leistungsangebots der Kooperationsgruppen folgende Planabsichten		
	Intensivierung	Verringerung	Keine Veränderung
WARENFUNKTIONEN			
- Globalprogramm	39	5	56
- Großhandelsware des Einkaufsverbandes	31	5	64
- Disposition bei Vertragslieferanten	28	8	64
- Zentralregulierung	26	1	73
- Angebot eines Stammsortiments	21	12	67
- Sortimentsberatung	34	2	64
- Handels- bzw. Gemeinschaftsmarke	24	4	72
- Ergänzungs-Sortimente	26	4	70
- Importprogramm	28	10	62
SERVICE-FUNKTIONEN			
- Rechtsberatung (Vermittlung)	19	1	80
- Steuerberatung (Vermittlung)	14	1	85
- Versicherungsdienst (Vermittlung)	10	2	88
- Betriebsvergleich	22	1	77
- Betriebsberatung	33	1	66
- Kalkulationshilfen/Preisempfehlungen	13	2	85
- Gründungs- und Ladenbaudarlehen	16	2	82
- Kurzfristige Erfolgsrechnung	28	1	71
- Buchhaltung	10	-	90
- EDV-Wareninformationssysteme	33	1	66
MARKETING-FUNKTIONEN			
- Brancheninformationen	27	-	73
- Spezielle Waren- und Modeinformationen	29	-	71
- Standortberatung und -prüfung	24	1	75
- Objektbezogene Ladengestaltung/Bauberatung	25	2	73
- Aus- und Fortbildung, Schulung	47	1	52
- Bereitstellung von Werbemitteln	24	5	71
- Musterungs- bzw. Bestellkataloge, Ordersätze	17	1	82
- Einkaufstage, Musterschauen	24	1	75
- Verkaufshilfen, Verkaufsförderung	33	-	67
- Sonderaktionen, Sonderangebote	32	1	67

Quelle: Erhebungen des Ifo-Instituts 1980/81.

Tab. 63

Beurteilung des Leistungsangebots der Kooperationsgruppen des Schuhhandels durch die Einzelhandelsunternehmen

Funktion/ Leistung	... % der Unternehmen beurteilen die einzelnen Leistungen als sehr gut	gut	befriedigend	ausreichend	mangelhaft
Kreis der Vertragslieferanten	37	53	9	1	-
Bezugspreise beim Globalprogramm	21	58	19	2	1
Bezugspreise bei Vertragslieferanten	13	55	28	3	1
Rückvergütungen beim Globalprogramm	22	50	23	4	1
Rückvergütungen des Einkaufsverbandes insgesamt	23	46	23	6	2
Sonderaktionen/Verkaufsförderung	7	32	35	18	8
Preisempfehlungen	9	48	29	10	4
Sortimentsempfehlungen	4	33	42	16	5
Betriebswirtschaftliche Beratung	16	45	24	10	5
Werbeaktivitäten	17	46	24	9	4
Markt-, Branchen- bzw. Wareninformationen	18	50	22	7	3

Quelle: Erhebungen des Ifo-Instituts 1980/81.

Tab. 64

Einstellung der kooperierten Einzelhandelsunternehmen zum Aufbau von Einzelhandelsgeschäften durch die Kooperationsgruppe im Schuhhandel

Unternehmensgrößenklasse (Jahresumsatz in DM)	... % der Unternehmen sehen im Aufbau von eigenen Einzelhandelsgeschäften ihrer Kooperationsgruppe								
	eine direkte Konkurrenz			eine bedenkliche Entwicklung für die Ziele der Kooperationsgruppe			ein Mittel zur Stärkung der Kooperationsgruppe insgesamt		
	ja	nein	teils/teils	ja	nein	teils/teils	ja	nein	teils/teils
Unter 250.000	69	13	18	82	15	3	15	78	7
250.000 bis unter 500.000	74	10	16	80	10	10	9	77	14
500.000 bis unter 1 Mill.	85	6	9	89	7	4	6	86	8
1 Mill. bis unter 2 Mill.	88	3	9	91	4	5	7	83	10
2 Mill. bis unter 5 Mill.	86	4	10	93	3	4	7	86	7
5 Mill. bis unter 10 Mill.	82	8	8	86	9	5	5	85	10
10 Mill. und mehr	69	-	31	75	17	8	30	60	10
Insgesamt	81	7	12	87	7	6	8	82	10

Quelle: Erhebungen des Ifo-Instituts 1980/81.

Tab. 65

Relevanz der Kooperationsgruppen für Wettbewerbsfähigkeit und Existenzsicherung im Schuhhandel

Unternehmensgrößenklasse (Jahresumsatz in DM)	Nach Aussagen von ... % der Unternehmen ist für Wettbewerbsfähigkeit und längerfristige Existenzsicherung die Zugehörigkeit zu einer Kooperationsgruppe		
	von entscheidender Bedeutung	nicht so entscheidend	von untergeordneter Bedeutung
Unter 250.000	91	9	-
250.000 bis unter 500.000	92	7	1
500.000 bis unter 1 Mill.	90	10	-
1 Mill. bis unter 2 Mill.	88	10	2
2 Mill. bis unter 5 Mill.	90	9	1
5 Mill. bis unter 10 Mill.	80	16	4
10 Mill. und mehr	77	23	-
Insgesamt	90	9	1

Quelle: Erhebungen des Ifo-Instituts 1980/81.

Tab. 66

Wettbewerbsposition und Wettbewerbsperspektiven der kooperierten Einzelhandelsunternehmen im Schuhhandel

Unternehmensgrößenklasse (Jahresumsatz in DM)	... % der kooperierten Einzelhandelsunternehmen beurteilen									
	ihre derzeitige Wettbewerbsposition als					ihre längerfristigen Geschäftsaussichten und Existenzchancen als				
	sehr gut	gut	befriedigend	schlecht	sehr schlecht	sehr gut	gut	befriedigend	schlecht	sehr schlecht
Unter 250.000	-	26	60	14	-	2	24	59	13	2
250.000 bis unter 500.000	2	43	51	4	-	1	36	56	6	1
500.000 bis unter 1 Mill.	5	46	45	4	-	3	38	51	8	-
1 Mill. bis unter 2 Mill.	3	45	47	5	-	2	39	54	5	-
2 Mill. bis unter 5 Mill.	9	40	51	-	-	3	42	54	1	-
5 Mill. bis unter 10 Mill.	-	52	44	4	-	4	44	48	4	-
10 Mill. und mehr	15	54	31	-	-	8	54	38	-	-
Insgesamt	4	43	49	4	-	2	38	54	6	-

Quelle: Erhebungen des Ifo-Instituts 1980/81.

Tab. 67

Bedeutende Verbundgruppen des Einzelhandels mit Sport- und Campingartikeln

Angaben für 1980

Verbundgruppe	Zahl der Mitgliedsunternehmen (Inland)	Einzelhandelsumsatz der Mitgliedsunternehmen in Mill. DM
Fachsport Handels GmbH, Frankfurt/M.	50	60
Intersport Deutschland eG, Heilbronn/Neckar	200	550 - 600
MSE-Münchner Sport Einkaufsgenossenschaft eG	325	450 - 500
Sport-Point der Optima Partner-System Gesellschaft, Baden-Baden	122	80
Sportring GmbH & Co KG, Heilbronn	220	175 - 200
Zentrasport Deutschland Sport-Marketing-Verbund GmbH & Co KG	160	400

Quelle: Geschäftsberichte, Pressenotizen, Informationen von Verbänden und Unternehmen sowie Berechnungen und Schätzungen des Ifo-Instituts.

Tab. 68

Marktanteile der Betriebsformen des Einzelhandels mit Camping- und Sportartikeln
von 1970 bis 1980
Umsatzanteile in %

Betriebsform	1970	1976	1978	1980
Fach-Einzelhandel	75	70	67	66
- Kooperierter Fachhandel	33	43	44	46
- Nichtorganisierter Fachhandel	42	27	23	20
Warenhäuser	13	15	16	16
Versandhandel	4	5	5	6
Verbrauchermärkte/SB-Warenhäuser	2	3	4	4
Branchenfremder Fachhandel (z.B. mit Bekleidung und Textilien)	6	7	8	8
Insgesamt	100	100	100	100

Quelle: Berechnungen und Schätzungen des Ifo-Instituts nach Unterlagen des Statistischen Bundesamtes sowie von Verbundgruppen, Fachverbänden und Firmen.

Tab. 69

Struktur der Warenbezüge der kooperierten Einzelhandelsunternehmen
im Sportartikelhandel
nach Unternehmensgrößenklassen

Unternehmensgrößenklasse (Jahresumsatz in DM)	... % der Warenbezüge werden bei folgender Lieferantengruppe getätigt														
	Direkt vom Einkaufsverband					Über Vertragslieferanten					Von Fremdlieferanten				
	unter 20%	20-40%	40-60%	60-80%	über 80%	unter 20%	20-40%	40-60%	60-80%	über 80%	unter 20%	20-40%	40-60%	60-80%	über 80%
Bis unter 250.000	-	100	-	-	-	-	-	100	-	-	100	-	-	-	-
250.000 bis unter 500.000	24	53	24	-	-	6	23	53	18	-	70	12	12	6	-
500.000 bis unter 1 Mill.	46	39	12	3	-	-	38	47	9	6	27	67	7	-	-
1 Mill. bis unter 2 Mill.	29	59	10	2	-	2	32	51	15	-	45	39	13	3	-
2 Mill. bis unter 5 Mill.	38	38	25	-	-	4	25	50	21	-	36	50	9	5	-
5 Mill. und mehr	60	10	20	-	10	10	30	50	10	-	20	40	40	-	-
Insgesamt	36	46	16	1	1	3	30	51	14	2	41	44	13	2	-

Quelle: Erhebungen des Ifo-Instituts 1980/81.

Tab. 70

Entwicklung der Struktur des Wareneinkaufs der Mitgliedsfirmen von Kooperationsgruppen im Sportartikelhandel

Lieferantengruppe	Bei ... % der Unternehmen hat sich der Wareneinkauf von den einzelnen Lieferantengruppen in den letzten Jahren folgendermaßen entwickelt				
	stark zugenommen	etwas zugenommen	sich nicht verändert	etwas abgenommen	stark abgenommen
Vom Einkaufsverband direkt	45	43	7	4	1
Von Vertragsliefe- ranten des Einkaufsverbandes	45	43	8	4	-
Von Fremdlieferanten	13	28	17	27	15

Quelle: Erhebungen des Ifo-Instituts 1980/81.

Tab. 71

Grad der Inanspruchnahme des Leistungsangebots der Kooperationsgruppen im Einzelhandel mit Sportartikeln

Leistungsangebot	... % der Unternehmen nehmen die von den Kooperationsgruppen angebotenen Leistungen folgendermaßen in Anspruch			
	regelmäßig	häufig	selten	überhaupt nicht
WARENFUNKTIONEN				
- Lagereinkauf (Eigengeschäft)	70	23	7	-
- Vor-Order-Einkauf	84	9	6	1
- Einkauf über Vertragslieferanten	71	26	3	-
- Zentralregulierung	94	6	-	-
- Angebot eines Stammsortiments	52	35	10	3
- Sortimentsberatung/-empfehlung	33	31	28	8
- Handels- bzw. Eigenmarken/Exklusivmodelle	57	25	16	2
- Ergänzungs-Sortimente	36	29	24	11
- Importe	48	33	17	2
SERVICE-FUNKTIONEN				
- Rechtsberatung (Vermittlung)	7	7	20	66
- Steuerberatung (Vermittlung)	3	8	10	79
- Versicherungsberatung	10	-	14	76
- Betriebsvergleich	54	8	9	29
- Betriebsberatung	25	9	34	32
- Kalkulationshilfen/Preisempfehlungen	63	20	11	6
- Gründungs- und Ladenbaudarlehen	3	-	19	78
- Kurzfristige Erfolgsrechnung	45	10	2	43
- Buchhaltung	18	3	6	73
- Vermietung von Ladenflächen	4	-	8	88
MARKETING-FUNKTIONEN				
- Brancheninformationen	73	20	7	-
- Spezielle Waren- und Modeinformationen	66	20	13	1
- Standortberatung	20	3	31	46
- Objektbezogene Ladengestaltung	13	8	32	47
- Aus- und Fortbildung, Schulung	37	25	32	6
- Bereitstellung v. Werbemitteln (Prosp.)	57	29	12	2
- Musterungs-, Waren- bzw. Bestellkataloge	78	16	3	3
- Börsen, Mode- u. Musterschauen	68	18	9	5
- Verkaufshilfen, Verkaufsförderung	40	38	14	8
- Sonderaktionen, Sonderangebote	41	34	22	3

Quelle: Erhebungen des Ifo-Instituts 1980/81.

Tab. 72

Geplante Inanspruchnahme des Leistungsangebots der Kooperationsgruppen des Sportartikelhandels in den nächsten Jahren

Leistungsangebot	Bei ... % der Unternehmen bestehen hinsichtlich der Inanspruchnahme des Leistungsangebots der Kooperationsgruppen folgende Planabsichten		
	Intensivierung	Verringerung	Keine Veränderung
WARENFUNKTIONEN			
- Lagereinkauf (Eigengeschäft)	64	1	35
- Vor-Order-Einkauf	45	7	48
- Einkauf über Vertragslieferanten	46	2	52
- Zentralregulierung	57	-	43
- Angebot eines Stammsortiments	44	2	54
- Sortimentsberatung	52	4	44
- Handels- bzw. Eigenmarken/Exklusivmodelle	44	9	47
- Ergänzungs-Sortimente	44	8	48
- Importe	47	8	45
SERVICE-FUNKTIONEN			
- Rechtsberatung (Vermittlung)	27	3	70
- Steuerberatung (Vermittlung)	21	-	79
- Versicherungsberatung	26	3	71
- Betriebsvergleich	46	2	52
- Betriebsberatung	43	2	55
- Kalkulationshilfen/Preisempfehlungen	40	1	59
- Gründungs- und Ladenbaudarlehen	17	-	87
- Kurzfristige Erfolgsrechnung	48	2	50
- Buchhaltung	17	-	83
- Vermietung von Ladenflächen	6	-	94
MARKETING-FUNKTIONEN			
- Brancheninformationen	39	-	61
- Spezielle Waren- und Modeinformationen	43	-	57
- Standortberatung	30	-	70
- Objektbezogene Ladengestaltung	36	-	64
- Aus- und Fortbildung, Schulung	59	-	41
- Bereitstellung v. Werbemitteln (Prosp.)	30	11	59
- Musterungs-, Waren- bzw. Bestellkataloge	34	1	65
- Börsen, Mode- u. Musterschauen	34	-	66
- Verkaufshilfen, Verkaufsförderung	43	-	57
- Sonderaktionen, Sonderangebote	54	-	46

Quelle: Erhebungen des Ifo-Instituts 1980/81.

Tab. 73

Beurteilung des Leistungsangebots der Kooperationsgruppen des Sportartikelhandels durch die Einzelhandelsunternehmen

Funktion/ Leistung	... % der Unternehmen beurteilen die einzelnen Leistungen als				
	sehr gut	gut	befriedigend	ausreichend	mangelhaft
Kreis der Vertragslieferanten	31	52	13	4	-
Bezugspreise im Lagergeschäft	16	53	29	1	1
Bezugspreise im Delkrederegeschäft	11	50	33	5	1
Rückvergütungssystem im Lagergeschäft	5	41	29	12	13
Rückvergütungssystem im Delkrederegeschäft	9	36	30	11	14
Sonderangebotsaktionen	6	22	42	14	16
Preisempfehlungen	8	56	28	6	2
Sortimentsempfehlungen	4	36	43	13	3
Betriebsberatung	9	26	28	22	15
Verkaufsförderung/Werbung	13	44	27	11	5
Markt-, Branchen- bzw. Modeinformationen	6	49	25	14	6

Quelle: Erhebungen des Ifo-Instituts 1980/81.

Tab. 74

Einstellung der Einzelhandelsunternehmen zur Handelsmarkenpolitik der Kooperationsgruppe im Sportartikelhandel

Unternehmensgrößenklasse (Jahresumsatz in DM)	... % der Unternehmen sehen in der Handelsmarkenpolitik bzw. in den Exklusivmodellen ihres Einkaufsverbandes ein wichtiges Wettbewerbsinstrument für ihr Einzelhandelsgeschäft			... % der Unternehmen sehen sich durch die Handelsmarkenpolitik bzw. durch die Exklusivmodelle ihres Einkaufsverbandes in ihrer eigenen Sortiments- und Markenpolitik eingeschränkt		
	ja	nein	teils/teils	ja	nein	teils/teils
Unter 250.000	50	-	50	-	100	-
250.000 bis unter 500.000	50	12	38	-	100	-
500.000 bis unter 1 Mill.	64	14	22	-	89	11
1 Mill. bis unter 2 Mill.	69	5	26	2	88	10
2 Mill. bis unter 5 Mill.	72	8	20	4	88	8
5 Mill. und mehr	77	8	15	-	100	-
Insgesamt	66	9	25	2	91	7

Quelle: Erhebungen des Ifo-Instituts 1980/81.

Tab. 75

Wettbewerbsposition und Wettbewerbsperspektiven der kooperierten Einzelhandelsunternehmen im Sportartikelhandel

Unternehmensgrößenklasse (Jahresumsatz in DM)	... % der kooperierten Einzelhandelsunternehmen beurteilen									
	ihre derzeitige Wettbewerbsposition als					ihre längerfristigen Geschäftsaussichten und Existenzchancen als				
	sehr gut	gut	befriedigend	schlecht	sehr schlecht	sehr gut	gut	befriedigend	schlecht	sehr schlecht
Unter 250.000	–	50	50	–	–	–	–	100	–	–
250.000 bis unter 500.000	6	23	53	18	–	6	17	59	12	6
500.000 bis unter 1 Mill.	6	43	43	8	–	–	53	44	3	–
1 Mill. bis unter 2 Mill.	–	38	60	2	–	–	40	55	5	–
2 Mill. bis unter 5 Mill.	4	48	44	4	–	4	52	44	–	–
5 Mill. und mehr	–	69	31	–	–	–	69	31	–	–
Insgesamt	3	43	48	6	–	1	45	49	4	1

Quelle: Erhebungen des Ifo-Instituts 1980/81.

Tab. 76

Bedeutende Verbundgruppen des Einzelhandels mit Möbeln

Angaben für 1980

Verbundgruppe	Zahl der Mitglieds-unternehmen (Inland)	Einzelhandels-umsatz der Mit-gliedsunternehmen in Mill. DM
Deutscher Möbel-Verbund Handels-GmbH, Eching	260	1600
EFM-Einkaufsgemeinschaft führender Möbelhäuser, Gelsenkirchen	10	500
GARANT-Möbel, Rheda-Wiedenbrück	250	700
GFM-Möbeleinkaufs-verband, München	240	1400
Großeinkauf EUROPA-Möbel GmbH & Co KG, Bonn	170	1850
Musterring-International Josef Hoener GmbH & Co KG, Rheda-Wiedenbrück	190	1500
REGENT-Möbel Großeinkauf GmbH & Co KG, Gelsenkirchen	250	1600
VME-Vereinigte Möbel-einkaufs-GmbH, Bielefeld	160	1300
WK-Möbel Gesellschaft für Wohngestaltung mbH, Echterdingen	120	600
WEG-Beteiligungsgesell-schaft mbH Wohnungs- und Einrichtungs-KG, Oberhausen	190	700

Quelle: Geschäftsberichte, Pressenotizen, Informationen von Verbänden und Unternehmen sowie Berechnungen und Schätzungen des Ifo-Instituts.

Tab. 77

Marktanteile der Betriebsformen des Einzelhandels mit Möbeln
von 1970 bis 1980
Umsatzanteile in %

Betriebsform	1970	1976	1978	1980
Möbel-Fachhandel	67	65	63	62,5
- Kooperierter Fachhandel	47	50	54	55
- Nichtorganisierter Fachhandel	20	15	9	7,5
Großfilialunternehmen	2	6	8	9
Warenhäuser	4	8	9	9
Versandhandel	6	4	3	3
Verbrauchermärkte/SB-Warenhäuser	1	2	3	4
Nicht-institutioneller Einzelhandel (z.B. Großhandel, Handwerk, Industrie)	20	15	14	12,5
Insgesamt	100	100	100	100

Quelle: Berechnungen und Schätzungen des Ifo-Instituts nach Unterlagen des Statistischen Bundesamtes sowie von Verbundgruppen, Fachverbänden und Firmen.

Tab. 78

Struktur der Warenbezüge der kooperierten Einzelhandelsunternehmen
im Möbelhandel
nach Unternehmensgrößenklassen

Unternehmensgrößenklasse (Jahresumsatz in DM)	... % der Warenbezüge werden bei folgender Lieferantengruppe getätigt														
	Direkt vom Einkaufsverband					Über Vertragslieferanten					Von Fremdlieferanten				
	unter 20%	20-40%	40-60%	60-80%	über 80%	unter 20%	20-40%	40-60%	60-80%	über 80%	unter 20%	20-40%	40-60%	60-80%	über 80%
Bis unter 250.000	60	-	20	-	20	20	-	20	20	40	56	33	-	-	11
250.000 bis unter 500.000	100	-	-	-	-	-	11	11	56	22	43	57	-	-	-
500.000 bis unter 1 Mill.	48	24	14	9	5	2	18	20	38	22	42	42	11	5	-
1 Mill. bis unter 2 Mill.	71	13	5	11	-	5	10	29	29	27	41	38	16	5	-
2 Mill. bis unter 5 Mill.	75	16	7	2	-	6	11	18	38	27	45	39	11	4	1
5 Mill. bis unter 10 Mill.	62	11	23	2	2	7	10	18	39	26	45	37	14	4	-
10 Mill. und mehr	72	14	14	-	-	12	8	20	26	34	38	36	10	14	2
Insgesamt	69	15	11	4	1	6	11	21	35	27	43	38	12	5	1

Quelle: Erhebungen des Ifo-Instituts 1980/81.

Tab. 79

Entwicklung der Struktur des Wareneinkaufs der Mitgliedsfirmen von Kooperationsgruppen im Möbelhandel

Lieferantengruppe / Entwicklung	Bei ... % der Unternehmen lagen beim Wareneinkauf in den letzten Jahren folgende Entwicklungen vor		
	Mitgliedsfirmen von Modellverbänden	Mitgliedsfirmen von sonstigen Einkaufsverbänden	Kooperierter Möbelhandel insgesamt
Vom Einkaufsverband direkt			
stark zugenommen	33	40	38
etwas zugenommen	40	40	40
sich nicht verändert	21	16	18
etwas abgenommen	5	4	4
stark abgenommen	1	-	-
Von Vertragslieferanten des Einkaufsverbandes			
stark zugenommen	29	54	48
etwas zugenommen	52	33	38
sich nicht verändert	15	10	11
etwas abgenommen	4	2	2
stark abgenommen	-	1	1
Von Fremdlieferanten			
stark zugenommen	10	5	6
etwas zugenommen	38	16	22
sich nicht verändert	21	21	21
etwas abgenommen	25	32	30
stark abgenommen	6	26	21

Quelle: Erhebungen des Ifo-Instituts 1980/81.

Tab. 80 Grad der Inanspruchnahme des Leistungsangebots der Kooperationsgruppen im Möbelhandel

Leistungsangebot	... % der Unternehmen nehmen die von den Kooperationsgruppen angebotenen Leistungen folgendermaßen in Anspruch							
	Mitgliedsfirmen von Modellverbänden				Mitgliedsfirmen sonstiger Einkaufsverbände			
	regelmäßig	häufig	selten	überhaupt nicht	regelmäßig	häufig	selten	überhaupt nicht
WARENFUNKTIONEN								
- Stammprogramm	89	10	1	–	68	21	9	2
- Einkauf über Vertragslieferanten	81	17	2	–	74	24	2	–
- Disposition bei Verbandsmessen	89	8	3	–	75	14	6	5
- Zentralregulierung	83	4	–	13	93	3	–	4
- Angebot eines Kernsortiments	84	13	3	–	64	25	8	3
- Sortimentsberatung/-empfehlung	50	34	15	1	33	22	29	16
- Handels- bzw. Gemeinschaftsmarke	84	13	3	–	64	18	11	7
- Ergänzungs-Sortimente (z.B. Elektroartikel)	48	20	29	3	42	26	23	9
- Importprogramm	39	23	37	1	41	20	36	3
SERVICE-FUNKTIONEN								
- Rechtsberatung (Vermittlung)	9	5	38	48	12	12	42	34
- Steuerberatung (Vermittlung)	6	–	13	81	16	8	26	50
- Versicherungsdienst (Vermittlung)	21	–	27	52	33	6	19	42
- Betriebsvergleich (ERFA-Gruppen)	67	10	7	16	56	7	12	25
- Betriebsberatung	25	6	42	27	15	8	44	33
- Kalkulationshilfen/Preisempfehlungen	92	5	2	1	53	23	15	9
- Gründungs- und Ladenbaudarlehen	7	–	7	86	3	–	6	91
- Kurzfristige Erfolgsrechnung	41	–	–	59	29	7	11	53
- Buchhaltung	22	–	4	74	36	1	5	58
- EDV-Wareninformationssysteme	53	6	9	32	37	11	8	44
MARKETING-FUNKTIONEN								
- Brancheninformationen	63	20	14	3	51	20	21	8
- Spezielle Waren- und Trendinformationen	59	26	15	–	41	29	22	8
- Standortberatung und -prüfung	14	7	29	50	9	5	26	60
- Objektbezogene Ladengestaltung/Bauberatung	38	10	33	19	9	3	37	51
- Aus- und Fortbildung, Schulung	47	22	29	2	22	17	41	20
- Bereitstellung von Werbemitteln (Matern)	70	15	13	2	51	26	19	4
- Musterungs- bzw. Bestellkataloge	91	8	–	1	68	18	11	3
- Verbandsmessen, Musterschauen	93	6	1	–	82	9	7	2
- Verkaufshilfen, Verkaufsförderung	80	13	6	1	52	24	18	6
- Sonderaktionen, Sonderangebote	32	20	45	3	47	28	22	3

Tab. 6[illegible] des Möbelhandels in den nächsten Jahren

Leistungsangebot	Bei ... % der Unternehmen bestehen hinsichtlich der Inanspruchnahme des Leistungsangebots der Kooperationsgruppen folgende Planabsichten					
	Mitgliedsfirmen von Modellverbänden			Mitgliedsfirmen sonstiger Einkaufsverbände		
	Intensivierung	Verringerung	Keine Veränderung	Intensivierung	Verringerung	Keine Veränderung
WARENFUNKTIONEN						
- Stammprogramm	60	2	38	60	3	37
- Einkauf über Vertragslieferanten	61	2	37	62	1	37
- Disposition bei Verbandsmessen	51	4	45	48	4	48
- Zentralregulierung	59	1	40	44	1	55
- Angebot eines Kernsortiments	59	3	38	51	5	44
- Sortimentsberatung/-empfehlung	45	4	51	49	3	48
- Handels- bzw. Gemeinschaftsmarke	60	2	38	39	6	55
- Ergänzungs-Sortimente (z.B. Elektroartikel)	47	4	49	50	2	48
- Importprogramm	47	9	44	38	9	53
SERVICE-FUNKTIONEN						
- Rechtsberatung (Vermittlung)	39	-	61	24	2	74
- Steuerberatung (Vermittlung)	21	-	79	21	2	77
- Versicherungsdienst (Vermittlung)	7	3	90	28	-	72
- Betriebsvergleich (ERFA-Gruppen)	48	-	52	43	2	55
- Betriebsberatung	47	-	53	43	1	56
- Kalkulationshilfen/Preisempfehlungen	39	1	60	25	4	71
- Gründungs- und Ladenbaudarlehen	7	-	93	20	2	78
- Kurzfristige Erfolgsrechnung	23	-	77	30	3	67
- Buchhaltung	18	-	82	19	5	76
- EDV-Wareninformationssysteme	43	-	57	44	-	56
MARKETING-FUNKTIONEN						
- Brancheninformationen	57	-	43	43	1	56
- Spezielle Waren- und Trendinformationen	58	-	42	49	1	50
- Standortberatung und -prüfung	38	-	62	25	1	74
- Objektbezogene Ladengestaltung/Bauberatung	39	5	56	27	1	72
- Aus- und Fortbildung, Schulung	58	-	42	52	1	47
- Bereitstellung von Werbemitteln (Matern)	43	2	55	40	2	58
- Musterungs- bzw. Bestellkataloge	43	1	56	33	3	64
- Verbandsmessen, Musterschauen	38	2	60	30	1	69
- Verkaufshilfen, Verkaufsförderung	46	1	53	42	-	58
- Sonderaktionen, Sonderangebote	37	2	61	41	2	57

Quelle: Erhebungen des Ifo-Instituts 1980/81.

Tab. 82

Beurteilung des Leistungsangebots der Kooperationsgruppen im Möbelhandel durch die Einzelhandelsunternehmen nach Gruppen

Funktion/ Leistung	... % der Unternehmen beurteilen die einzelnen Leistungen als									
	Mitgliedsfirmen von Modellverbänden					Mitgliedsfirmen sonstiger Einkaufsverbände				
	sehr gut	gut	befriedigend	ausreichend	mangelhaft	sehr gut	gut	befriedigend	ausreichend	mangelhaft
Kreis der Vertragslieferanten	15	55	30	-	-	22	61	14	2	1
Bezugspreise beim Stammprogramm	4	29	49	15	3	19	59	19	2	1
Konditionen des Einkaufsverbandes	5	36	30	19	9	27	53	17	3	-
Modellpolitik des Einkaufsverbandes	15	46	33	5	1	4	34	46	12	4
Rückvergütungssystem des Einkaufsverbandes	6	25	30	19	19	28	40	22	7	3
Sonderaktionen/Verkaufsförderung	4	28	30	24	14	8	43	34	10	5
Preisempfehlungen	18	55	19	6	2	4	45	37	12	2
Sortimentsempfehlungen	5	43	41	10	1	6	42	36	13	3
Betriebswirtschaftliche Beratung	9	22	30	22	17	7	36	27	20	10
Werbeaktivitäten	13	44	32	10	1	16	42	30	8	4
Markt-, Branchen- bzw. Wareninformationen	5	35	32	20	8	10	31	32	17	10

Quelle: Erhebungen des Ifo-Instituts 1980/81.

Tab. 83

Einstellung der Einzelhandelsunternehmen zur Handelsmarkenpolitik der Kooperationsgruppe im Möbelhandel

nach Gruppen

Kooperationsgruppe	... % der Unternehmen sehen in der Handels- bzw. Gemeinschaftsmarke als Identifikationszeichen und Imageemblem ein wichtiges Wettbewerbsinstrument für ihr Einzelhandelsgeschäft			... % der Unternehmen sehen in der Markierung und Präsentation von Waren als Handels- bzw. Gemeinschaftsmarken ihres Einkaufsverbandes ein wichtiges Wettbewerbsinstrument für ihr Einzelhandelsgeschäft		
	ja	nein	teils/teils	ja	nein	teils/teils
Kooperierter Möbelhandel insgesamt	53	23	24	53	24	23
Mitgliedsfirmen von Modellverbänden	86	2	12	83	4	13
Mitgliedsfirmen sonstiger Einkaufsverbände	42	30	28	43	31	26

Quelle: Erhebungen des Ifo-Instituts 1980/81.

Tab. 84

Relevanz der Kooperationsgruppen für Wettbewerbsfähigkeit und Existenzsicherung im Möbelhandel

Kooperationsgruppe	Nach Aussagen von ... % der Unternehmen ist für Wettbewerbsfähigkeit und längerfristige Existenzsicherung die Zugehörigkeit zu einer Kooperationsgruppe		
	von entscheidender Bedeutung	nicht so entscheidend	von untergeordneter Bedeutung
Kooperierter Möbelhandel insgesamt	84	15	1
Mitgliedsfirmen von Modellverbänden	81	18	1
Mitgliedsfirmen sonstiger Einkaufsverbände	85	14	1

Quelle: Erhebungen des Ifo-Instituts 1980/81.

Tab. 85

Die stärksten unmittelbaren Konkurrenten im Möbelhandel im Urteil der Unternehmen

Betriebsform/ Angebotstyp	Von ... % der Unternehmen[a)] der einzelnen Kooperationsgruppen werden als stärkste unmittelbare Konkurrenten angesehen	
	Mitgliedsfirmen von Modellverbänden	Mitgliedsfirmen sonstiger Einkaufsverbände
Warenhaus	8	8
Kaufhaus	7	8
Versandhaus	1	1
Verbrauchermarkt/ SB-Warenhaus	9	19
Fachdiscounter	24	13
C&C-Betrieb	2	6
Filialunternehmen	23	23
Mitgliedsfirmen von anderen Einkaufsverbänden	67	75
Ungebundene Fachgeschäfte	45	18
Sonstige	9	9

a) Mehrfachmeldungen möglich.

Quelle: Erhebungen des Ifo-Instituts 1980/81.

Tab. 86

Die Bedeutung der Wettbewerbsinstrumente im Möbelhandel
im Urteil der Unternehmen

Wettbewerbsinstrument	Zur Erhaltung und Verbesserung der Wettbewerbsfähigkeit legen ... % der Unternehmen besonderes Gewicht auf den Einsatz folgender Wettbewerbsinstrumente	
	Mitgliedsfirmen von Modellverbänden	Mitgliedsfirmen sonstiger Einkaufsverbände
Preis	38	69
Sortiment	78	71
Warenqualität	90	77
Geschäftsausstattung	56	42
Information und Beratung	73	71
Service	75	70
Werbung	66	70
Verkaufsförderung	47	40
Sonderangebote	10	38
Standort	13	17

a) Mehrfachmeldungen möglich.

Quelle: Erhebungen des Ifo-Instituts 1980/81.

Tab. 87

Wettbewerbsposition und Wettbewerbsperspektiven der kooperierten Einzelhandelsunternehmen im Möbelhandel

Kooperationsgruppe	... % der kooperierten Einzelhandelsunternehmen beurteilen									
	ihre derzeitige Geschäftslage als					ihre längerfristigen Geschäftsaussichten und Existenzchancen als				
	sehr gut	gut	befriedigend	schlecht	sehr schlecht	sehr gut	gut	befriedigend	schlecht	sehr schlecht
Kooperierter Möbelhandel insgesamt	4	39	52	5	-	3	40	52	5	-
Mitgliedsfirmen von Modellverbänden	3	42	50	5	-	2	39	55	4	-
Mitgliedsfirmen sonstiger Einkaufsverbände	4	37	53	6	-	3	40	52	5	-

Quelle: Erhebungen des Ifo-Instituts 1980/81.

Tab. 88 Bedeutende Verbundgruppen des Einzelhandels mit Hausrat/Glas, Porzellan/ Eisenwaren

Angaben für 1980

Verbundgruppe	Umsatz der Verbundgruppe in Mill. DM	Zahl der Mitglieds-unternehmen	Einzelhandelsumsatz der Mitgliedsunter-nehmen in Mill. DM
Einkaufsbüro Deutscher Eisenwarenhändler GmbH (EDE), Wuppertal	835	ca. 1.000	ca. 3.600 1)
EK-Großeinkauf e.G., Bielefeld	441	ca. 950	ca. 1.700
GROHAG Großhandelsgesellschaft mbH, Wiesbaden		rd. 460	ca. 950 2)
Kaufring e.G., Düsseldorf	ca. 600	ca. 360	ca. 1.700 2)
Nordwest Eisen- und Metallwaren e.G., Hagen	1.400	ca. 450	ca. 4.200 3)
Nürnberger Bund Großeinkauf e.G., Essen	1.860	ca. 1.600	ca. 4.500 4)

1) Davon ca. 1 Mrd. DM Umsatz mit Waren, die nicht im Angebotssortiment der EDE liegen.
2) Geschätzt aus dem Gesamtumsatz der Sortiments-Verbundgruppe, die hauptsächlich Kaufhäuser als Mitgliedsunternehmen hat.
3) Davon ca. 1,5 Mrd. DM Umsatz mit Waren, die nicht im Angebotssortiment der Nordwest Eisen- und Metallwaren e.G. liegen.
4) Davon ca. 1 Mrd. DM Umsatz mit Waren, die außerhalb des Warensortiments des Nürnberger Bundes liegen (z. B. mit Heizöl, Textilien)

Quelle: Geschäftsberichte, Pressenotizen, Informationen von Verbänden und Unternehmen sowie Berechnungen und Schätzungen des Ifo-Instituts.

Tab. 89

Marktanteile der Betriebsformen des Einzelhandels mit Hausrat/ Glas, Porzellan/Eisenwaren von 1970 bis 1980

Umsatzanteile in %

Betriebsform	1970	1976	1978	1980
Fach-Einzelhandel	67,0	62,0	61,5	60,5
- Kooperierter Fachhandel	33,0	37,5	39,5	40,0
- Nichtorganisierter Fachhandel	34,0	24,5	22,0	20,5
Warenhäuser	9,0	11,0	10,5	11,0
Versandhandel	5,0	4,0	3,5	3,0
Verbrauchermärkte/SB-Warenhäuser	10,5	15,5	17,5	18,0
Nicht-institutioneller Einzelhandel (z.B. Großhandel, Handwerk, Industrie)	8,5	7,5	7,0	7,5
Insgesamt	100	100	100	100

Quelle: Berechnungen und Schätzungen des Ifo-Instituts nach Unterlagen des Statistischen Bundesamtes sowie von Verbundgruppen, Fachverbänden und Firmen.

Tab. 90

Struktur der Warenbezüge der kooperierten Einzelhandelsunternehmen im Handel mit Hausrat/Glas, Porzellan/Eisenwaren
nach Unternehmensgrößenklassen

Unternehmensgrößenklasse (Jahresumsatz in DM)	... % der Warenbezüge werden bei folgender Lieferantengruppe getätigt														
	Direkt vom Einkaufsverband					Über Vertragslieferanten					Von Fremdlieferanten				
	unter 20%	20-40%	40-60%	60-80%	über 80%	unter 20%	20-40%	40-60%	60-80%	über 80%	unter 20%	20-40%	40-60%	60-80%	über 80%
Bis unter 250.000	2	21	26	38	13	36	50	8	3	3	70	27	-	-	3
250.000 bis unter 500.000	4	16	44	28	8	26	50	20	3	1	67	29	4	-	-
500.000 bis unter 1 Mill.	12	25	37	21	5	17	45	26	10	2	68	26	6	-	-
1 Mill. bis unter 2 Mill.	18	37	29	9	7	15	31	31	20	3	63	31	5	1	-
2 Mill. bis unter 5 Mill.	34	41	17	5	3	14	29	39	16	2	49	37	11	3	-
5 Mill. bis unter 10 Mill.	40	46	5	5	4	4	38	39	15	4	31	41	26	-	2
10 Mill. und mehr	63	19	12	6	-	6	29	39	20	6	33	30	30	7	-
Insgesamt	19	30	29	16	6	17	39	29	13	2	60	31	8	1	-

Quelle: Erhebungen des Ifo-Instituts 1980/81.

Tab. 91

Entwicklung der Struktur des Wareneinkaufs der Mitgliedsfirmen von Kooperationsgruppen im Handel mit Hausrat/Glas, Porzellan/Eisenwaren

Lieferantengruppe	Bei ... % der Unternehmen hat sich der Wareneinkauf von den einzelnen Lieferantengruppen in den letzten Jahren folgendermaßen entwickelt				
	stark zugenommen	etwas zugenommen	sich nicht verändert	etwas abgenommen	stark abgenommen
Vom Einkaufsverband direkt	44	43	9	4	-
Von Vertragslieferanten des Einkaufsverbandes	38	45	13	4	-
Von Fremdlieferanten	8	21	21	25	25

Quelle: Erhebungen des Ifo-Instituts 1980/81.

Tab. 92

Grad der Inanspruchnahme des Leistungsangebots der Kooperationsgruppen im Einzelhandel mit Hausrat/Glas, Porzellan/Eisenwaren

Leistungsangebot	... % der Unternehmen nehmen die von den Kooperationsgruppen angebotenen Leistungen folgendermaßen in Anspruch			
	regelmäßig	häufig	selten	überhaupt nicht
WARENFUNKTIONEN				
- Lagereinkauf (Eigengeschäft)	88	8	4	-
- Vor-Order-Einkauf	50	25	19	6
- Einkauf über Vertragslieferanten	80	16	4	-
- Zentralregulierung	94	4	2	-
- Angebot eines Stammsortiments	69	21	8	2
- Sortimentsberatung/-empfehlung	27	19	35	19
- Handels- bzw. Eigenmarken/Exklusivmodelle	45	30	20	5
- Ergänzungs-Sortimente	33	26	32	9
- Importe	44	33	21	2
SERVICE-FUNKTIONEN				
- Rechtsberatung (Vermittlung)	9	7	41	43
- Steuerberatung (Vermittlung)	4	5	26	65
- Versicherungsberatung	5	6	33	56
- Betriebsvergleich	30	10	23	37
- Betriebsberatung	13	10	43	34
- Kalkulationshilfen/Preisempfehlungen	37	22	26	15
- Gründungs- und Ladenbaudarlehen	8	5	27	60
- Kurzfristige Erfolgsrechnung	12	6	13	69
- Buchhaltung	10	2	9	79
- Vermietung von Ladenflächen	-	-	8	92
MARKETING-FUNKTIONEN				
- Brancheninformationen	66	21	11	2
- Spezielle Waren- und Modeinformationen	59	23	13	5
- Standortberatung	6	3	26	65
- Objektbezogene Ladengestaltung	13	10	36	41
- Aus- und Fortbildung, Schulung	20	22	38	20
- Bereitstellung v. Werbemitteln (Prosp.)	42	33	21	4
- Musterungs-, Waren- bzw. Bestellkataloge	77	15	5	3
- Börsen, Mode- u. Musterschauen	85	11	3	1
- Verkaufshilfen, Verkaufsförderung	41	31	23	5
- Sonderaktionen, Sonderangebote	61	30	8	1

Quelle: Erhebungen des Ifo-Instituts 1980/81.

Tab. 93

Geplante Inanspruchnahme des Leistungsangebots der Kooperationsgruppen des Handels mit Hausrat/Glas, Porzellan/Eisenwaren in den nächsten Jahren

Leistungsangebot	Bei ... % der Unternehmen bestehen hinsichtlich der Inanspruchnahme des Leistungsangebots der Kooperationsgruppen folgende Planabsichten		
	Intensivierung	Verringerung	Keine Veränderung
WARENFUNKTIONEN			
- Lagereinkauf (Eigengeschäft)	58	1	41
- Vor-Order-Einkauf	38	2	60
- Einkauf über Vertragslieferanten	52	4	44
- Zentralregulierung	44	-	56
- Angebot eines Stammsortiments	52	1	47
- Sortimentsberatung/-empfehlung	46	1	53
- Handels- bzw. Eigenmarken/Exklusivmodelle	49	2	49
- Ergänzungs-Sortimente	37	2	61
- Importe	44	3	53
SERVICE-FUNKTIONEN			
- Rechtsberatung (Vermittlung)	22	2	76
- Steuerberatung (Vermittlung)	19	1	80
- Versicherungsberatung	22	1	77
- Betriebsvergleich	35	-	65
- Betriebsberatung	40	1	59
- Kalkulationshilfen/Preisempfehlungen	30	2	68
- Gründungs- und Ladenbaudarlehen	18	4	78
- Kurzfristige Erfolgsrechnung	25	-	75
- Buchhaltung	15	1	84
- Vermietung von Ladenflächen	4	1	95
MARKETING-FUNKTIONEN			
- Brancheninformationen	38	1	61
- Spezielle Waren- und Modeinformationen	37	-	63
- Standortberatung	21	2	77
- Objektbezogene Ladengestaltung	35	3	62
- Aus- und Fortbildung, Schulung	50	1	49
- Bereitstellung v. Werbemitteln (Prosp.)	42	3	56
- Musterungs-, Waren- bzw. Bestellkataloge	34	1	65
- Börsen, Mode- u. Musterschauen	34	1	65
- Verkaufshilfen, Verkaufsförderung	42	1	57
- Sonderaktionen, Sonderangebote	46	1	53

Quelle: Erhebungen des Ifo-Instituts 1980/81.

Tab. 94

Beurteilung des Leistungsangebots der Kooperationsgruppen des Handels mit Hausrat/Glas, Porzellan/Eisenwaren durch die Einzelhandelsunternehmen

Funktion/ Leistung	... % der Unternehmen beurteilen die einzelnen Leistungen als				
	sehr gut	gut	befriedigend	ausreichend	mangelhaft
Kreis der Vertragslieferanten	35	56	7	1	1
Bezugspreise im Lagergeschäft	15	52	26	5	2
Bezugspreise im Delkrederegeschäft	11	55	28	5	1
Rückvergütungssystem im Lagergeschäft	21	51	22	4	2
Rückvergütungssystem im Delkrederegeschäft	14	47	27	8	4
Sonderangebotsaktionen	18	48	26	6	2
Preisempfehlungen	5	38	34	14	9
Sortimentsempfehlungen	8	38	33	15	6
Betriebsberatung	12	39	23	14	12
Verkaufsförderung/Werbung	11	40	34	10	5
Markt-, Branchen- bzw. Modeinformationen	10	42	30	11	7

Quelle: Erhebungen des Ifo-Instituts 1980/81.

Tab. 95

Relevanz der Kooperationsgruppen für Wettbewerbsfähigkeit und Existenzsicherung im Handel mit Hausrat/Glas, Porzellan/Eisenwaren

Unternehmensgrößenklasse (Jahresumsatz in DM)	Nach Aussagen von ... % der Unternehmen ist für Wettbewerbsfähigkeit und längerfristige Existenzsicherung die Zugehörigkeit zu einer Kooperationsgruppe		
	von entscheidender Bedeutung	nicht so entscheidend	von untergeordneter Bedeutung
Unter 250.000	93	5	2
250.000 bis unter 500.000	93	7	-
500.000 bis unter 1 Mill.	93	6	1
1 Mill. bis unter 2 Mill.	93	6	1
2 Mill. bis unter 5 Mill.	84	14	2
5 Mill. bis unter 10 Mill.	83	17	-
10 Mill. und mehr	77	18	5
Insgesamt	90	9	1

Quelle: Erhebungen des Ifo-Instituts 1980/81.

Tab. 96

Wettbewerbsperspektiven der kooperierten Einzelhandelsunternehmen im Handel mit Hausrat/Glas, Porzellan/Eisenwaren

Unternehmensgrößenklasse (Jahresumsatz in DM)	... % der kooperierten Einzelhandelsunternehmen beurteilen ihre längerfristigen Geschäftsaussichten und Existenzchancen als				
	sehr gut	gut	befriedigend	schlecht	sehr schlecht
Unter 250.000	-	19	63	16	2
250.000 bis unter 500.000	-	25	63	12	-
500.000 bis unter 1 Mill.	1	31	59	8	1
1 Mill. bis unter 2 Mill.	1	41	52	5	1
2 Mill. bis unter 5 Mill.	2	36	56	5	1
5 Mill. bis unter 10 Mill.	-	44	53	3	-
10 Mill. und mehr	-	49	44	7	-
Insgesamt	1	34	56	8	1

Quelle: Erhebungen des Ifo-Instituts 1980/81.

Tab. 97

Bedeutende Verbundgruppen des Einzelhandels mit Gütern der Unterhaltungselektronik/Elektrogeräten
Angaben für 1980

Verbundgruppe	Zahl der Mitglieds-unternehmen (Verkaufsstellen)	Einzelhandels-umsatz der Mitglieder in Mill. DM
AERA Rundfunk und Fernseh GmbH, Düsseldorf	27 (65)	500
bild + ton Handelsgesellschaft mbH & Co KG, Langenhagen/Hannover	251 (372)	950
INTERFUNK Einkaufsgenossenschaft europäischer Radio-, Fernseh- und Elektrofachhändler eG, Ditzingen	869 (1100)	1800
RUEFACH-Rundfunk-, Elektro-, Fernseh-Fachhandel GmbH & Co Betriebs KG, Ulm	950 (1200)	1400
select-Deutsche Fachhandelsgesellschaft für Unterhaltungs-electronik und Haustechnik mbH, Krefeld	926 (1000)	1150
electronik-partner GmbH, Düsseldorf	771 (800)	1000

Quelle: Geschäftsberichte, Pressenotizen, Informationen von Verbänden und Unternehmen sowie Berechnungen und Schätzungen des Ifo-Instituts.

Tab. 98

Marktanteile der Betriebsformen des Einzelhandels mit Gütern der Unterhaltungselektronik
von 1970 bis 1980
Umsatzanteile in %

Betriebsform	1970	1976	1978	1980
Fach-Einzelhandel	69,5	67,0	67,5	68,5
- Kooperierter Fachhandel	29,5	37,5	45,5	54,5
- Nichtorganisierter Fachhandel	40,0	29,5	23,0	14,0
Warenhäuser	7,5	8,5	8,0	8,5
Versandhandel	8,5	9,5	10,0	10,0
Verbrauchermärkte/SB-Warenhäuser	6,0	7,5	8,0	7,0
Nicht-institutioneller Einzelhandel (z.B. Handwerk, Großhandel, Industrie)	8,5	7,5	6,5	6,0
Insgesamt	100	100	100	100

Quelle: Berechnungen und Schätzungen des Ifo-Instituts nach Unterlagen des Statistischen Bundesamtes sowie von Verbundgruppen, Fachverbänden und Firmen.

Tab. 99

Marktanteile der Betriebsformen des Einzelhandels mit Elektrogroß- und -kleingeräten
von 1970 bis 1980
Umsatzanteile in %

Betriebsform	1970	1976	1978	1980
Fach-Einzelhandel	40	38	40	39
- Kooperierter Fachhandel	14	18	18,5	19
- Nichtorganisierter Fachhandel	26	20	21,5	20
Warenhäuser	6	9	8	8
Versandhandel	17	17	14	15
Verbrauchermärkte/SB-Warenhäuser	4	5	6	6
Nicht-institutioneller Handel (z.B. Handwerk, Großhandel, Industrie)	28	21	20	18
Branchenfremder Fach-Einzelhandel (z.B. mit Möbeln, Hartwaren)	5	10	12	14
Insgesamt	100	100	100	100

Quelle: Berechnungen und Schätzungen des Ifo-Instituts nach Unterlagen des Statistischen Bundesamtes sowie von Verbundgruppen, Fachverbänden und Firmen.

Tab. 100

Struktur der Warenbezüge der kooperierten Einzelhandelsunternehmen im Handel mit Unterhaltungselektronik/Elektrogeräten nach Unternehmensgrößenklassen

Unternehmensgrößenklasse (Jahresumsatz in DM)	... % der Warenbezüge werden bei folgender Lieferantengruppe getätigt														
	Direkt vom Einkaufsverband					Über Vertragslieferanten					Von Fremdlieferanten				
	unter 20%	20-40%	40-60%	60-80%	über 80%	unter 20%	20-40%	40-60%	60-80%	über 80%	unter 20%	20-40%	40-60%	60-80%	über 80%
Bis unter 250.000	-	-	-	-	-	-	-	-	-	-	-	-	-	-	-
250.000 bis unter 500.000	50	50	-	-	-	-	-	-	75	25	100	-	-	-	-
500.000 bis unter 1 Mill.	57	35	8	-	-	-	12	39	31	18	78	18	4	-	-
1 Mill. bis unter 2 Mill.	65	30	4	-	1	1	3	32	47	17	84	14	2	-	-
2 Mill. bis unter 5 Mill.	68	24	4	2	2	2	5	34	40	19	78	18	1	1	1
5 Mill. und mehr	77	15	4	4	-	3	-	41	35	21	67	29	4	-	-
Insgesamt	66	28	4	1	1	1	5	34	41	19	80	17	3	-	-

Quelle: Erhebungen des Ifo-Instituts 1980/81.

Tab. 101

Entwicklung der Struktur des Wareneinkaufs der Mitgliedsfirmen von Kooperationsgruppen im Handel mit Unterhaltungselektronik/Elektrogeräten

Lieferantengruppe	Bei ... % der Unternehmen hat sich der Wareneinkauf von den einzelnen Lieferantengruppen in den letzten Jahren folgendermaßen entwickelt				
	stark zugenommen	etwas zugenommen	sich nicht verändert	etwas abgenommen	stark abgenommen
Vom Einkaufsverband direkt	45	41	10	3	1
Von Vertragslieferanten des Einkaufsverbandes	52	36	9	3	-
Von Fremdlieferanten	3	6	13	23	55

Quelle: Erhebungen des Ifo-Instituts 1980/81.

Tab. 102

Grad der Inanspruchnahme des Leistungsangebots
der Kooperationsgruppen
im Einzelhandel mit Unterhaltungselektronik/Elektrogeräten

Leistungsangebot	... % der Unternehmen nehmen die von den Kooperationsgruppen angebotenen Leistungen folgendermaßen in Anspruch			
	regelmäßig	häufig	selten	überhaupt nicht
WARENFUNKTIONEN				
- Lagereinkauf (Eigengeschäft)	73	21	6	-
- Vor-Order-Einkauf	71	19	9	1
- Einkauf über Vertragslieferanten	89	9	2	-
- Zentralregulierung	94	6	-	-
- Angebot eines Stammsortiments	66	25	8	1
- Sortimentsberatung/-empfehlung	51	27	16	6
- Handels- bzw. Eigenmarken/Exklusivmodelle	76	19	5	-
- Ergänzungs-Sortimente	45	32	19	4
- Importe	40	29	28	3
SERVICE-FUNKTIONEN				
- Rechtsberatung (Vermittlung)	12	10	37	41
- Steuerberatung (Vermittlung)	7	8	27	58
- Versicherungsberatung	21	16	41	22
- Betriebsvergleich	43	21	18	18
- Betriebsberatung	17	16	42	25
- Kalkulationshilfen/Preisempfehlungen	61	23	9	7
- Gründungs- und Ladenbaudarlehen	6	3	18	73
- Kurzfristige Erfolgsrechnung	22	9	12	57
- Buchhaltung	34	5	5	56
- Vermietung von Ladenflächen	-	4	8	88
MARKETING-FUNKTIONEN				
- Brancheninformationen	83	12	5	-
- Spezielle Waren- und Modeinformationen	83	11	6	-
- Standortberatung	13	14	35	38
- Objektbezogene Ladengestaltung	26	17	42	15
- Aus- und Fortbildung, Schulung	33	27	36	4
- Bereitstellung v. Werbemitteln (Prosp.)	61	27	11	1
- Musterungs-, Waren- bzw. Bestellkataloge	74	20	6	-
- Börsen, Mode- u. Musterschauen	71	15	12	2
- Verkaufshilfen, Verkaufsförderung	61	28	10	1
- Sonderaktionen, Sonderangebote	60	33	7	-

Quelle: Erhebungen des Ifo-Instituts 1980/81.

Tab. 103

Geplante Inanspruchnahme des Leistungsangebots der Kooperationsgruppen des Handels mit Unterhaltungselektronik/Elektrogeräten in den nächsten Jahren

Leistungsangebot	Bei ... % der Unternehmen bestehen hinsichtlich der Inanspruchnahme des Leistungsangebots der Kooperationsgruppen folgende Planabsichten		
	Intensivierung	Verringerung	Keine Veränderung
WARENFUNKTIONEN			
- Lagereinkauf (Eigengeschäft)	61	2	37
- Vor-Order-Einkauf	46	9	45
- Einkauf über Vertragslieferanten	61	2	37
- Zentralregulierung	53	1	46
- Angebot eines Stammsortiments	59	5	36
- Sortimentsberatung/empfehlung	59	4	37
- Handels- bzw. Eigenmarken/Exklusivmodelle	65	5	30
- Ergänzungs-Sortimente	46	10	44
- Importe	40	10	50
SERVICE-FUNKTIONEN			
- Rechtsberatung (Vermittlung)	34	2	64
- Steuerberatung (Vermittlung)	33	-	67
- Versicherungsberatung	43	2	55
- Betriebsvergleich	49	1	50
- Betriebsberatung	48	1	51
- Kalkulationshilfen/Preisempfehlungen	43	1	56
- Gründungs- und Ladenbaudarlehen	32	-	68
- Kurzfristige Erfolgsrechnung	47	1	52
- Buchhaltung	32	3	65
- Vermietung von Ladenflächen	11	3	86
MARKETING-FUNKTIONEN			
- Brancheninformationen	47	-	53
- Spezielle Waren- und Modeinformationen	46	-	54
- Standortberatung	32	2	66
- Objektbezogene Ladengestaltung	39	2	59
- Aus- und Fortbildung, Schulung	61	1	38
- Bereitstellung v. Werbemitteln (Prosp.)	50	2	48
- Musterungs-, Waren- bzw. Bestellkataloge	41	2	57
- Börsen, Mode- u. Musterschauen	39	1	60
- Verkaufshilfen, Verkaufsförderung	52	-	48
- Sonderaktionen, Sonderangebote	55	1	44

Quelle: Erhebungen des Ifo-Instituts 1980/81.

Tab. 104

Beurteilung des Leistungsangebots der Kooperationsgruppen des Handels mit Unterhaltungselektronik/Elektrogeräten durch die Einzelhandelsunternehmen

Funktion/ Leistung	... % der Unternehmen beurteilen die einzelnen Leistungen als				
	sehr gut	gut	befriedigend	ausreichend	mangelhaft
Kreis der Vertragslieferanten	40	50	9	1	-
Bezugspreise im Lagergeschäft	24	55	19	2	1
Bezugspreise im Delkrederegeschäft	15	58	24	2	1
Rückvergütungssystem im Lagergeschäft	24	45	23	6	2
Rückvergütungssystem im Delkrederegeschäft	20	51	23	5	1
Sonderangebotsaktionen	17	39	30	9	5
Preisempfehlungen	16	46	25	10	3
Sortimentsempfehlungen	15	41	30	11	3
Betriebsberatung	10	34	26	15	15
Verkaufsförderung/Werbung	20	37	30	8	5
Markt-, Branchen- bzw. Modeinformationen	23	42	23	9	2

Quelle: Erhebungen des Ifo-Instituts 1980/81.

Tab. 105

Relevanz der Kooperationsgruppen für Wettbewerbsfähigkeit und Existenzsicherung im Handel mit Unterhaltungselektronik/Elektrogeräten

Unternehmensgrößenklasse (Jahresumsatz in DM)	Nach Aussagen von ... % der Unternehmen ist für Wettbewerbsfähigkeit und längerfristige Existenzsicherung die Zugehörigkeit zu einer Kooperationsgruppe		
	von entscheidender Bedeutung	nicht so entscheidend	von untergeordneter Bedeutung
Unter 250.000	-	-	-
250.000 bis unter 500.000	100	-	-
500.000 bis unter 1 Mill.	100	-	-
1 Mill. bis unter 2 Mill.	96	4	-
2 Mill. bis unter 5 Mill.	98	2	-
5 Mill. und mehr	97	-	3
Insgesamt	97	3	-

Quelle: Erhebungen des Ifo-Instituts 1980/81.

Tab. 106

Wettbewerbsposition und Wettbewerbsperspektiven der kooperierten Einzelhandelsunternehmen im Handel mit Unterhaltungselektronik/Elektrogeräten

Unternehmensgrößenklasse (Jahresumsatz in DM)	... % der kooperierten Einzelhandelsunternehmen beurteilen									
	ihre derzeitige Wettbewerbsposition als					ihre längerfristigen Geschäftsaussichten und Existenzchancen als				
	sehr gut	gut	befriedigend	schlecht	sehr schlecht	sehr gut	gut	befriedigend	schlecht	schlecht
Unter 250.000	-	-	-	-	-	-	-	-	-	-
250.000 bis unter 500.000	-	20	80	-	-	-	40	60	-	-
500.000 bis unter 1 Mill.	-	14	51	29	6	-	18	57	21	4
1 Mill. bis unter 2 Mill.	2	29	58	9	2	2	24	66	6	2
2 Mill. bis unter 5 Mill.	5	36	48	10	1	1	35	53	10	1
5 Mill. und mehr	-	32	61	7	-	-	39	58	3	-
Insgesamt	2	29	55	12	2	1	28	60	9	2

Quelle: Erhebungen des Ifo-Instituts 1980/81.

Tab. 107

Bedeutende Verbundgruppen des Einzelhandels mit Spielwaren

Angaben für 1980

Verbundgruppe	Zahl der Mitglieds-unternehmen	Einzelhandelsumsatz der Mitgliedsunternehmen in Mill. DM
Deutsche Handelsgesellschaft für Spielwaren GmbH & Co KG Ilz	71	120
FHS-Fördergemeinschaft Spielwaren-Facheinzelhandel GmbH & Co KG, Hildesheim	ca. 430	350
MEG-Modellbau Einkauf e.G., Bottrop	60	
Spiel-Spaß-Konzeption der OPTIMA-Partnersystem-Gesellschaft GmbH, Baden-Baden (Grohag-Gruppe)	21	35
Spielzeug-Ring GmbH & Co KG Nürnberg	570	250
VEDES-Vereinigung der Spielwarenfachgeschäfte e.G., Nürnberg	ca. 410	über 1 Mrd.

Quelle: Geschäftsberichte, Pressenotizen, Informationen von Verbänden und Unternehmen sowie Berechnungen und Schätzungen des Ifo-Instituts.

Tab. 108

Marktanteile der Betriebsformen des Einzelhandels mit Spielwaren
von 1970 bis 1980
Umsatzanteile in %

Betriebsform	1970	1976	1978	1980
Fach-Einzelhandel	37,0	34,3	34,0	34,2
- Kooperierter Handel	20	26	28,0	30
- Nichtorganisierter Handel	17	8,3	6,0	4,2
Warenhäuser	31,8	30,8	30,1	29,8
Versandhandel	8,2	7,9	8,2	8,1
Verbrauchermärkte/SB-Warenhäuser	7,4	12,5	13,6	13,9
Branchenfremder Fachhandel (z.B. mit Hausrat, Büro- und Schreibartikeln, Nahrungs- und Genußmitteln[1])	15,6	14,5	14,1	14,0
Insgesamt	100	100	100	100

1) Z.T. auch kooperiert mit Verbundgruppen.

Quelle: Berechnungen und Schätzungen des Ifo-Instituts nach Unterlagen des Statistischen Bundesamtes sowie von Verbundgruppen, Fachverbänden und Firmen.

Tab. 109

Struktur der Warenbezüge der kooperierten Einzelhandelsunternehmen
im Spielwarenhandel
nach Unternehmensgrößenklassen

Unternehmensgrößenklasse (Jahresumsatz in DM)	... % der Warenbezüge werden bei folgender Lieferantengruppe getätigt														
	Direkt vom Einkaufsverband					Über Vertragslieferanten					Von Fremdlieferanten				
	unter 20%	20-40%	40-60%	60-80%	über 80%	unter 20%	20-40%	40-60%	60-80%	über 80%	unter 20%	20-40%	40-60%	60-80%	über 80%
Bis unter 250.000	-	67	33	-	-	7	29	36	21	7	64	27	9	-	-
250.000 bis unter 500.000	12	34	24	21	9	13	36	38	11	2	50	30	11	6	3
500.000 bis unter 1 Mill.	22	39	31	5	3	5	30	44	19	3	68	28	4	-	-
1 Mill. bis unter 2 Mill.	14	48	29	9	-	-	18	53	26	3	79	15	4	2	-
2 Mill. bis unter 5 Mill.	7	67	19	7	-	2	19	41	33	5	89	8	3	-	-
5 Mill. und mehr	7	40	40	13	-	-	20	53	27	-	86	14	-	-	-
Insgesamt	14	47	28	9	2	5	26	44	22	3	72	21	5	1	1

Quelle: Erhebungen des Ifo-Instituts 1980/81.

Tab. 110

Entwicklung der Struktur des Wareneinkaufs der Mitgliedsfirmen von Kooperationsgruppen im Spielwarenhandel

Lieferantengruppe	Bei ... % der Unternehmen hat sich der Wareneinkauf von den einzelnen Lieferantengruppen in den letzten Jahren folgendermaßen entwickelt				
	stark zugenommen	etwas zugenommen	sich nicht verändert	etwas abgenommen	stark abgenommen
Vom Einkaufsverband direkt	48	38	11	3	-
Von Vertragslieferanten des Einkaufsverbandes	41	46	11	2	-
Von Fremdlieferanten	8	20	25	20	27

Quelle: Erhebungen des Ifo-Instituts 1980/81.

Tab. 111

Grad der Inanspruchnahme des Leistungsangebots der Kooperationsgruppen im Spielwarenhandel

Leistungsangebot	... % der Unternehmen nehmen die von den Kooperationsgruppen angebotenen Leistungen folgendermaßen in Anspruch			
	regelmäßig	häufig	selten	überhaupt nicht
WARENFUNKTIONEN				
- Lagereinkauf (Eigengeschäft)	90	6	3	1
- Einkauf über Vertragslieferanten	91	7	2	-
- Zentralregulierung	98	1	-	1
- Angebot eines Stammsortiments	81	16	2	1
- Sortimentsberatung/-empfehlung	53	25	19	3
- Handels- bzw. Gemeinschaftsmarke	66	23	10	1
- Ergänzungs-Sortimente	48	32	17	3
- Importprogramm	72	19	8	1
SERVICE-FUNKTIONEN				
- Rechtsberatung (Vermittlung)	5	4	29	62
- Steuerberatung (Vermittlung)	6	3	15	76
- Versicherungsdienst (Vermittlung)	4	2	14	80
- Betriebsvergleich	58	6	8	28
- Betriebsberatung	11	10	43	36
- Kalkulationshilfen/Preisempfehlungen	70	19	7	4
- Gründungs- und Ladenbaudarlehen	7	3	11	79
- Kurzfristige Erfolgsrechnung	22	4	8	66
- Buchhaltung	22	1	4	73
- EDV-Wareninformationssysteme	56	10	7	27
MARKETING-FUNKTIONEN				
- Brancheninformationen	76	13	8	3
- Spezielle Waren- und Marktinformationen	74	18	6	2
- Standortberatung und -prüfung	14	8	40	38
- Objektbezogene Ladengestaltung/Bauberatung	19	10	44	27
- Aus- und Fortbildung, Schulung	34	26	33	7
- Bereitstellung von Werbemitteln	75	19	6	-
- Musterungs-, Waren- bzw. Bestellkataloge	80	13	4	3
- Messen, Einkaufstage, Musterschauen	82	11	5	2
- Verkaufshilfen, Verkaufsförderung	58	26	14	2
- Sonderaktionen, Sonderangebote	57	28	14	1

Quelle: Erhebungen des Ifo-Instituts 1980/81.

Tab. 112 Geplante Inanspruchnahme des Leistungsangebots der Kooperationsgruppen im Spielwarenhandel in den nächsten Jahren

Leistungsangebot	Bei ... % der Unternehmen bestehen hinsichtlich der Inanspruchnahme des Leistungsangebots der Kooperationsgruppen folgende Planabsichten		
	Intensivierung	Verringerung	Keine Veränderung
WARENFUNKTIONEN			
- Lagereinkauf (Eigengeschäft)	46	2	52
- Einkauf über Vertragslieferanten	41	3	56
- Zentralregulierung	39	-	61
- Angebot eines Stammsortiments	41	3	56
- Sortimentsberatung/-empfehlung	48	1	51
- Handels- bzw. Gemeinschaftsmarke	47	1	52
- Ergänzungs-Sortimente	36	4	60
- Importprogramm	34	7	59
SERVICE-FUNKTIONEN			
- Rechtsberatung (Vermittlung)	29	-	71
- Steuerberatung (Vermittlung)	30	-	70
- Versicherungsdienst (Vermittlung)	30	-	70
- Betriebsvergleich	30	2	68
- Betriebsberatung	44	2	54
- Kalkulationshilfen/Preisempfehlungen	28	5	67
- Gründungs- und Ladenbaudarlehen	28	-	72
- Kurzfristige Erfolgsrechnung	37	-	63
- Buchhaltung	21	1	78
- EDV-Wareninformationssysteme	42	1	57
MARKETING-FUNKTIONEN			
- Brancheninformationen	39	-	61
- Spezielle Waren- und Marktinformationen	42	-	58
- Standortberatung und -prüfung	29	1	70
- Objektbezogene Ladengestaltung/Bauberatung	33	2	65
- Aus- und Fortbildung, Schulung	51	3	46
- Bereitstellung von Werbemitteln	43	3	54
- Musterungs-, Waren- bzw. Bestellkataloge	33	2	65
- Messen, Einkaufstage, Musterschauen	30	1	69
- Verkaufshilfen, Verkaufsförderung	44	1	55
- Sonderaktionen, Sonderangebote	45	1	54

Quelle: Erhebungen des Ifo-Instituts 1980/81.

Tab. 113

Beurteilung des Leistungsangebots der Kooperationsgruppen im Spielwarenhandel durch die Einzelhandelsunternehmen

Funktion/ Leistung	... % der Unternehmen beurteilen die einzelnen Leistungen als				
	sehr gut	gut	befriedigend	ausreichend	mangelhaft
Kreis der Vertragslieferanten	47	44	7	2	-
Bezugspreise im Lagergeschäft	21	53	18	6	2
Bezugspreise im Delkrederegeschäft	16	49	27	5	3
Rückvergütungssystem im Lagergeschäft	12	37	29	15	6
Rückvergütungssystem im Delkrederegeschäft	11	41	30	12	5
Sonderaktionen/Verkaufsförderung	9	36	36	13	6
Preisempfehlungen	18	45	25	8	4
Sortimentsempfehlungen/-beratung	14	42	27	13	4
Betriebswirtschaftliche Beratung	9	28	26	20	17
Werbeaktivitäten	22	47	23	6	2
Markt-, Branchen- bzw. Wareninformationen	23	40	26	8	3

Quelle: Erhebungen des Ifo-Instituts 1980/81.

Tab. 114

Einstellung der Einzelhandelsunternehmen zur Handelsmarkenpolitik der Kooperationsgruppe im Spielwarenhandel

Unternehmensgrößenklasse (Jahresumsatz in DM)	... % der Unternehmen sehen in der Handels- bzw. Gemeinschaftsmarke als Identifikationszeichen und Imageemblem ein wichtiges Wettbewerbsinstrument für ihr Einzelhandelsgeschäft			... % der Unternehmen sehen in der Markierung und Präsentation von Waren als Handels- bzw. Gemeinschaftsmarken ihres Einkaufsverbandes ein wichtiges Wettbewerbsinstrument für ihr Einzelhandelsgeschäft		
	ja	nein	teils/teils	ja	nein	teils/teils
Unter 250.000	77	15	8	69	8	23
250.000 bis unter 500.000	76	8	16	73	6	21
500.000 bis unter 1 Mill.	74	8	18	71	7	22
1 Mill. bis unter 2 Mill.	77	9	14	71	10	19
2 Mill. bis unter 5 Mill.	72	4	24	64	6	30
5 Mill. und mehr	53	10	37	53	5	42
Insgesamt	73	8	19	69	7	24

Quelle: Erhebungen des Ifo-Instituts 1980/81.

Tab. 115

Relevanz der Kooperationsgruppen für Wettbewerbsfähigkeit und Existenzsicherung im Spielwarenhandel

Unternehmensgrößenklasse (Jahresumsatz in DM)	Nach Aussagen von ... % der Unternehmen ist für Wettbewerbsfähigkeit und längerfristige Existenzsicherung die Zugehörigkeit zu einer Kooperationsgruppe		
	von entscheidender Bedeutung	nicht so entscheidend	von untergeordneter Bedeutung
Unter 250.000	86	14	-
250.000 bis unter 500.000	91	9	-
500.000 bis unter 1 Mill.	92	8	-
1 Mill. bis unter 2 Mill.	93	6	1
2 Mill. bis unter 5 Mill.	94	6	-
5 Mill. und mehr	89	11	-
Insgesamt	92	8	-

Quelle: Erhebungen des Ifo-Instituts 1980/81.

Tab. 116

Wettbewerbsposition und Wettbewerbsperspektiven der kooperierten Einzelhandelsunternehmen im Spielwarenhandel

Unternehmensgrößenklasse (Jahresumsatz in DM)	... % der kooperierten Einzelhandelsunternehmen beurteilen									
	ihre derzeitige Wettbewerbsposition als					ihre längerfristigen Geschäftsaussichten und Existenzchancen als				
	sehr gut	gut	befriedigend	schlecht	sehr schlecht	sehr gut	gut	befriedigend	schlecht	sehr schlecht
Unter 250.000	-	36	50	14	-	-	36	57	7	-
250.000 bis unter 500.000	2	24	59	15	-	-	37	43	20	-
500.000 bis unter 1 Mill.	4	42	42	11	1	1	28	58	10	3
1 Mill. bis unter 2 Mill.	4	44	51	1	-	4	43	46	7	-
2 Mill. bis unter 5 Mill.	2	45	51	2	-	2	41	57	-	-
5 Mill. und mehr	10	37	53	-	-	-	37	58	5	-
Insgesamt	4	39	50	7	-	2	37	51	9	1

Quelle: Erhebungen des Ifo-Instituts 1980/81.

Tab. 117

Bedeutende Verbundgruppen des Einzelhandels mit Foto- und Kinoapparaten sowie -bedarf

Angaben für 1980

Verbundgruppe	Zahl der Mitglieds-unternehmen	Zahl der Verkaufs-stellen	Einzelhandels-umsatz der Mitglieder
FOTOCO GmbH & Co KG/ europa-foto, Frankfurt/M.	67	ca. 180	352
PLUSFOTO GmbH & Co KG, Frankfurt/M.	480	ca. 530	370
Ringfoto GmbH & Co ALFO-Marketing KG, Nürnberg	364[1)]	ca. 567	327

1) Zusätzlich 203 Franchise-Nehmer.

Quelle: Geschäftsberichte, Pressenotizen, Informationen von Verbänden und Unternehmen sowie Berechnungen und Schätzungen des Ifo-Instituts.

Tab. 118

Marktanteile der Betriebsformen des Einzelhandels mit Fotoartikeln
von 1970 bis 1980
Umsatzanteile in %

Betriebsform	1970	1976	1978	1980
Fach-Einzelhandel	54	50	51	52
- Kooperierter Handel	17	19	22	24
- Nichtorganisierter Handel	37	31	29	28
Warenhäuser	13	14	15	14
Versandhandel (einschl. stationärer Handel	12	15	17	20
davon:				
Foto-Quelle	7	8	9	11
Foto-Porst	5	7	8	9
Drogerien	15	9	6	5
Verbrauchermärkte/SB-Warenhäuser	2	7	7	6
Nicht-institutioneller Einzelhandel (z.B. Industrie, Großhandel, Handwerk)	4	5	4	4
Insgesamt	100	100	100	100

Quelle: Berechnungen und Schätzungen des Ifo-Instituts nach Unterlagen des Statistischen Bundesamtes sowie von Verbundgruppen, Fachverbänden und Firmen.

Tab. 119

Struktur der Warenbezüge der kooperierten Einzelhandelsunternehmen im Fotoartikelhandel

nach Unternehmensgrößenklassen

Unternehmensgrößenklasse (Jahresumsatz in DM)	... % der Warenbezüge werden bei folgender Lieferantengruppe getätigt														
	Direkt vom Einkaufsverband					Über Vertragslieferanten					Von Fremdlieferanten				
	unter 20%	20-40%	40-60%	60-80%	über 80%	unter 20%	20-40%	40-60%	60-80%	über 80%	unter 20%	20-40%	40-60%	60-80%	über 80%
Bis unter 250.000	50	50	-	-	-	-	50	50	-	-	-	100	-	-	-
250.000 bis unter 500.000	54	36	5	5	-	24	29	33	14	-	38	43	9	5	5
500.000 bis unter 1 Mill.	47	28	14	9	2	18	27	43	9	3	46	39	12	3	-
1 Mill. bis unter 2 Mill.	50	32	14	2	2	17	28	29	20	6	45	26	26	2	2
2 Mill. bis unter 5 Mill.	59	32	-	9	-	18	45	27	5	5	25	45	20	10	-
5 Mill. und mehr	89	-	-	-	11	25	37	25	13	-	-	50	13	25	13
Insgesamt	53	29	10	6	2	18	31	35	13	3	39	37	17	5	2

<u>Quelle:</u> Erhebungen des Ifo-Instituts 1980/81.

Tab. 120

Entwicklung der Struktur des Wareneinkaufs der Mitgliedsfirmen von Kooperationsgruppen im Fotoartikelhandel

Lieferantengruppe	Bei ... % der Unternehmen hat sich der Wareneinkauf von den einzelnen Lieferantengruppen in den letzten Jahren folgendermaßen entwickelt				
	stark zugenommen	etwas zugenommen	sich nicht verändert	etwas abgenommen	stark abgenommen
Vom Einkaufsverband direkt	51	41	4	3	1
Von Vertragslieferanten des Einkaufsverbandes	54	36	6	4	-
Von Fremdlieferanten	10	20	16	21	33

Quelle: Erhebungen des Ifo-Instituts 1980-81.

Tab. 121

Grad der Inanspruchnahme des Leistungsangebots der Kooperationsgruppen im Einzelhandel mit Fotoartikeln

Leistungsangebot	... % der Unternehmen nehmen die von den Kooperationsgruppen angebotenen Leistungen folgendermaßen in Anspruch			
	regelmäßig	häufig	selten	überhaupt nicht
WARENFUNKTIONEN				
- Lagereinkauf (Eigengeschäft)	67	18	14	1
- Vor-Order-Einkauf	40	22	33	5
- Einkauf über Vertragslieferanten	77	20	3	-
- Zentralregulierung	90	8	2	-
- Angebot eines Stammsortiments	81	15	1	3
- Sortimentsberatung/-empfehlung	38	22	24	16
- Handels- bzw. Eigenmarken/Exklusivmodelle	73	20	7	-
- Ergänzungs-Sortimente	36	35	25	4
- Importe	27	17	52	4
SERVICE-FUNKTIONEN				
- Rechtsberatung (Vermittlung)	8	4	16	72
- Steuerberatung (Vermittlung)	4	2	11	83
- Versicherungsberatung	19	4	19	58
- Betriebsvergleich	63	9	10	18
- Betriebsberatung	30	7	31	32
- Kalkulationshilfen/Preisempfehlungen	65	17	10	8
- Gründungs- und Ladenbaudarlehen	8	4	12	76
- Kurzfristige Erfolgsrechnung	41	6	8	45
- Buchhaltung	7	2	4	87
- Vermietung von Ladenflächen	2	2	5	90
MARKETING-FUNKTIONEN				
- Brancheninformationen	54	27	15	4
- Spezielle Waren- und Modeinformationen	45	23	23	9
- Standortberatung	17	-	19	64
- Objektbezogene Ladengestaltung	19	8	19	54
- Aus- und Fortbildung, Schulung	36	16	34	14
- Bereitstellung v. Werbemitteln (Prosp.)	76	21	2	1
- Musterungs-, Waren- bzw. Bestellkataloge	69	10	13	8
- Börsen, Mode- u. Musterschauen	62	9	15	14
- Verkaufshilfen, Verkaufsförderung	61	21	17	1
- Sonderaktionen, Sonderangebote	58	29	12	1

Quelle: Erhebungen des Ifo-Instituts 1980/81.

Tab. 122

Geplante Inanspruchnahme des Leistungsangebots der Kooperationsgruppen des Fotoartikelhandels in den nächsten Jahren

Leistungsangebot	Bei ... % der Unternehmen bestehen hinsichtlich der Inanspruchnahme des Leistungsangebots der Kooperationsgruppen folgende Planabsichten		
	Intensivierung	Verringerung	Keine Veränderung
WARENFUNKTIONEN			
- Lagereinkauf (Eigengeschäft)	59	2	39
- Vor-Order-Einkauf	50	8	42
- Einkauf über Vertragslieferanten	63	2	35
- Zentralregulierung	58	-	42
- Angebot eines Stammsortiments	62	3	35
- Sortimentsberatung	64	1	35
- Handels- bzw. Eigenmarken/Exklusivmodelle	70	2	28
- Ergänzungs-Sortimente	54	4	42
- Importe	57	3	40
SERVICE-FUNKTIONEN			
- Rechtsberatung (Vermittlung)	33	2	65
- Steuerberatung (Vermittlung)	30	2	68
- Versicherungsberatung	35	-	65
- Betriebsvergleich	51	1	48
- Betriebsberatung	54	1	45
- Kalkulationshilfen/Preisempfehlungen	46	1	53
- Gründungs- und Ladenbaudarlehen	38	-	62
- Kurzfristige Erfolgsrechnung	48	-	52
- Buchhaltung	33	-	67
- Vermietung von Ladenflächen	23	-	77
MARKETING-FUNKTIONEN			
- Brancheninformationen	51	-	49
- Spezielle Waren- und Modeinformationen	59	-	41
- Standortberatung	43	-	57
- Objektbezogene Ladengestaltung	54	2	44
- Aus- und Fortbildung, Schulung	57	3	40
- Bereitstellung v. Werbemitteln (Prosp.)	55	2	43
- Musterungs-, Waren- bzw. Bestellkataloge	43	3	54
- Börsen, Mode- u. Musterschauen	43	2	55
- Verkaufshilfen, Verkaufsförderung	59	1	40
- Sonderaktionen, Sonderangebote	61	-	39

Quelle: Erhebungen des Ifo-Instituts 1980/81.

Tab. 123

Beurteilung des Leistungsangebots der Kooperationsgruppen im Fotoartikelhandel durch die Einzelhandelsunternehmen

Funktion/ Leistung	... % der Unternehmen beurteilen die einzelnen Leistungen als sehr gut	gut	befriedigend	ausreichend	mangelhaft
Kreis der Vertragslieferanten	23	54	21	1	1
Bezugspreise im Lagergeschäft	11	44	31	10	4
Bezugspreise im Delkrederegeschäft	11	38	36	11	4
Rückvergütungssystem im Lagergeschäft	5	25	33	15	22
Rückvergütungssystem im Delkrederegeschäft	5	22	35	20	18
Sonderangebotsaktionen	10	39	32	11	7
Preisempfehlungen	14	42	28	9	7
Sortimentsempfehlungen	10	41	35	9	5
Betriebsberatung	18	22	21	12	27
Verkaufsförderung/Werbung	19	39	24	12	6
Markt-, Branchen- bzw. Modeinformationen	9	32	20	22	17

Quelle: Erhebungen des Ifo-Instituts 1980/81.

Tab. 124

Einstellung der Einzelhandelsunternehmen zur Handelsmarkenpolitik der Kooperationsgruppe im Fotoartikelhandel

Wertung	... % der Unternehmen sehen in der Handelsmarkenpolitik bzw. in den Exklusivmodellen ihres Einkaufsverbandes ein wichtiges Wettbewerbsinstrument für ihr Einzelhandelsgeschäft	... % der Unternehmen sehen sich durch die Handelsmarkenpolitik bzw. durch die Exklusivmodelle ihres Einkaufsverbandes in ihrer eigenen Sortiments- und Markenpolitik eingeschränkt
ja	82	4
nein	6	70
teils/teils	12	26

Quelle: Erhebungen des Ifo-Instituts 1980/81.

Tab. 125

Wettbewerbsposition und Wettbewerbsperspektiven der kooperierten Einzelhandelsunternehmen im Fotoartikelhandel

Wertung	... % der kooperierten Einzelhandelsunternehmen beurteilen ihre derzeitige Wettbewerbsposition als	ihre längerfristigen Geschäftsaussichten und Existenzchancen als
sehr gut	5	6
gut	28	30
befriedigend	49	52
schlecht	17	11
sehr schlecht	1	1

Quelle: Erhebungen des Ifo-Instituts 1980/81.

VI. Zusammenfassung der wesentlichen Untersuchungsergebnisse

1. Zu Auftrag, Funktion und Entwicklungsstufen der Kooperation

- Eine wirtschaftspolitisch aussagefähige Analyse und Bewertung der Stellung und Entwicklung der Kooperationen des Handels in der Warendistribution muß die dynamische Gesamtentwicklung der Wirtschaft voll mit einbeziehen. Nur eine solche Optik stellt sicher, daß die Verbundgruppen nicht an einem historischen Auftrag und Zielkatalog gemessen werden, sondern an der Konformität ihrer Instrumente und Maßnahmen zu ihrem erklärten Grundauftrag in einer dynamischen Wirtschaft.
- Die Verbundgruppen des Handels jeglicher Art sind aus den Marktbedingungen heraus als Selbsthilfe- und betriebswirtschaftliche „Abwehrorganisationen" gegründet worden. Sie sind somit ursprünglich Konstrukte des „Selbstbehauptungswillens" von kleinen und mittelgroßen Unternehmen, mit denen ein Nachteilsausgleich gegenüber Konzentrationsgebilden bzw. zentralgeleiteten Großunternehmen erreicht werden sollte. Da sie in der Rolle des Anpassers an Wettbewerbsveränderungen im Markt angetreten sind, war ihre Strategie defensiv, ihre Positionierung im Wettbewerbsprozeß lag auch in den letzten zwanzig Jahren in der Verfolgungsphase. Zunehmend zeigte sich jedoch, daß mit bloßer Verteidigungsstrategie Marktpositionen auf längere Sicht nicht gehalten werden konnten. Es mußten in organisatorischer, konzeptioneller und leistungsmäßiger Hinsicht Neuorientierungen vorgenommen werden, die von der reinen Abwehr im Markt zur offensiven und innovativen Marktgestaltung führten.
- Die Verbundgruppen befinden sich noch auf dem Wege zu voll funktionsfähigen und konzeptionell klar profilierten Organisationen. Insgesamt haben sie – bei allen Unterschieden im einzelnen – aber bereits ein Stadium erreicht, in dem sie einen wesentlichen Marktfaktor darstellen. Sie erfüllen sowohl für die beteiligten Unternehmen als auch für die Lieferanten und Abnehmer wesentliche Funktionen und Leistungen.
- Es ist eine beachtliche volkswirtschaftliche Leistung der Verbundgruppen, daß sie die Erhaltung einer großen Zahl leistungs- und entwicklungsfähiger mittelständischer Unternehmen sichergestellt haben. Nicht mehr marktgerechte bzw. nicht an die Marktveränderungen anpassungswillige und -fähige Betriebe konnten naturgemäß auch von den Verbundgruppen nicht gehalten

und erhalten werden. Ein großer Teil solcher Firmen ist wieder aus den Gruppen und vielfach auch aus dem Markt ausgeschieden. Ihre Selektion war eine notwendige Voraussetzung für die erforderliche Homogenisierung der kooperativen Leistungsstrukturen in einem Markt mit erheblicher Struktur- und Wettbewerbsdynamik.

- Aus wirtschaftspolitischer Sicht, insbesondere unter dem Blickwinkel der Struktur- und Wettbewerbspolitik, ist die Tätigkeit der Verbundgruppen als zielkonform und damit positiv zu werten. Ohne Neuorientierung in den Strukturen, Konzeptionen und Strategien wäre das erklärte Ziel der Erhaltung einer großen Zahl kleiner und mittelgroßer leistungsorientierter Unternehmen im Handel nicht zu realisieren gewesen.
- Wie für alle anderen marktbeteiligten Gruppen und Betriebsformen gilt auch für die Verbundgruppen, daß Marktstärke hinsichtlich eines möglichen Mißbrauchs einer aufmerksamen Beobachtung unterliegen muß. Es wäre jedoch inkonsistent, einerseits die Verbundgruppen als willkommene Konstrukte der Gegenkonzentration und zur Erhaltung breiter mittelständischer Schichten von Handelsunternehmen anzusehen, ihnen aber andererseits die hierzu notwendige Größe und organisatorische Straffung sowie die Entwicklung eines bestimmten Gruppenprofils und eindeutiger gruppenspezifischer Marketingkonzepte zur Last zu legen.
- Nach wie vor bestehen im Entwicklungsstand der Marketingkonzepte und -strategien nach Verbundgruppen erhebliche Unterschiede. Ein Teil der Gruppen ist erkennbar auf dem Weg in die höchste Entwicklungsstufe der Kooperation. Die Charakteristika dieser Stufe liegen nun nicht darin, daß sich die Verbundgruppen zu filial- und konzernähnlichen Systemen entwikkeln und damit zu geschlossenen Wettbewerbseinheiten werden, sondern sie liegen in der vollen Ausschöpfung aller Möglichkeiten der Zusammenarbeit, der Marktschaffung und -durchdringung im Rahmen eines Marketingsystems unter Wahrung der arbeitsteiligen Funktionserfüllung und der unternehmerischen Eigenständigkeit im jeweiligen Funktionsbereich.

2. Zur Stellung und Entwicklung der Kooperationsformen im Markt

- Der Grad der Kooperation ist in den verschiedenen relevanten Branchen recht unterschiedlich. An der Zahl der kooperierten Einzelhandelsfirmen gemessen liegt er im Nahrungs- und Genußmittel-Sortimentseinzelhandel mit über 60 % deutlich an der Spitze, gefolgt vom Schuheinzelhandel sowie vom Spielwareneinzelhandel. Den niedrigsten Anteil kooperierter Firmen weist der Textil- und Bekleidungsfachhandel aus. Am Umsatz gemessen ist der Kooperationsgrad in den Branchen Möbel, Unterhaltungselektronik/ Elektrogeräte und Sportartikel am höchsten. Bezieht man in die Betrachtung des Kooperationsgrades nur Einzelhandelsfirmen mit Umsätzen von über 250 000 DM im Jahr ein – eine aus betriebswirtschaftlicher und marktfunktioneller Betrachtung zweckmäßige Abgrenzung – so zeigt sich, daß der Kooperationsgrad in den meisten Branchen sehr hoch ist, die Kooperationspotentiale in dieser Hinsicht somit weitgehend ausgeschöpft sind.

- Die Marktanteile des kooperierten Einzelhandels sind, am jeweiligen Branchenumsatz gemessen, sehr unterschiedlich. Mit über 50 % Marktanteil haben die Kooperationen besonders im Möbelhandel sowie im Bereich der Unterhaltungselektronik eine weit überdurchschnittliche Bedeutung. Vergleichsweise niedrig sind die Marktanteile dagegen trotz Zuwachses in den letzten Jahren bei elektrischen Haushaltsgeräten sowie im Fotoartikelhandel. Bei von Branche zu Branche zum Teil unterschiedlicher Marktanteilsentwicklung zeigen sich für die siebziger Jahre insgesamt Marktanteilseinbußen des kooperierten Unternehmensbereichs. Dies hängt einmal zusammen mit der zum Teil sehr starken Expansion anderer Betriebsformen, zum anderen aber auch mit dem Konsolidierungsprozeß im Kooperationsbereich selbst, der auch wieder ein Ausscheiden von Mitgliedsfirmen mit sich brachte. In den achtziger Jahren werden die erreichten Marktanteile gehalten, möglicherweise etwas erhöht werden können. Bezieht man allerdings den sog. „Regiesektor" der Kooperationen mit ein, d. h. die gruppeneigenen Filialen auf der Einzelhandelsstufe, so zeigt sich bereits für die siebziger Jahre eine Stabilisierung und Konsolidierung der Marktposition.
- Die Ergebnisse der durchgeführten umfangreichen Erhebungen ergaben, daß der weitaus überwiegende Teil der kooperierten Firmen die eigene Wettbewerbsposition als befriedigend, vielfach sogar als gut bewertet. Der Anteil der negativen Urteile (Geschäftslage schlecht oder gar sehr schlecht) liegt mit rd. 14 % im Nahrungsmittelhandel und 7 % im Nicht-Lebensmittelbereich erheblich unter dem Durchschnitt des gesamten Einzelhandels. Die längerfristigen Existenzchancen werden ebenso vom Gros der Firmen als befriedigend bzw. gut bewertet. Allerdings ist nicht zu übersehen, daß gerade im Lebensmittelhandel auch im Kooperationsbereich ein nicht unwesentlicher Anteil von Firmen sich im Gefährdungsbereich der Unternehmensexistenz befindet, jedenfalls keine positiven Perspektiven sieht. Hierbei handelt es sich fast ausschließlich um relativ kleine Firmen.

3. Zur internen Verfassung der Kooperationen

- Die in Verbundgruppen organisierten Einzelhandelsfirmen weisen hinsichtlich der Unternehmensgröße eine breite Streuung auf. Das Größenklassenbild des kooperierten Einzelhandels zeigt aber doch nicht unerhebliche Unterschiede zum gesamten Einzelhandel. Firmen der untersten Größenklasse sind bei den Verbundgruppen nicht in dem Maße vertreten wie im nicht-kooperierten Bereich. Der Anteil relativ großer Einzelhandelsgeschäfte ist bei den Gruppen dagegen wesentlich höher als im gesamten Einzelhandel.

- In den letzten Jahrzehnten haben viele Verbundgruppen des mittelständischen Handels die rechtliche Form ihrer Zentralen und damit auch die Organisationsstrukturen verändert. Damit suchte man sich auf Markterfordernisse besser einzustellen, ohne traditionelle kooperative Leitmotive über Bord zu werfen. Grundsätzlich zeigt sich in allen Arten von Verbundgruppen ein organisatorischer Straffungsprozeß, der begleitet ist von einer marketingadäquaten Funktionsteilung zwischen den verschiedenen Mitgliedern und Institutionen des Kooperationssystems. Damit wird die dezentrale Entscheidungsstruktur nicht außer Kraft gesetzt. Aus Gründen der Ökonomisierung und Wettbewerbsstärkung wird aber das „Zusammenführen" von Entscheidungen soweit wie möglich forciert.

- Der ganze überwiegende Teil der Mitgliedsfirmen von Kooperationsgruppen des Nahrungsmittel- wie des Nicht-Nahrungsmittelhandels fühlt seine Interessen im Verbund hinreichend berücksichtigt. Nur etwa 10 % der Firmen äußerten sich diesbezüglich kritisch.

- Der gemeinsame Warenbezug stellt nach wie vor die zentrale Basis für die Verbesserung und Stärkung der Wettbewerbsposition der kooperierten Einzelhandelsunternehmen dar. Im Durchschnitt der erfaßten Verbundgruppen disponieren die Anschlußfirmen etwa drei Viertel ihrer wertmäßigen Warenbezüge im Rahmen ihrer Kooperationen. Hierbei handelt es sich sowohl um das Eigen- oder Lagergeschäft der Zentralen als auch um Käufe der Anschlußhäuser von Vertragslieferanten bzw. im Streckengeschäft. Die Strukturierung der Warenbezüge ist nach Bereichen und hier wiederum nach einzelnen Verbundgruppen zum Teil recht unterschiedlich.

- Die Bündelung der Warenbezüge über die Kooperationsgruppen hat in den vergangenen Jahren spürbar zugenommen. Dies gilt für alle kooperationsrelevanten Branchen und Verbundgruppen. Im Nicht-Lebensmittelbereich war der Trend zur verstärkten Bezugskonzentration noch deutlicher ausgeprägt als im Lebensmittelhandel. Dies hängt auch damit zusammen, daß im Lebensmittelhandel bereits schon früher eine überdurchschnittlich hohe Einkaufskonzentration erreicht worden war. Die weitere Bezugskonzentration stand im Lebensmittelhandel vor allem im Zeichen einer Forcierung des Direktbezugs bei den Großhandelszentralen, im Nicht-Lebensmittelbereich hingegen nahmen Direktbezug und Bezug bei Vertragslieferanten meist in etwa gleichem Maße zu.

- Die Erhebungsergebnisse machen deutlich, daß die Bewußtseinsbildung bei den Kooperationsmitgliedern über das Leistungsangebot ihrer Gruppen bereits weit fortgeschritten ist und die Leistungen insgesamt in recht beachtlichem Maße in Anspruch genommen werden. Andererseits darf aber auch nicht übersehen werden, daß es auf bestimmten Leistungsfeldern noch erheblich an der angestrebten Ausschöpfung der gebotenen Möglichkeiten fehlt.

- Über alle einschlägigen Bereiche und Branchen hinweg wird das Bündel der Warenfunktionen von den kooperierten Firmen überwiegend regelmäßig oder doch sehr häufig in Anspruch genommen. Dies bestätigt nachhaltig die Dominanz der Warenfunktionen im Gesamtbündel der Kooperationsleistungen. Im Vergleich zu den Warenfunktionen spielt die Inanspruchnahme von Serviceleistungen eine weit geringere Rolle.
- Die Gründe hierfür sind vielfältig und liegen u.a. darin, daß entsprechende Leistungen traditionsgemäß bereits von anderen Stellen angeboten und angenommen werden und die Kooperationen hier mehr Ergänzungsfunktionen ausüben. Bestimmte Leistungen werden jedoch offensichtlich in ihrer Bedeutung von den Mitgliedsfirmen nicht voll erkannt oder mehr oder weniger bewußt vernachlässigt. Im Vergleich zu den Serviceleistungen ist die Inanspruchnahme der von den Kooperationen angebotenen Marketingleistungen stärker ausgeprägt. Die intensive Inanspruchnahme dieser Leistungen spricht für den schon recht fortgeschrittenen Entwicklungsstand vieler Kooperationen. Das darf allerdings nicht den Blick dafür trüben, daß im Durchschnitt rd. 30 % der Anschlußfirmen die angebotenen und gerade für die Markt- und Wettbewerbsfähigkeit mitentscheidenden Leistungen dieser Art nur selten oder gar nicht nutzen.
- Die Zusammenarbeit zwischen Kooperationsmitgliedern und Verbundgruppenzentralen hat während der letzten Jahre noch deutlich zugenommen. Im Nahrungsmittelhandel hat trotz des bereits erreichten hohen Kooperationsstandes immerhin noch rd. die Hälfte der Firmen die Zusammenarbeit mit der Gruppe intensiviert. In den Bereichen und Kooperationsgruppen des Nicht-Lebensmittelhandels haben über vier Fünftel der Unternehmen ihre Kooperationsaktivitäten erhöht. Dabei waren die Warenfunktionen und -leistungen von ganz entscheidender Bedeutung.
- Die Aktivitäten der Kooperationsgruppen jeglicher Art sind darauf gerichtet, das Leistungsprofil marktentsprechend und angepaßt an die Erfordernisse des jeweiligen Kooperationsmitgliedes zu gestalten und zu präsentieren, um eine hohe Akzeptanz im Mitgliederkreis zu erreichen. Die Erhebungsergebnisse belegen, daß im Nahrungsmittelbereich, in erster Linie aber in den Branchen des Nicht-Lebensmittelbereichs, in beachtlichem Umfang eine verstärkte Inanspruchnahme des von den Gruppen offerierten Leistungsbündels geplant ist. In erster Linie trifft dies auf die Warenfunktionen sowie die Marketingfunktionen zu, doch auch die Serviceleistungen werden von einem zunehmenden Anteil von Firmen künftig regelmäßiger als bisher in Anspruch genommen werden. Die Planabsichten der Firmen vermitteln insgesamt den

Eindruck, daß man sich der Notwendigkeit wie der Möglichkeiten der kooperativen Funktionsteilung und Leistungsintegration in verstärktem Maße bewußt wird und Potential ausschöpfen will, um Wettbewerbsstellung und Existenzsicherung erreichen zu können.

- Im Nahrungsmittel- wie im Nicht-Lebensmittelhandel bewerten die Unternehmen die Leistungsangebote der Kooperationsgruppen ausgesprochen positiv, d. h. mit gut oder sogar sehr gut. Im Nahrungsmittelhandel beträgt der Anteil dieser Positivwertungen rd. 70 %, im Nicht-Lebensmittelhandel im Durchschnitt 60 %. Das Werturteil „mangelhaft" findet sich nur in geringer Häufigkeit (unter 5 % der Meldungen), immerhin aber ein Anlaß zur Überprüfung der Leistungsprofile auf neuralgische Punkte sowie auf Ausgewogenheit. Führt man die Gesamtheit aller Firmenmeldungen über Meßziffern zu einem Beurteilungsmittelwert zusammen, so lautet die Leistungsbewertung aller Kooperationsgruppen und -branchen auf „gut bis befriedigend". Die insgesamt positive Beurteilung des Leistungsangebots durch die kooperierten Einzelhandelsfirmen stützt die These, daß die hohe und verstärkte Inanspruchnahme von Leistungen der Kooperationen nicht aus einem „Mangel" an anderweitigen Möglichkeiten zur Abdeckung der Waren- und Dienstenachfrage resultiert oder aus einem faktischen „Kontrahierungszwang" bei Zugehörigkeit zu einer Gruppe, sondern auf einem hohen Zufriedenheitsgrad mit der Leistungsgruppe basiert und damit leistungsbedingt ist.

- Der Aufbau eigener Einzelhandelsgeschäfte durch Großhandelszentralen von Gruppen und Einkaufsverbänden gab in den letzten Jahren verstärkt Anlaß für gruppeninterne wie wettbewerbspolitische Diskussion. Für einen beachtlichen Teil der Firmen des Nahrungsmittelhandels ist mit dem Auf- und Ausbau insbesondere von Großangebotstypen natürlich eine Überlappung in den Marktfeldern und damit eine Konkurrenz verbunden. Die Einzelhandelsunternehmen sehen aber trotzdem zu über vier Fünfteln in dieser Strategie ein Instrument zur Stärkung der Kooperationsgruppe. Ungeachtet dieser breiten Anerkennung aus gruppenpolitischen Gründen meldet aber im Nahrungsmittelhandel ein Drittel der Firmen gewisse Bedenken gegen die Regietätigkeit des Großhandels auf der Einzelhandelsstufe an. Man sieht die Gefahr, daß kooperations- und förderwirtschaftliche Grundziele der Gruppe verlassen werden. Ein ganz anderes Bild der Firmeneinstellungen zeigt sich im Nicht-Lebensmittelbereich. Hier sieht man auf beachtlicher Breite (75 % der Firmen) in Regiebetrieben der Gruppe eine direkte Konkurrenz für die eigenen Einzelhandelsaktivitäten und ebenso häufig eine bedenkliche Entwicklung für die erklärten Ziele der Kooperationsgruppe.

- Durch die Markenpolitik seiner Gruppe fühlt sich der kooperierte Nahrungsmittelhandel in der eigenen Sortiments- und Verkaufspolitik ganz überwiegend bestärkt und unterstützt. Die Identifikation mit der Handelsmarkenpolitik der Kooperationsgruppen ist entsprechend der starken Akzeptanz sehr hoch. Rund drei Viertel der kooperierten Einzelhandelsfirmen sehen darin ein wichtiges Wettbewerbsinstrument für ihr Geschäft. Auch im Nicht-Lebensmittelhandel wird die Handelsmarkenpolitik der Gruppen von den Kooperationsmitgliedern ganz überwiegend positiv bewertet.

– Im Lebensmittelhandel wie im Nicht-Lebensmittelhandel bezeichnen im Durchschnitt knapp 90 % der kooperierten Einzelhandelsfirmen ihre Zugehörigkeit zu einer Kooperationsgruppe als von entscheidender Bedeutung für die eigene Wettbewerbsfähigkeit und die längerfristige Existenzsicherung. Das in diesen Wertungen zum Ausdruck kommende eindrucksvolle Votum für die Kooperation unterstreicht deren Bedeutung für die Erreichung wesentlicher struktur- und wettbewerbspolitischer Zielsetzungen, nämlich die Erhaltung einer großen Zahl und breiten Mischung von leistungswilligen und -fähigen Unternehmen aller Größenklassen des Handels.

Literaturverzeichnis

Batzer, Erich / *Greipl*, Erich: Marketingperspektiven des Großhandels, Berlin/München 1975

Batzer, Erich / *Greipl*, Erich: Die Verbundgruppen in der modernen Warendistribution – Funktion und Strategie, München 1981

Batzer, Erich / *Greipl*, Erich / *Laumer*, Helmut / *Meyerhöfer*, Walter unter Mitarbeit von *Geml*, Richard: Marktstrukturen und Wettbewerbsverhältnisse im Einzelhandel, Berlin/München 1971

Batzer, Erich / *Greipl*, Erich / *Meyerhöfer*, Walter / *Singer*, Eugen: Der Ausleseprozeß im Groß- und Einzelhandel, Berlin/München 1976

Baumann, Horst: Einkaufsgesellschaften und -genossenschaften im Kartellrecht, Tübingen 1981

Forschungsstelle für den Handel (Hrsg.): Handelsforschung heute, Berlin 1979

Greipl, Erich: Wettbewerbssituation und -entwicklung des Einzelhandels in der Bundesrepublik Deutschland, Berlin/München 1978

Heeger, Dietrich / *Meier*, Gert: Die REWE-Gruppe – Auftrag der Gegenwart, 2. Aufl., Köln 1979

Hölzler, Heinrich / *Satzky*, Horst: Wettbewerbsverzerrungen durch nachfragemächtige Handelsunternehmen, Köln/Berlin/Bonn/München 1980

Homrighausen, Fritz Hermann: Wettbewerbswirkungen genossenschaftlicher Einkaufszusammenschlüsse, Göttingen 1980

Kartte, Wolfgang: Marketing und Kartellrecht, in: Marketing, Jg. 1 (1979) 1, S. 22 ff.

Köhler, Helmut: Wettbewerbsbeschränkungen durch Nachfrager, München 1977

Kuhn, Gustav: Entwicklung und Probleme der Kooperation im Handel, Göttingen 1977

Mändle, Eduard / *Winter*, Hans-Werner: Handwörterbuch des Genossenschaftswesens, Wiesbaden 1980

Meier, Gert: Einkaufs-Genossenschaften – Zerrbild und Wirklichkeit, in: Zeitschrift für das gesamte Genossenschaftswesen, Bd. 28 (1978) 3, S. 251 ff.

Meyerhöfer, Walter: Kooperation im Groß- und Außenhandel, Berlin/München 1980

Monopolkommission: Sondergutachten 7: Mißbräuche der Nachfragemacht und Möglichkeiten zu ihrer Kontrolle im Rahmen des Gesetzes gegen Wettbewerbsbeschränkungen, Baden-Baden 1977

Monopolkommission: Fusionskontrolle bleibt vorrangig: Hauptgutachten 1978/79, Baden-Baden 1980

Neumann, Manfred: Genossenschaften und Kartellverbot: Einige kritische Bemerkungen zur jüngsten Diskussion, in: Zeitschrift für das gesamte Genossenschaftswesen, Bd. 27 (1977), S. 366 ff.

Nieschlag, Robert: Die Förderung der Genossenschaftsmitglieder aus heutiger Sicht, in: Zeitschrift für das gesamte Genossenschaftswesen, Bd. 28 (1978), H. 3, S. 213 ff.

Nieschlag, Robert / *Kuhn,* Gustav: Binnenhandel und Binnenhandelspolitik, Dritte, neubearbeitete Auflage, Berlin 1980

Olesch, Günter: Die Einkaufsverbände des Einzelhandels – Typologie und Dokumentation, Frankfurt/M. 1980

Olesch, Günter / *Tiedtke,* Horst: Die wirtschaftliche Bedeutung der Einkaufsverbände des Einzelhandels, Frankfurt/M. 1981

Petersen, Hauk: Die Gründung von Einzelhandelsbetrieben durch Einkaufsgemeinschaften des Lebensmittelhandels – dargestellt am Beispiel der Bundesrepublik Deutschland, Dänemarks, Finnlands, Norwegens und Schwedens, Göttingen 1975

Röhm, Helmut / *Sager,* Hans-Peter: Kooperationsbereitschaft und Kooperationsverhalten mittelständischer Unternehmer des Textil-Einzelhandels, Stuttgart 1977

Scheer, Werner: Zur Frage der Sortimentsgestaltung des Lebensmitteleinzelhandels durch den genossenschaftlichen Großhandel, in: Zeitschrift für das gesamte Genossenschaftswesen, Bd. 28 (1978), S. 221 ff.

Steindorff, Ernst: Sind Handelsgenossenschaften Kartelle?, Heidelberg 1977

Stubbe, Helmut: Genossenschaften und Konzentration im Handel, in: Zeitschrift für das gesamte Genossenschaftswesen, Bd. 28 (1978) 2, S. 105 ff.

Tietz, Bruno / *Mathieu,* Günter: Das Kontraktmarketing als Kooperationsmodell, Köln / Berlin / Bonn / München 1979

Tietz, Bruno / *Mathieu,* Günter: Das Franchising als Kooperationsmodell für den mittelständischen Groß- und Einzelhandel, Köln / Berlin / Bonn / München 1979

Uhlich, Heinz: Der genossenschaftliche Großhandel in der Wettbewerbsentwicklung – Ein Beitrag zur Standortbestimmung, in: Zeitschrift für das gesamte Genossenschaftswesen, Bd. 28 (1978) 3, S. 264 ff.

Zimmermann, Peter: Konsequenzen der Betriebstypenheterogenität für das genossenschaftliche Gruppenmarketing, Göttingen 1978

FSC
www.fsc.org
MIX
Papier | Fördert gute Waldnutzung
FSC® C083411

Kolibri 360 GmbH
Ferdinand-Jühlke-Straße 7
99095 Erfurt, Deutschland
produktsicherheit@kolibri360.de

Druck:
CPI Druckdienstleistungen GmbH
im Auftrag der
Kolibri 360 GmbH
Ferdinand-Jühlke-Str. 7
99095 Erfurt